新时代司法职业教育"双高"建设精品教材
司法部信息安全与智能装备重点实验室丛书

智慧司法建设
（活页式）

陈雪松 ◎ 著

华中科技大学出版社
http://press.hust.edu.cn
中国·武汉

内 容 提 要

本书以习近平新时代中国特色社会主义思想为指导，深入贯彻习近平法治思想，践行党的二十大精神，落实"坚持全面依法治国，推进法治中国建设"的战略任务。以指导司法行政系统"智慧法治"工程实践为目标，从智慧监狱、智慧戒毒、智慧矫正、智慧司法局（厅）、公共法律服务中心信息化建设需求出发，为读者阐述了"智慧法治"的体系架构、逻辑关系、网络规划、软件功能、硬件资源、机房标准、实体业务中心规范、安全体系、运维保障、智慧应用、系统集成、数据共享、项目组织、建设管理和验收标准等相关内容。书中所讨论的全部素材和相关技术，均来自实际案例，并经过了"智慧法治"建设的实践验证。本书顺应全国司法行政系统信息化建设发展方向，秉承"一切业务数据化，一切数据业务化"的建设原则，真正体现指导司法行政系统各级单位信息化建设需要，具有行业性、实用性和指导性特点，适合政法院校相关专业和智慧司法局（厅）、智慧监狱、智慧戒毒、智慧矫正、公共法律服务中心信息化建设人员使用。

图书在版编目（CIP）数据

智慧司法建设/陈雪松著．—武汉：华中科技大学出版社，2023.10
ISBN 978-7-5772-0006-4

Ⅰ.① 智…　Ⅱ.① 陈…　Ⅲ.① 司法-工作-信息化-研究-中国　Ⅳ.① D926-39

中国国家版本馆 CIP 数据核字（2023）第 206533 号

智慧司法建设　　　　　　　　　　　　　　　　　　　陈雪松　著
Zhihui Sifa Jianshe

策划编辑：张馨芳
责任编辑：苏克超
封面设计：孙雅丽
版式设计：赵慧萍
责任校对：张汇娟
责任监印：周治超
出版发行：华中科技大学出版社（中国·武汉）　　电话：(027) 81321913
　　　　　武汉市东湖新技术开发区华工科技园　　邮编：430223
录　　排：华中科技大学出版社美编室
印　　刷：武汉市洪林印务有限公司
开　　本：787mm×1092mm　1/16
印　　张：23　　插页：1
字　　数：433 千字
版　　次：2023 年 10 月第 1 版第 1 次印刷
定　　价：68.00 元

本书若有印装质量问题，请向出版社营销中心调换
全国免费服务热线：400-6679-118　　竭诚为您服务
版权所有　侵权必究

作者简介

陈雪松 博士，武汉警官职业学院副教授，司法部信息安全与智能装备重点实验室学术委员。司法部"十三五"信息化建设意见书评审专家，司法部"十三五"司法行政科技创新规划编制工作组成员。研究方向涉及系统分析与集成、司法行政信息化、电子政务，主持省级项目、课题10余项，发表论文30余篇，申报专利、软著4项，撰写专著2部，主编、参编教材12部。常年参与和指导智慧法治、智慧监狱、智慧戒毒、智慧矫正、智慧司法局（所）建设工作。主持建设的"湖北省司法行政系统远程视频会见系统""湖北省司法行政系统应急指挥中心项目""湖北省司法厅'司法云'大数据慧治中心""'五位一体'智慧运维体系"，连续四年（2018—2021年）被评为"全国智慧司法十大创新案例"。撰写的《司法行政大数据助力精准普法模式创新》等论文，连续四年（2020—2023年）被评为"全国智慧司法创新论文奖"。

前　言

　　本书是"智慧法治"工程建设配套指导用书，系统阐述了智慧监狱、智慧戒毒、智慧矫正、智慧司法局（厅）、智慧法律服务中心的建设要求。为了使读者更有针对性地学习，特别将此书设计成活页式装订，便于按需重新组合，厘清学习主线，方便翻阅和记录。本书融入了习近平法治思想，以理论为引导、实践为主线，介绍了"智慧法治"的整体规划、顶层设计、软件功能、网络架构、硬件建设、场所要求、智慧应用、系统集成、审批备案、招标施工、质量监控、风险规避、安全保障的具体要求、关键节点、实施方法、制度建设等。具体阐述了监狱业务、戒毒业务、矫正业务、法治业务、法律服务的智慧化建设要求，提供了司法行政系统指挥中心、数据中心、网络中心、安全中心、政务党务、移动业务、智能应用、系统集成、建设管理等司法行政各业务的功能、流程和逻辑关系。

　　全书从司法行政系统的业务逻辑和体系架构理解开篇，按信息化项目建设流程依次从数据属性分析与逻辑结构、智慧应用设计、基础设备与环境设施、安全与运维体系、项目管理几部分进行了论述，书中所讨论的全部素材和相关技术均来自实际案例，并经过了"智慧法治"建设的实践验证。通过本书学习，希望读者能够在主持研究、设计"智慧法治"项目时明确司法行政系统信息化建设的基本理论、技术路线、数据模型、信息处理的特点和具体的实现方法，在实施"智慧法治"建设工程项目时，能够清楚有哪些工作要做，如何分析和规避信息化建设中的风险点等。

　　本书可作为各级司法行政机构信息化建设的指导用书，也可作为司法行政系统高等院校各专业司法行政业务通识教材，作为监狱、戒毒、矫正、司法局（厅）信息化建设课程及相关专业的基础教材，还可以选择本书的相关内容，作为各地司法行政机关在职培训和晋衔培训方面的参考。

　　司法行政系统信息化建设的一般规律和流程对应本书的实际使用可按如下步骤进行。

　　第一步，明确学习目的，按智慧监狱、智慧戒毒所、智慧矫正中心、智慧司法局（厅）活页组合目录对本书进行重新装订。

第二步，根据项目确定所需要的网络链路、基础设施、软件功能、硬件设备、智慧应用、数据挖掘、安全保障和运维。

第三步，形成立项报告，然后进行可研、初步设计、招标、建设（全程需要设计、监理、造价、审计参与）和验收。立项时要考虑到司法行政系统信息化建设专业人才不足的现状，需要建设运维中心并提供人员驻场运维服务。

活页装订指南

智慧监狱建设

  任务一 理解司法行政系统业务逻辑和体系架构

  任务二 建设智慧监狱综合业务平台

  任务六 建设智慧政务党务管理平台

  任务七 建设"智慧法治"移动应用平台

  任务八 建设智能安防平台

  任务九 建设应急联动指挥中心

  任务十 建设网络与安全中心

  任务十一 建设数据资源慧治中心

  任务十二 建设智慧运维保障中心

  任务十三 选用人工智能技术

  任务十四 开展信息化建设管理

智慧戒毒所建设

  任务一 理解司法行政系统业务逻辑和体系架构

  任务三 建设智慧戒毒所综合业务平台

  任务六 建设智慧政务党务管理平台

  任务七 建设"智慧法治"移动应用平台

  任务八 建设智能安防平台

  任务九 建设应急联动指挥中心

  任务十 建设网络与安全中心

  任务十一 建设数据资源慧治中心

  任务十二 建设智慧运维保障中心

  任务十三 选用人工智能技术

  任务十四 开展信息化建设管理

智慧矫正中心建设

  任务一 理解司法行政系统业务逻辑和体系架构

  任务四 建设智慧社区矫正综合业务平台

任务六　建设智慧政务党务管理平台
　　任务七　建设"智慧法治"移动应用平台
　　任务八　建设智能安防平台
　　任务九　建设应急联动指挥中心
　　任务十　建设网络与安全中心
　　任务十一　建设数据资源慧治中心
　　任务十二　建设智慧运维保障中心
　　任务十三　选用人工智能技术
　　任务十四　开展信息化建设管理

智慧司法局(厅)建设
　　任务一　理解司法行政系统业务逻辑和体系架构
　　任务五　建设智慧司法局(厅)业务平台
　　任务六　建设智慧政务党务管理平台
　　任务七　建设"智慧法治"移动应用平台
　　任务九　建设应急联动指挥中心
　　任务十　建设网络与安全中心
　　任务十一　建设数据资源慧治中心
　　任务十二　建设智慧运维保障中心
　　任务十三　选用人工智能技术
　　任务十四　开展信息化建设管理

目　录

任务一　理解司法行政系统业务逻辑和体系架构 ……………………… 1
　模块一　"智慧法治"含义理解　// 2
　模块二　"智慧法治"系统架构　// 3
　模块三　"智慧法治"的核心是数据　// 7

任务二　建设智慧监狱综合业务平台 ……………………………………… 13
　模块一　业务网刑事执行综合业务管理平台　// 14
　模块二　服刑网罪犯教育改造平台　// 34
　模块三　互联网监狱狱务公开平台　// 44

任务三　建设智慧戒毒所综合业务平台 …………………………………… 47
　模块一　执法综合管理平台　// 48
　模块二　教育矫治资源平台　// 60
　模块三　智慧应用　// 73

任务四　建设智慧社区矫正综合业务平台 ………………………………… 77
　模块一　调查评估子系统　// 78
　模块二　矫正衔接子系统　// 81
　模块三　矫正实施子系统　// 85
　模块四　矫正解除子系统　// 95
　模块五　定位管理子系统　// 96
　模块六　智慧核查子系统　// 101
　模块七　视频督察子系统　// 106
　模块八　智慧矫正自助终端　// 111

任务五　建设智慧司法局(厅)业务平台 ………………………………… 115
　模块一　法治政府建设与责任落实督察平台　// 117
　模块二　行政立法与备案业务平台　// 119
　模块三　行政执法协调监督业务平台　// 120

模块四　行政复议与行政应诉业务平台　// 125

模块五　公共法律服务中心政务服务系统(实体平台)　// 127

模块六　公共法律服务网(网络平台)　// 129

模块七　12348公共法律服务热线系统(热线平台)　// 131

模块八　公共法律服务一体化平台　// 133

模块九　法治宣传综合管理系统　// 134

模块十　律师综合管理系统　// 136

模块十一　公证综合管理系统　// 138

模块十二　司法鉴定综合管理系统　// 139

模块十三　法律援助综合管理系统　// 139

模块十四　基层法律服务综合管理系统　// 140

模块十五　仲裁综合管理系统　// 141

模块十六　人民调解综合管理系统　// 142

模块十七　司法所管理系统　// 142

模块十八　国家统一法律职业资格制度综合管理系统　// 143

模块十九　政务服务综合管理系统　// 144

模块二十　行政审批管理系统　// 145

模块二十一　司法行政门户网站　// 146

模块二十二　人民监督员选任信息管理系统　// 148

模块二十三　人民陪审员信息管理系统　// 149

模块二十四　安置帮教信息管理系统　// 150

任务六　建设智慧政务党务管理平台　……… 153

模块一　司法行政机关政务公开系统　// 154

模块二　人员机构综合信息管理系统　// 157

模块三　工会管理系统　// 162

模块四　警务管理与警务督察系统　// 163

模块五　党建综合管理系统　// 165

模块六　主体责任综合管理系统　// 166

模块七　离退休人员信息管理系统　// 167

模块八　纪检监察管理系统　// 168

模块九　共青团综合管理系统　// 170

模块十　组织宣传管理系统　// 172

模块十一　舆情采集与分析系统　// 174

模块十二　司法行政在线学习及考试系统　// 176

模块十三　司法行政 OA 系统　// 177
模块十四　财务装备系统　// 180
模块十五　OA 后勤保障系统　// 183
模块十六　绩效考核系统　// 185
模块十七　信访管理系统　// 186
模块十八　信息报送系统　// 187
模块十九　人民满意度评价系统　// 188
模块二十　视频会议系统　// 189
模块二十一　协同办公系统　// 194
模块二十二　电子监察系统　// 195
模块二十三　私有云存储系统　// 197
模块二十四　智能印章管理系统　// 198

任务七　建设"智慧法治"移动应用平台　// 201
模块一　司法行政系统移动应用系统体系框架　// 203
模块二　司法厅（局、所）移动政务（服务）应用平台　// 206
模块三　监狱系统警务通平台　// 207
模块四　戒毒系统警务通平台　// 208
模块五　智慧矫正移动应用平台　// 213

任务八　建设智能安防平台　// 219
模块一　监狱（戒毒所）智能安防管理平台　// 220
模块二　视频监控智能行为分析选用　// 227

任务九　建设应急联动指挥中心　// 233
模块一　司法厅（局）指挥中心建设要求　// 235
模块二　监狱、戒毒应急联动指挥中心建设要求　// 238

任务十　建设网络与安全中心　// 253
模块一　网络设计概述　// 254
模块二　智慧监狱（戒毒）网络规划　// 257
模块三　灾备中心设计　// 262
模块四　安全防护体系（安全域划分）　// 266
模块五　基础安全能力　// 267
模块六　机房及配套工程　// 272

任务十一　建设数据资源慧治中心 …… 275

- 模块一　数据资源平台总体架构 // 276
- 模块二　云平台软件 // 285
- 模块三　区块链技术 // 287
- 模块四　开发社会关系网络分析系统 // 289
- 模块五　开发司法行政事件分析研判子系统 // 289
- 模块六　开发司法行政知识库子系统 // 290
- 模块七　开发精准普法系统 // 291
- 模块八　开发质量提升系统 // 291
- 模块九　开发辅助决策系统 // 292

任务十二　建设智慧运维保障中心 …… 293

- 模块一　运维管理总体要求 // 295
- 模块二　安全运维中心建设 // 295
- 模块三　运维监测建设 // 297
- 模块四　基础环境设施综合运行维护和配套服务 // 302

任务十三　选用人工智能技术 …… 303

- 模块一　智能应用能力 // 305
- 模块二　远程可视通信能力 // 322
- 模块三　视频3D矫正技术 // 324
- 模块四　数据可视化能力 // 325

任务十四　开展信息化建设管理 …… 327

- 模块一　成立信息化建设管理机构 // 329
- 模块二　立项报告 // 335
- 模块三　可行性研究报告 // 335
- 模块四　初步设计报告 // 336
- 模块五　招标 // 337
- 模块六　设计、监理、造价咨询管理 // 338
- 模块七　审查项目文档（立项、可研、初设） // 344
- 模块八　合同 // 345

参考文献 …… 347
参考标准 …… 349
致谢 …… 350

任务一

理解司法行政系统业务逻辑和体系架构

◆ **学习导读**

任务理解：

"智慧法治"建设是以先进的信息技术为依托，给司法行政系统业务工作赋能的具体实施工作。因此，进行"智慧法治"建设首先需要了解司法行政系统业务内的逻辑关系，业务与业务之间的相互关系，特别是全国各级司法行政系统单位之间的隶属关系、层级架构、管辖权限和业务耦合强度。依据司法行政系统业务逻辑和体系架构，才能准确定位智慧法治建设的内容、边界、规模和目标。

学习目标：

（1）思政目标：坚定走中国特色社会主义法治道路的理想和信念，深化对法治理念、法治原则、重要法律概念的认知，强化公正司法、司法公信及忠诚、干净、担当的政法职业精神。

（2）素质目标：文武兼备、追求卓越。

（3）知识目标：理解司法行政系统业务逻辑和体系架构。

（4）能力目标：会看图、会画图、懂架构。

根据司法行政系统业务范围、职能分工，结合信息化以数据为核心的特点，描述司法行政系统对信息化建设的需求，信息化支撑司法行政系统工作带来的新格局，从数据分析角度解析"智慧法治"中"一切业务数据化、一切数据业务化"的整体设计思路。

模块一 "智慧法治"含义理解

司法部发文要求加强司法行政系统科技战略规划和顶层设计，构建司法行政系统科技赋能、创新驱动、深度融合、全域覆盖的"智慧法治"科技创新格局，发挥科技创新在国家治理体系和治理能力现代化中的积极作用。

"智慧法治"是指让所有司法行政领域工作都以数字化形式呈现，让各类法治工作的业务、流程、统计、分析、存储、传输、展现都以数字化方式进行，以数字化代替业务信息的传统的记录、存取、调用、流转形态，利用云计算、物联网、大数据、人工智能、区块链、机器人技术升级日常工作方式并辅助智慧决策分析，从而提升司法行政系统各领域工作效能。

智慧是指需要用人工智能来实现的一组软硬件协调工作，可自我学习、自我提升的类人智能化系统或装置所能达到的能力。

目前可用于进行人工智能分析的数据主要有视觉、听觉、触觉数据。视觉数据主要包括文字、数字、符号、图像、视频，比如指纹、人脸、汉字等。听觉数据主要包括音频，比如声纹、语言等。触觉数据主要包括压力、摩擦力、电磁场力，比如气压、摩擦阻力等。

"智慧法治"可简单理解为，利用各种计算机技术，让计算机学习司法行政系统及相关领域的视觉、听觉、触觉数据之间的逻辑关系，进而像人一样分析出司法行政系统工作中的规律性、耦合性、异常性关系。随着时间和数据量的增加，这种分析能力还应该自行提升，为司法行政系统工作人员提供辅助支持，为司法行政工作效能提升提供决策支持。

"智慧法治"需要把原来业务相对独立的立法执法、依法治理、监管安全、公共法律服务用网络和数据连接起来，构建出司法行政系统业务一体化平台，让数据在平台内流动，让经验在平台内积累，让知识在平台内沉淀，形成"智慧法治"大脑，携手智慧公安、智慧交通、智慧医疗等智慧平台，共筑智慧中国。平台对内可实现传统业务网上互通、数据全域共享、用户单点登录、智能辅助决策，对外统一服务标准、统一数据接口、统一反馈需求，形成司法行政系统统一对外形象。司法行政业务一体化平台建设框架如图1-1所示。

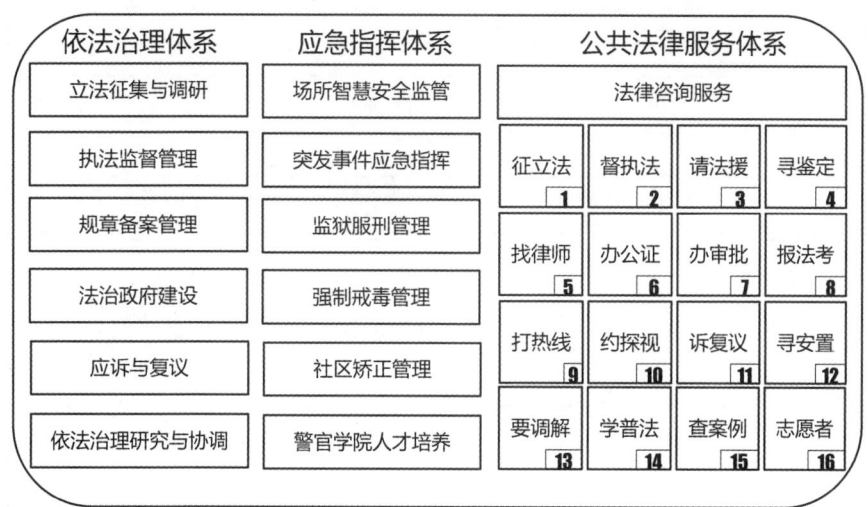

图1-1　司法行政业务一体化平台建设框架

"智慧法治"的提出，源于时代发展的内在需求，源于形势任务的问题倒逼，更源于信息化驱动现代化的战略引领。

模块二　"智慧法治"系统架构

为落实网络强国战略思想，落实中央政法委全国跨部门大数据办案平台建设要求，加快"智慧法治"建设，提出了"智慧法治"建设要求。"智慧法治"系统架构如图1-2所示。

一、理念和原则

1. "智慧法治"理念

"智慧法治"理念要求以网络强国战略为基础，紧紧围绕全面依法治国和数字中国战略部署，秉持"创新、协调、绿色、开放、共享"的发展理念，聚焦司法行政系统职能，着力推进"智慧法治"建设跨越式、融合式发展，提高治理能力现代化水平。

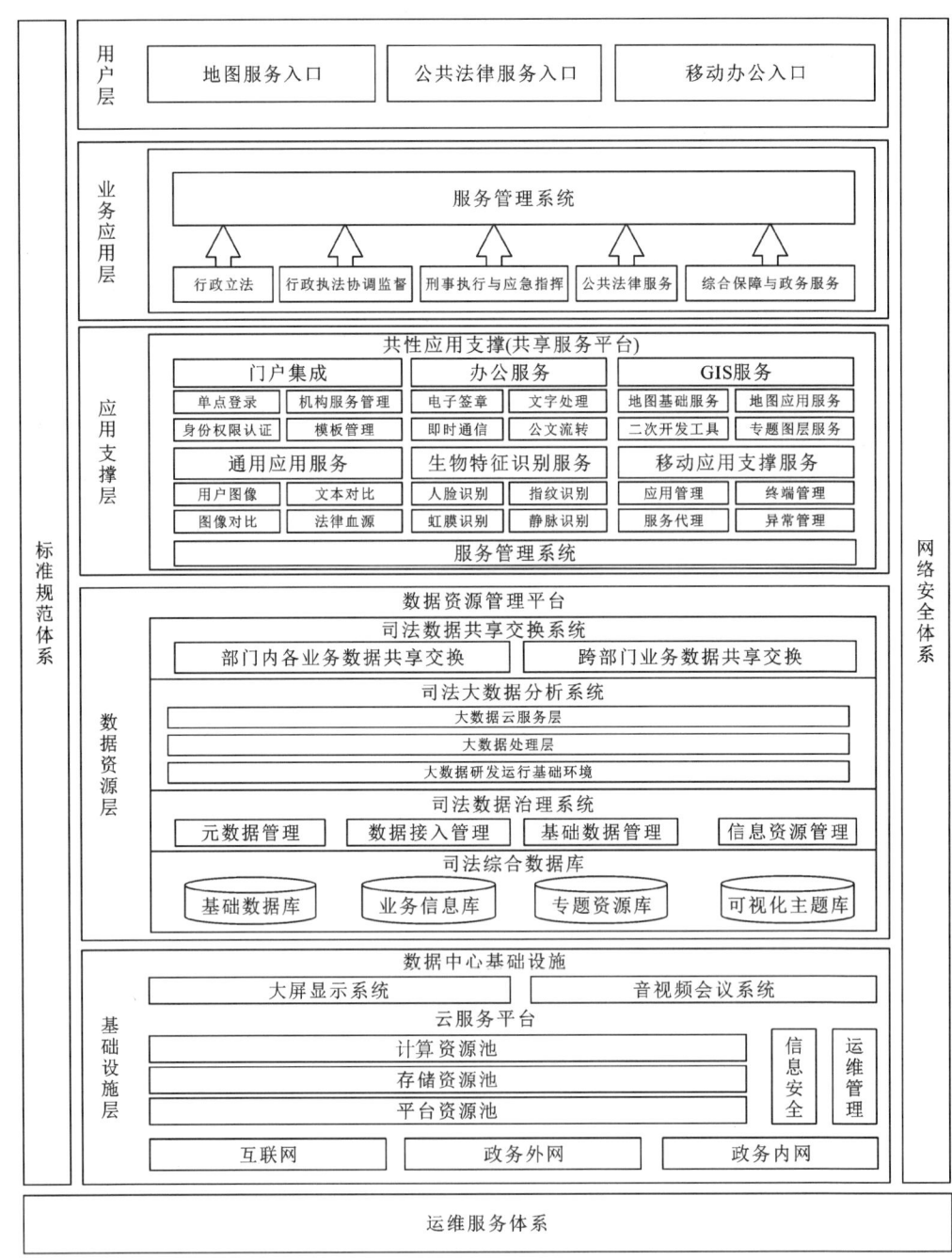

图 1-2 "智慧法治"系统架构

2. "智慧法治"基本原则

1）统筹规划

借鉴国家大力发展政务云和公有云的时机，着眼司法行政系统的职能，全国"一盘棋"，统筹发展规划、完善顶层设计，构建"智慧法治"信息化体系。

2）服务为本

重视基层感受，强调用户体验。应用移动互联网技术，拓宽在线业务、公共法律服务渠道，寓管理于服务。使行政立法、行政执法和法律服务工作者充分感受信息化的力量和便利，为广大用户提供高效、便捷、多元化的服务。

3）资源整合

充分利用已有的信息资源，对现有业务信息系统进行升级改造。新建业务信息系统必须符合新要求，在云平台上建设，将存量整合与增量投入有机结合，充分发挥其最大效益。

4）安全可控

涉密和非涉密分开。独立建网承载涉密业务和信息。非涉密系统也构建高标准的云上安全防护体系，积极防御、综合防范，确保高水平的网络、数据安全防护能力，保障"智慧法治"人员数据、业务数据、案件数据的安全、共享、可控。

二、司法行政系统业务与信息化的层级架构关系

司法部作为立法、执法、司法、普法、公共法律服务等业务的监督管理机构，其主要需求应是对全国"智慧法治"业务数据（如立法、执法、司法、普法、公共法律服务数据）进行统计分析，掌控全局。它不是"智慧法治"中条目数据的生产者，也不是必要的条目数据存储中心，而是数据统计分析中心。

省（自治区、直辖市）级司法厅（局）是本省（自治区、直辖市）立法、执法、司法、普法、公共法律服务、依法治省（自治区、直辖市）的具体发布、管控、监督机构，因此要在省（自治区、直辖市）级建立适用于全省（自治区、直辖市）的"智慧法治"云平台，平台应包含数据生产系统、数据存储系统、数据共享系统、数据交换系统、数据分析预警系统、数据核查系统等。省（自治区、直辖市）级平台可向司法部提供统计结果，也可按需提供条目数据记录。向市州、区县、所等各级提供全省（自治区、直辖市）统一的智慧法治业务系统和业务功能，也可将所有条目数据分享给当地司法厅（局）机关和政府，以便其对本地智慧政府、智慧城市建设进行大数据分析。

省（自治区、直辖市）监狱局、省（自治区、直辖市）戒毒局、省（自治区、直辖市）社区矫正局应在省（自治区、直辖市）司法厅（局）的统一部署下，进行整体规划。监狱戒毒系统应考虑监狱和戒毒所区别省（自治区、直辖市）属管理和市属管理对本级、对上级信息联通的要求。社区矫正中心信息化建设应考虑社区矫正面向本级司法局和上级社区矫正局进行数据互通的需求。

省（自治区、直辖市）级政府各执法管理机关，是本省（自治区、直辖市）执法、司法、普法的发布、管控、监管机构。应按照自身业务范围和需求建设本系统的执法管理平台，用于将条目数据（统计数据应自动生成）同步到省（自治区、直辖市）级司法厅（局）执法监督平台。

市州、区县、所一级用户是数据生产者，其在日常工作中以案件记录的方式完成每一条记录数据。这些数据都存储在"司法云"省级业务系统和数据中心。

三、"智慧法治"技术架构

"智慧法治"技术架构包含基础网络架构、基础数据库架构、信息流架构和业务应用系统架构，如图1-3所示。

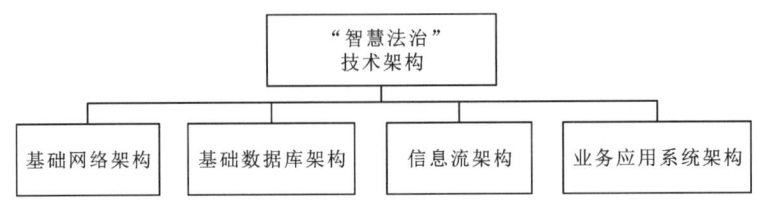

图1-3 "智慧法治"技术架构

基础网络架构要充分考虑司法行政系统组织管理结构、人财物信息管理关系、司法行政系统业务职能和管理关系、业务覆盖范围、地区经济发展状况等。

司法行政系统相较于公安、检察、法院、国安等政法单位有其自身特点。

第一，司法行政各类业务管理归属司法部管理和指导，资金和人员归属各级政府管理。

第二，其业务范围纵向要与司法部各业务保持一致，也要与当地政府和党委政法委工作保持步调一致，还要与所管辖的下级司法行政机构实现业务统一；横向要与当地公安、武警、检察、法院、司法（监狱、戒毒、社区矫正）实现业务互通、数据共享、信息互核、联合办案，而公安、武警、检察、法院、监狱、戒毒所等政法单位都有各自业务专网。

第三，其服务对象范围既有服刑人员，也有强制隔离戒毒人员，还有所辖业务范围内的全体公众。

第四，跨区域业务互联时，异地政法机构的互联互通需要实现异构网络通信。

第五，司法行政监管业务数据属工作敏感信息，不宜在互联网上存储和传输；司法行政公共法律服务数据属一般信息，可在互联网上存储和传输。

选择司法行政基础网络架构尤为重要。现有信息化网络有公众广泛应用的互联网，各行业自上而下的专网如检察院专网、法院专网、政法专网，各单位自行组建的内部网如监狱内网、戒毒内网，国务院办公厅电子政务办公室建设的电子政务外网。

司法行政需要为公众提供各类公共法律服务，需要在互联网上为用户提供各类数据交互。为保障工作敏感数据的存储和传输安全，需要在有安全保障的网络上传输，可以选择电子政务外网或专网。目前国家已不再审批政府机构的行业专网建设，因此全国司法行政的基础网络架构应选择以国家电子政务外网为核心网络、互联网为扩展网络，实现司法行政业务互联网受理、电子政务外网办理、互联网反馈的结构。

模块三 "智慧法治"的核心是数据

司法行政系统信息化是借助信息化发展技术的创新，将信息化技术应用到司法行政各层级、各领域、各环节，从而以信息化引擎提升司法行政工作效能和体制机制创新。从这个意义上来说，"智慧法治"的实现应该遵循信息化发展的客观规律，即由电子技术时代、信息技术时代、数据技术时代到大数据时代的发展规律。在"智慧法治"建设中，这几个时代无法逾越，可以缩短时间，无法划定边界，但可以并行存在。司法行政系统信息化历程框架如图1-4所示。

司法行政电子技术时代（1979—1999年）：以电脑、电话、打印机、对讲机、传真机为代表的设备驱动司法行政业务电子化时代。

司法行政信息技术时代（2000—2010年）：以数据表格、管理信息系统、独立应用软件、监控视频、互联网为代表的技术驱动司法行政业务数字化时代。

司法行政数据技术时代（2011—2019年）：以视频行为分析、B/S、C/S架构网络应用系统、移动互联服务系统、数据采集统计应用为代表的应用驱动司法行政业务智能化时代。

司法行政大数据时代（2020年至今）：以数据共享、业务协同、精准服务、科学决策、风险预警、化解困局、价值挖掘、创新服务、穿戴互联、思维感知等为代表的数据驱动司法行政业务智慧化时代。

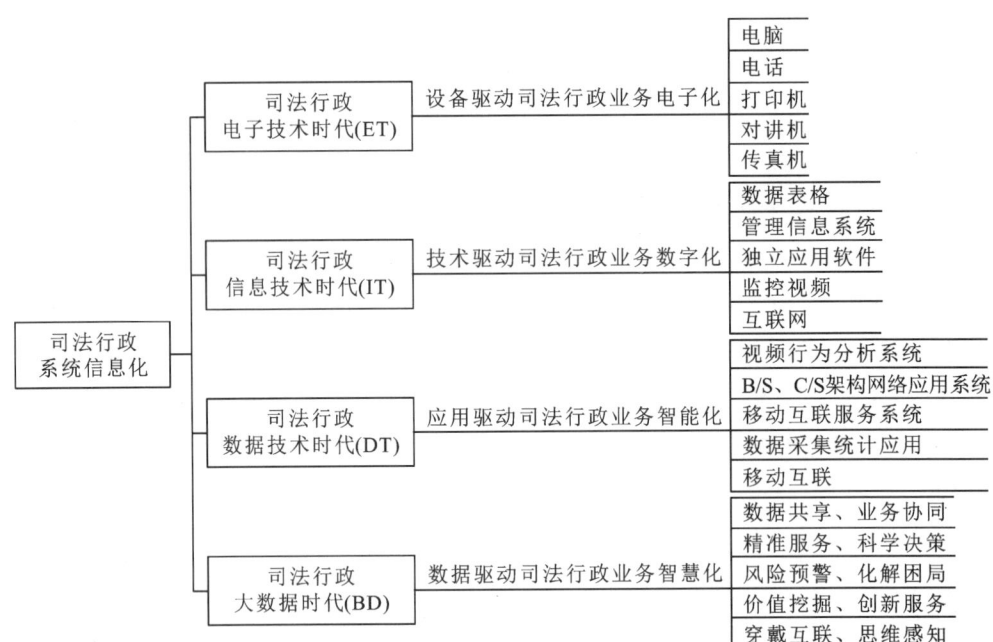

图 1-4 司法行政系统信息化历程框架

全国司法行政系统信息化随着信息技术发展不断升级，由电子技术到信息技术再到数据技术，并朝着大数据时代迈进。应用驱动司法行政业务智能化虽然还没有全面建成，但信息化发展已把我们推向了数据驱动司法行政业务智慧化建设的新阶段。

"智慧法治"的核心是数据。数据驱动司法行政业务智慧化的动力源于数据来源多样、数据应用丰富、数据通道畅通、数据环境良好和数据价值体现。

1. 数据来源多样

在国家加强信息化全面推进的战略背景下，各领域都将以不同方式共享自身数据，同时也可充分获得自身发展所需的数据。目前国家已经从行政命令和市场行为两个方面要求加强数据共享，保障了数据来源的多样性。

第一类是通过自身设备、应用软件、业务系统生产的数据，如智能设备、传感器提交的数据，以及司法行政服务为民采集的数据。

第二类是政府行为要求共享的数据，如政法机构共享数据，政府机构、社会团体协同数据。

第三类是从商业、企业购买的数据。

第四类是通过网络技术在微博、论坛等社交媒体上获取的数据。

数据来源多样如图 1-5 所示。

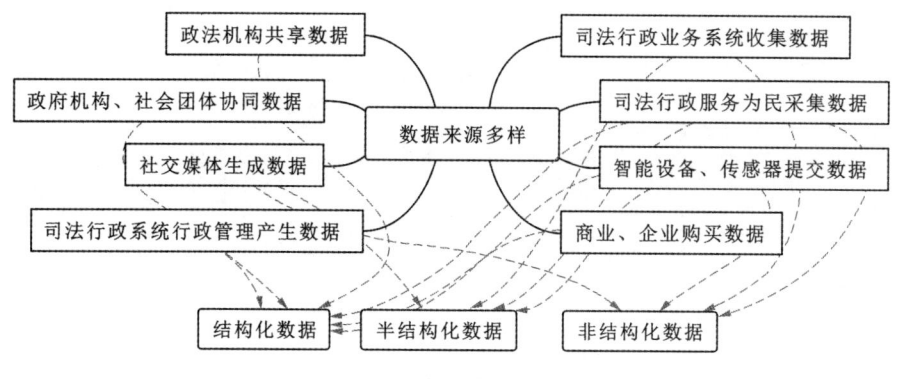

图 1-5 数据来源多样

2. 数据应用丰富

无论是自身设备产生的数据,还是业务系统产生的数据、政府机构共享的数据和从商业、企业购买的数据,都将应用于司法行政全领域、全业务,实现立法、执法监督、安全监管、公共法律服务的全业务数据化,实现"智慧法治"一切业务数据化和一切数据业务化。数据应用丰富如图 1-6 所示。

3. 数据通道畅通

现在建设的"智慧法治"已经不是单个功能软件形成的数据孤岛,也不是单个业务部门形成的数据烟囱,更不是独立服务器运行的孤立系统,而是通过技术手段和安全边界与互联网、电子政务外网、电子政务内网、政法专网、监狱专网、戒毒专网、公安专网、检察专网、法院专网、其他专网和物联网形成的数据高度共享、业务高度协调的数据流动畅通的信息通道。政法系统业务逻辑关系如图 1-7 所示。

4. 数据环境良好

数据环境良好主要体现于对数据生命周期的管理和服务。

数据生命周期是一种基于策略的方法,用于管理信息系统的数据在整个生命周期内的流动:从创建、存储、治理、管理、开发、展现、安全到废弃。

由于业界对数据驱动信息化的一致认可,数据生命周期的管理和服务也形成了相应的规范和标准,这就形成了良好的数据环境,主要体现在网络资源(云化网络资源池)、计算资源(云化计算资源池)、存储资源(云化存储资源池)、各类服务器、数据库系统、安全资源(云化安全资源池)、同城灾备系统、异地灾备系统、公有云环境、私有云环境、UPS 保障、市电双回路保障,以及机房场地和机房环境温度、湿度、洁净度、防雷、防静电、防火、防盗、软硬件运维与监测等为数据提供保障的方方面面。

```
数据应用丰富
```

统筹协调依法治国
书面督察、实地督察、网络督察、听取汇报、个别访谈、查阅资料、询问约谈、实地走访、暗访、调查、核实、转交协查、整改流程及反馈、督察数据分析、智能督察建模、简报、专报上报、表彰、奖励、意见建议、分析原因、存在的问题、责任落实、困难、成效、进展、报告评议、超时通报、预先提醒、典型案例库

行政立法
法律法规、上位法、司法解释、调研材料、案例、论文目录、立法动态、立法名称、类别、议题来源、必要性、权力机构、原因、紧急程度、时间表、任务表、责任单位、责任人、每一次修改的版本、内容、原因、佐证、专家意见、OCR、语义分析、自然语言理解、意见汇总、类别划分、分类统计表、备案审查、调研报告、会议纪要、会议通知、征求意见

执法监督
执法机构、人员、事项、标准化、名称、职能配置、机构设置、人员编制、职责分工、管辖范围、执法区域、办公地点、联系方式、执法依据、自由裁量标准、听证标准、行政执法流程图、行政执法文书、执法人员身份信息、行政执法服装、标志、标识、执法证件、办理条件、办理方式、办理流程、法定时限、承诺时限、收费方式、收费依据、执法证管理、发证（制证）执法环节监督、执法档案记载、执法风险监控、执法案件管理、执法流程管理、执法质量考评、移动端实现

安全监督
应急指挥、定位跟踪、调查评估、矫正衔接、矫正实施、矫正终（中）止、矫正解除、狱政管理、刑罚执行、狱内侦查、教育改造、劳动改造、生活卫生、财务管理、狱情预警、掌上执法（警务通）、接口规范、系统联动、用户权限管理、日志管理、戒毒诊断评估、戒毒心理矫治、戒毒在线考试管理、戒毒教育矫正、戒毒康复训练管理、戒毒所政管理、戒毒个人资金管理、戒毒超市购物管理、戒毒被服管理、戒毒医疗管理、戒毒伙房管理、戒毒卫生管理、政工管理、纪检监察管理、移动办公执法平台、财务系统

公共法律服务
政务公开、公共法律服务及网站、司法行政移动应用平台、远程可视通信、法治宣传、律师综合管理、公证综合业务、法律援助管理、法律援助外设工作站办案、"12348"公共法律服务热线、基层法律服务综合管理、人民调解综合管理、国家统一法律职业资格考试、司法鉴定机构综合业务办理、司法鉴定行政管理、法制工作业务办理、司法行政案例库、人事综合信息管理、警务管理及警务督察、司法行政在线学习及考试、党建综合管理系统（含行业协会党建）、工会工作管理、共青团综合管理、离退休干部管理、纪检监察管理、组织宣传管理、主体办管理、人民监督员选任信息管理、人民陪审员管理、仲裁综合管理

应用支撑与辅助决策
指纹识别、人脸识别、声纹识别、印章比对、笔迹比对、身份证识别、银行卡识别、RFID识别、二维码识别、Wi-Fi嗅探识别、无人机、GIS、数据可视化、大数据服务支撑、司法行政信息分析、司法行政信息资源目录体系分析、社会关系网络分析、事件分析研判、知识库、案例库、特殊人群智能管控、精准普法、质量提升、系统大数据分析、辅助决策

图 1-6 数据应用丰富

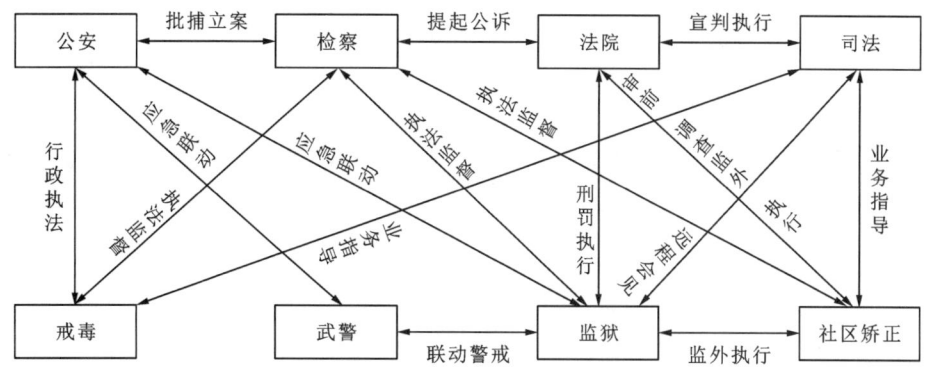

图 1-7 政法系统业务逻辑关系

5．数据价值体现

数据价值是"智慧法治"建设最终实现的具体表现形式，主要是数据逐渐变成信息，形成知识，应用于业务提升、辅助决策、发挥智慧功能的过程。

（1）数据。数据是由传感器、业务软件或人为记录、标记的一种电子化的符号，是事实或观察的结果及对客观事物的逻辑归纳，用于表示客观事物的未经加工的原始素材。

（2）信息。美国信息管理专家霍顿给信息下的定义为："信息是为了满足用户决策的需要而经过加工处理的数据。"简单地说，信息是经过加工的数据，或者说，信息是数据处理的结果。

（3）知识。知识是人类在实践中认识客观世界（包括人类自身）的成果，它包括事实、信息的描述或在教育和实践中获得的技能。知识是人类从各个途径中获得的经过提升、总结与凝练的系统的认识。知识可以看作构成人类智慧的最根本的因素，知识具有一致性、公允性，真伪要以逻辑关系来判断，而非立场。

（4）智慧。智慧是生命所具有的基于生理和心理器官的一种高级创造性思维能力，它包含对自然与人文的感知、记忆、理解、分析、判断、升华等所有能力。当计算机具有类人思考能力或是人类思考能力以程序方式用计算机实现，便被称为智慧计算。

在"智慧法治"建设中，需要借助计算机等设备实现将数据、信息向知识的逐步转变，还需要将知识进行类人分析，形成决策建议，从而实现人机合一。

任务二

建设智慧监狱综合业务平台

◆ **学习导读**

任务理解：

智慧监狱综合业务平台是一种基于信息化技术的监狱管理系统，旨在提高监狱的管理效率和安全性。该平台通常包括狱政管理、刑罚执行、狱内侦查、劳动改造、教育改造、服刑指导、会见管理、亲情电话等功能，可以帮助监狱民警更好地管理监狱内的人员和设备，提高监狱的安全性和管理效率。

学习目标：

（1）思政目标：通过智慧监狱综合业务平台学习，注重科学思维方法的训练和科学伦理的教育，培养学生探索未知、追求真理、勇攀科学高峰的责任感和使命感，培养忠诚、干净、担当的政法职业精神。

（2）素质目标：文武兼备、追求卓越。

（3）知识目标：掌握监狱综合业务网、服刑网和互联网各自承载的业务。

（4）能力目标：会看图、懂架构、知风险、写方案。

模块一　业务网刑事执行综合业务管理平台

监狱综合业务管理平台是以监狱系统工作人员为主要使用对象，为满足监狱单位狱务、警务和日常事务管理的需求，结合监狱工作实际情况，以需求为导向，以应用促发展，而建设的覆盖监狱系统的网络互联互通、信息资源共享、标准规范统一、应用功能完备的平台。

监狱综合业务管理平台的搭建，能够实现一证登录、全网漫游及一人采集、全网共享的需求，达到与公、检、法等部门信息共享和互联互通的目的；能够提高警察执法水平和日常工作效率，实现部门之间、单位之间、系统之间的信息共享和业务协同，使监狱信息化应用水平得到较大提升。

一、狱政管理系统

狱政管理系统主要供省（自治区、直辖市）监狱管理局、监狱狱政部门民警使用，是专为监狱、监区的日常行政业务定制的信息集成管理软件。该系统主要用于记录、查询与罪犯相关的各类信息，并对罪犯从收监到释放离监等各种行政业务进行全程数字化管理。用户可准确、快速地录入业务信息。同时，该系统为监狱及以下管理层次各单位的日常信息管理提供高效的工作模式，是监狱管理信息化的核心软件系统。

狱政管理系统主要包括以下模块。

1. 收监管理模块

收监管理模块提供的主要功能包括收监申请管理、收监省（自治区、直辖市）监狱管理局审批管理、收监执行管理、收监省（自治区、直辖市）监狱管理局通知发布等。

2. 调犯管理模块

调犯管理模块提供的功能主要包括调犯申请管理、调犯省（自治区、直辖市）监狱管理局审批管理、调犯省（自治区、直辖市）监狱管理局方案管理、调犯监狱方案管理、调犯执行管理、调犯调令管理、调犯省（自治区、直辖市）

监狱管理局备案管理等。同时实现监内调动审核调犯、调犯申请管理、调犯意见管理、调犯档案信息管理、调犯信息上报等功能。

3. 等级管理模块

等级管理模块提供的功能主要包括等级评定管理和处遇兑现核查管理。等级评定管理实现对罪犯处遇等级评定的签署和统计等功能。处遇兑现核查管理实现通过对罪犯的通话记录、会见记录、消费信息记录进行查询，登记罪犯的处遇兑现情况等功能。

4. 提回重审管理模块

提回重审管理模块提供的主要功能包括提回重审执行、提回重审省（自治区、直辖市）监狱管理局审查和提回重审省（自治区、直辖市）监狱管理局结案等。

5. 离监探亲奖励管理模块

离监探亲奖励管理模块实现对监狱离监探亲奖励进行申请、审批等功能。

6. 罪犯死亡管理模块

罪犯死亡管理模块实现罪犯死亡登记、通知家属等功能。提供的主要功能包括受理罪犯档案、死亡文档管理等。

7. 信件检查管理模块

信件检查管理模块实现对罪犯接收来信和发送信件进行检查登记并扣留登记有问题的信件等功能。

8. 会见管理模块

会见管理模块提供的功能主要包括会见审核管理、会见省（自治区、直辖市）监狱管理局审批管理、会见执行管理、会见物品审查管理、会见监听管理、会见录音复听管理等。

9. 离监管理模块

离监管理模块提供的功能主要包括离监审核管理、离监省（自治区、直辖市）监狱管理局审批管理和离监执行管理等。

10. 脱管刑期管理模块

脱管刑期管理模块提供脱管刑期省（自治区、直辖市）监狱管理局决定管理功能和脱管刑期记录管理功能。脱管刑期省（自治区、直辖市）监狱管理局决定管理实现罪犯脱管期间省（自治区、直辖市）监狱管理局对脱管刑期的认定功能，主要包括核准收监申请管理、监外执行决定书管理等。

11. 表扬奖励审核管理模块

表扬奖励审核管理模块实现对罪犯的表扬奖励进行审核记录等功能。

12. 立功奖励管理模块

立功奖励管理模块提供的主要功能包括立功奖励审核管理、重大立功奖励省（自治区、直辖市）监狱管理局审批管理、重大立功奖励公示管理等。

13. 物质奖励审核管理模块

物质奖励审核管理模块实现对罪犯物质奖励的申请、公示、审批等功能。

14. 禁闭处罚管理模块

禁闭处罚管理模块实现对罪犯实施禁闭处罚申请、审批等功能。

15. 警告记过处罚管理模块

警告记过处罚管理模块实现对罪犯实施警告处罚、记过处罚的申请、审批、公示等功能。

16. 脱逃登记模块

脱逃登记模块主要实现罪犯脱逃登记功能。主要包括罪犯脱逃登记、科室意见录入、监狱意见录入、脱逃通知发布等功能。

17. 捕回登记模块

捕回登记模块主要实现罪犯捕回登记等功能。

18. 信息员管理模块

信息员管理模块提供的主要功能包括信息员的增加、考核、奖励、处罚和撤销等。

19. 重点罪犯管理模块

重点罪犯管理模块提供的功能主要包括对重点罪犯的认定、考核、撤销等。

20. 社会帮教模块

社会帮教模块主要对罪犯进行社会化教育和帮助，以达到改过自新、减少再犯、促进社会和谐稳定的目的。主要包括心理疏导、教育培训、就业安置、社会服务等。

二、刑罚执行系统

刑罚执行系统主要供省（自治区、直辖市）监狱管理局、监狱刑罚执行部门民警使用，是根据《中华人民共和国刑法》《中华人民共和国刑事诉讼法》《中华人民共和国监狱法》，以及最高人民法院、最高人民检察院、省（自治区、直辖市）高级人民法院、省（自治区、直辖市）高级人民检察院等相关规定，针对罪犯办理减刑假释、暂予监外执行、收监、释放等业务，实现协助监狱受理罪犯申诉、控告和检举等工作。

刑罚执行系统主要包括以下模块。

1. 减刑模块

减刑模块实现对死缓罪犯、无期徒刑罪犯、重要罪犯、有期徒刑罪犯四类罪犯的减刑申请管理、审批管理、执行管理等功能。

2. 假释模块

假释模块实现对无期徒刑罪犯、重要罪犯、有期徒刑罪犯三类罪犯的假释申请管理、审批管理、执行管理等功能。

3. 刑满释放管理模块

刑满释放管理模块实现刑满释放人员的流程性管理功能。提供的功能包括罪犯档案管理、释放花名册管理、出监鉴定管理、罪犯档案备案管理、释放文书管理等。

4. 保外就医模块

保外就医模块实现对在监外执行刑罚的患有严重疾病、年老体弱的服刑人员的管理。

5. 暂予监外执行模块

暂予监外执行模块实现监狱对保外执行的罪犯进行定期监督管理等功能。

6. 罪犯申诉受理模块

罪犯申诉受理模块实现对罪犯申诉的处理等功能。

7. 罪犯申诉处理模块

罪犯申诉处理模块实现对罪犯申诉的资料分类传递及调查、反馈等功能。

8. 罪犯控告受理模块

罪犯控告受理模块实现对罪犯控告文件的登记、判断初步分发对象等功能。

9. 罪犯控告处理模块

罪犯控告处理模块实现对罪犯控告的资料分类传递及调查、反馈等功能。

10. 罪犯检举受理模块

罪犯检举受理模块实现对检举材料初步分类归口到相关部门等功能。

11. 罪犯检举处理模块

罪犯检举处理模块实现依检举对象不同而分别传递资料，并进行调查、处理、反馈等功能。

三、狱内侦查系统

狱内侦查系统主要供省（自治区、直辖市）监狱管理局、狱内侦查部门民警使用。狱内侦查是监狱工作中重要的环节，也是监狱人民警察常用的管理方法。它是侦破狱内犯罪及罪犯重大违规行为的关键，更是维护监管安全秩序的保障。

狱内侦查是监狱为侦破罪犯在监狱内犯罪的案件，或从有利于罪犯改造出发，采取的一系列侦查活动。狱内侦查是防范和打击狱内犯罪，保障监狱内部安全和稳定的重要手段。

狱内侦查系统主要实现以下功能。

1. 重点罪犯管理

重点罪犯管理主要包括对重点罪犯的认定、考核、撤销等功能。

2. 狱内案件管理

狱内案件管理主要包括狱内立案管理、狱内结案管理和狱内销案管理等功能。狱内立案管理、狱内结案管理和狱内销案管理提供的功能主要包括申请和省（自治区、直辖市）监狱管理局审批。

3. 严重违规调查

严重违规调查主要包括协助狱侦民警调查罪犯严重违规事件等功能。提供的主要功能包括违规事件信息、值班民警陈述记录、调查情况、处罚意见等信息的录入、修改、查询、删除、统计、打印等。

4. 狱情管理

狱情管理主要包括与狱情预警系统对接，为狱内侦查系统提供包括狱情预警、狱情分析、狱情处置、狱情报告、狱情工作考核等功能。

四、教育改造系统

教育改造系统主要供省（自治区、直辖市）监狱管理局、监狱教育改造部门民警使用。通过教育改造系统，帮助罪犯掌握一定的知识，使其正确认识自己、评价自己和接纳自己，丰富罪犯业余生活，提高其消除各种障碍的能力，增强其改造的积极性及社会适应性，有利于提升罪犯的教育水平，同时建立、发展与完善监狱教育的管理和协调运行体制，有利于从根本上加强对罪犯教育改造工作的领导、指挥、协调和监督，从而进一步提高机关工作水平，使得机关办公更加高效化、规范化和科学化。

教育改造系统主要实现以下功能。

1. 出入监教育

实现罪犯出入监教育功能，由入监教育、总结教育、政策教育、前途教育、形势分析、就业指导、遵纪守法教育、市场经济教育、劳动合同法教育、适应社会教育、回归社会人员座谈等组成。

2. 三课教育

实现罪犯三课教育功能，由课件规划、课件制作、课件发布、课件使用、课件修订、课件废止、入学登记、教学计划、师资配置、学员安排、成绩记录、毕业登记、实训安排、技能鉴定、证书管理等组成。

3. 心理矫治

实现罪犯心理矫治功能，由心理测试、心理评估、心理预约咨询、心理干预咨询、心理治疗、顽危犯心理跟踪、心理健康教育、心理健康档案管理（建档、归档、保管、借阅、移交、销毁）等组成。

4. 网络教育资源整合

网络教育资源整合包括资源采集获取、资源整理发布两个子项。资源采集获取：实现出入监教育、三课教育、辅助教育、心理矫治等各类教育资源的采集获取信息的登记、检索和汇总等功能。资源整理发布：实现出入监教育、三课教育、辅助教育、心理矫治等各类教育资源的信息的登记、检索、汇总和发布等功能，同时实现教育资源在教育网络上的共享等功能。

5. 在线培训

为适应不同类型学习内容资源的建设和管理，系统支持不限层级的课程分类，防止越权操作；课程管理员根据实际情况灵活设置课程的通过条件；配置选修课程并设置审批条件。

6. 在线考试题库管理

实现题库分类、题库权限控制、题型扩展、批量用户试题维护、批量试卷导入导出等功能。

7. 积分管理

实现学习成果纳入积分（例如：课程、考试、论坛答疑等）、积分公式设置等功能。

8. 改造积极分子奖励管理

实现改造积极分子奖励审核管理、改造积极分子奖励省（自治区、直辖市）监狱管理局审批管理、改造积极分子奖励公示管理等功能。

9. 调查管理

实现问卷调查、结果统计等功能。

10. 在线交流

实现学员学习、经验交流、解答疑问、日常维护、难题解答等功能。

11. 互动教学

实现音视频广播、屏幕广播、课件共享、文件传输、网页协同浏览、硬件电子白板集成等功能。

12. 远程实时教学

实现基于政务外网的远程虚拟教室实时教学功能。

13. 系统管理用户分组

实现组织架构分类设置、用户辅助分类、各级用户管理和审核权限设置等功能。

14. 入监评估

实现罪犯入监时罪犯的入监教育成绩、法制观念、道德水平、心理健康、就业能力、文化素质和主要思想症结等信息的汇集、查询、统计和分析功能。

15. 中期阶段性评估

实现罪犯改造过程中教育成绩、法制观念、道德水平、心理健康、就业能力、文化素质、发现的主要问题和教育改造建议等信息的汇集、查询、统计和分析功能。

16. 出监评估

实现出监时罪犯的教育成绩、法制观念、道德水平、心理健康、就业能力、文化素质、平时成绩、教育改造终结性评定和出监建议等信息的汇集、查询、统计和分析功能。

五、劳动改造系统

劳动改造系统主要供省（自治区、直辖市）监狱管理局、监狱劳动改造部门民警使用。劳动改造系统分为劳动现场管理、劳动安全管理和劳动报酬管理。系统业务审批流程应实现流程自定义功能，用户可以定义审批角色和审批部门，但需默认按照目前流程提供一套初始化的流程。

1. 劳动现场管理

实现出工登记、工具发放、车间进出、区域定制、任务下达、进度控制、质量控制、劳动讲评、工具回收、搜身检查、收工登记等功能。

2. 劳动安全管理

实现隐患登记、隐患检查、隐患评估、劳动安全教育、劳动安全培训、劳动现场检查、特种设备、消防安全、环境保护检测、工种岗位调整、工伤事故处置、安全生产巡查、劳保品发放、特殊防护品发放、营养费发放等功能。

3. 劳动报酬管理

实现质量考核、绩效考核、劳动定额、劳动加班、劳动报酬、经济奖励等功能。

六、生活卫生系统

生活卫生系统是监狱执法的重要组成部分，是维护监狱安全稳定的基础，是保证监狱公正执法和保障罪犯合法权益的重要方面。生活卫生系统主要供省（自治区、直辖市）监狱管理局、监狱生活卫生部门民警使用，实现协助监狱管理罪犯监舍、食堂、浴室等生活设施，管理囚被服、罪犯物品以及零用金等工作；实现罪犯体检、防疫、门急诊、罪犯监内外住院、罪犯大病预防与跟踪治疗、罪犯健康档案管理、卫生检查、药房管理、门诊所医疗器械管理和医务人员管理等功能；实现罪犯疾病分级管理、罪犯社会医保管理、监区卫生管理、罪犯生活物资采购管理、生活设施管理、罪犯生活物品登记管理等功能。

1. 罪犯被服实物量管理子系统

实现罪犯被服采购计划制订、罪犯被服发放计划制订、罪犯被服发放登记、罪犯被服回收登记、罪犯被服库存统计等功能。

2. 罪犯食堂管理子系统

实现罪犯食堂管理及食品安全等功能，包括食堂基本信息登记、食堂物资入库管理、食堂物资出库管理、食堂物资盘点管理、周食谱编制管理、食堂餐具器皿消毒记录管理、就餐人数统计管理、月伙食消耗统计管理、食堂卫生日检查管理、医院对食品卫生周监督管理、罪犯食堂烹饪留样记录管理等。

3. 罪犯个人钱款管理子系统

实现接收汇款、代发补助劳动报酬和奖金、代缴法院罚金、代扣营养餐书刊费、狱内超市管理及罪犯购物、狱内账务处理、罪犯消费管理等功能。

七、监狱医疗管理系统

监狱医疗管理系统主要实现以下功能。

1. 罪犯体检

实现罪犯入监体检、监内定期体检和出监体检等各类体检项目的登记、查询和统计等功能。

2. 罪犯防疫

实现罪犯防疫信息的登记、查询和统计等功能。

3. 罪犯门急诊

实现罪犯门急诊信息的登记、查询和统计等功能。

4. 药房管理

实现对药品的质量管理,药品出库、入库、在库、发放的管理,药品知识宣传及服刑人员药历管理等功能。

5. 罪犯监内外住院

实现罪犯监内外住院信息的登记、查询和统计等功能。

6. 罪犯大病预防与跟踪治疗

实现罪犯大病预防与跟踪治疗信息的登记、查询和统计等功能。

7. 罪犯健康档案管理

实现罪犯从入监到出监整个期间健康状况的记录,包括健康检查、疾病分级鉴定、病情告知、诊疗信息建档借阅等，实现健康档案的检索、调阅、打印、使用申请及审批等功能。

8. 电子病历管理

建立罪犯电子病历管理系统，记录罪犯健康状态和医疗保健行为的信息，包含病程记录、检查检验结果、医嘱、手术记录、护理记录等。

9. 医疗器械管理

实现医疗器械信息及维护保养信息的登记、查询和统计分析等功能。

10. 医务人员管理

实现医务人员组织机构信息及医务人员信息登记、查询和统计分析等功能。

11. 罪犯疾病分级管理子系统

罪犯疾病分级管理子系统与罪犯电子病历管理、健康档案管理相对接，将罪犯疾病进行分级管理，一级最重，二级次之，三级较轻。发现罪犯患疾病时，由监狱医院及时组织鉴定，确保监狱的安全稳定。

12. 罪犯社会医保管理子系统

罪犯社会医保管理子系统与社会医保管理系统对接，为每名罪犯建立个人医疗账户，提高监狱医疗保障力度。

13. 监区卫生管理子系统

实现监区卫生检查信息登记、查询和统计分析等功能，并生成监区卫生报表，含月报、季报、年报等。

14. 罪犯生活物资采购管理子系统

实现管理员登录、供应商管理、进货合同管理、仓库管理、物资核查管理、库存管理、退货单管理、库存查询管理等功能。

15. 生活设施管理子系统

实现生活设施登记、生活设施统计、生活设施汇总等功能。

16. 罪犯生活物品登记管理子系统

实现对罪犯生活物品的登记功能，主要包括日常生活用品登记、违禁品记录登记、罪犯服药登记、物品保管明细登记等。

八、计分考核系统

计分考核系统主要实现以下功能。

1. 基础分考核管理

实现对罪犯日计分考核情况进行登记、汇总、公示等功能；

2. 奖励分考核管理

实现对奖励分进行划拨审批，以及登记、审批、汇总等功能。

九、协同办案系统

协同办案系统能打通监狱、公安、法院、检察院的信息共享，实现法律文书的网上接收、文件资料的网上传输，对开庭审理全过程进行翔实记录，对领导办公会进行辅助管理，自动同步各单位之间需要共享的减刑、假释申请及裁定等信息，实现与案件同步实施监督职能，对减刑、假释、暂予监外执行等业务活动的流程固化和全程留痕，并实现业务数据的逐级汇总上报、统计分析，以及面向罪犯、亲属、社会公众的司法信息公示、公开。

协同办案系统与狱政管理系统、远程法庭系统、视频会议系统、狱务公开系统相对接，提供减刑、假释、暂予监外执行等业务的协同办案支持和信息化服务，实现协同办案"零距离"，推进公、检、法、司的执法透明化、规范化，有效提高办案效率。

1. 与狱政管理系统对接

与狱政管理系统相对接，实现计分考核、奖励惩罚、减刑假释、暂予监外执行等监管改造，覆盖罪犯从收监、在押服刑到出监的全生命周期管理信息的调取和查看，规范办案流程、实现倒查机制、确保全程留痕。

2. 庭审录音录像系统

庭审录音录像系统实现对减刑、假释案件开庭审理全过程的录音录像、举证质证、同步笔录和校对、视频直播点播、光盘刻录存档等功能。

3. 与视频会议系统对接

监狱领导、监狱管理局领导在审议减刑假释申请、暂予监外执行申请等情况时，需要举行监狱长办公会、局长办公会等会议，视频会议系统可辅助领导办公会，便于记录会议全过程。

4. 与狱务公开系统对接

狱务公示公开系统分为面向罪犯公示、面向罪犯亲属公开、面向公众公开三部分，可维护罪犯权益，接受公众监督，确保司法公正。

5. 数据汇总上报分析功能

提供上下级之间的数据汇总和数据上报服务，并在各个节点对汇总的数据进行统计分析，是实现减刑、假释、暂予监外执行业务相关数据逐案报请备案审查的关键部分。

十、监狱集团公司管理系统

监狱集团公司管理系统是一种面向监狱企业生产经营管理的专业系统。结合监狱企业生产管理的实际情况，集生产管理、资产管理、劳动工具管理和安全管理于一体，实现合同闭环管理，包括合同前置审批—合同生成—生产—结算—清算—合同办结的所有过程。提升监狱生产管理的精细化程度，高效收集分析生产数据，减轻一线工作人员的工作量，提升经济和生产安全保障水平。

1. 合同管理

主要包括合同意向审批、部门审核、生成合同、合同进度管理及监督。

2. 指令管理

订单作业，可实现转单、上下线操作、计划申报，使管理更清晰。

3. 原辅料管理

海量数据快速录入，单据标准化打印装订，进出仓库查询更方便、更快捷。

4. 成品管理

成品进出仓，质检数据录入操作简单，动态实时查询。

5. 劳动力管理

针对车间每日出勤人数进行精细化管理，更能清楚掌握人员动向及其改造质量。

6. 质量管理

主要包括首样制作管理、原辅料管理、半成品管理、成品管理、检验报告管理等。

7. 财务管理

创建结算单，根据结算单来结算，以全局方式查看结算内容，结构更清晰，体现更全面。对结算单的清账，操作更方便，数据更安全。

8. 工具管理和消防巡查

实时展现车间工具收发数据，以日报表、月报表的方式展现；对消防设备巡查进行记录并形成日报表、月报表。

9. 设备管理

主要包括对设备的查看管理。

10. 报表查询

对各项数据的分析，多条件查询，实时体现车间运行状况，不但能以合同为主线，配合款式来查询控制进度，更能以日期、分厂、车间、厂商为条件实时查看到各种报表数据，输出、打印灵活方便。

十一、狱情预警

狱情预警是指以影响监管安全的人、事、物、时段、部位为对象，通过大数据中心分析平台了解和收集狱情信息，并进行对比、分析及筛选，从中确定影响监管安全平稳状态的异常事项和重点罪犯的活动。狱情预警和处置工作是监狱较重要的基本工作，是确保监狱监管安全的基础和基本手段，是监管安全工作的首要任务。

狱情预警主要包含以下内容。

1. 情报信息收集

对各种情报信息进行收集汇总，应包括情报信息收集主体、内容、方式、方法等。

2. 情报信息分析

通过大数据技术,对采集的信息进行分析研判,应包括情报信息分析人员、分析形式、分析方法等。

3. 情报信息流转

主要指各种情报信息的上传下达、信息共享等传递工作,应包括情报信息发布人员、发布内容、发布方式、流转对象等。

4. 情报信息处置

对各种情报信息采取的处理措施及应对反应,应包括情报信息处置人员、处置程序及方式方法等。

5. 狱情研判预警

根据对各种情报信息进行研判后得出的危险性结论而采取的防范警示,应包括对罪犯个体、监狱、监区的监管安全的危险性的预警方式、预警内容、预警等级等。

6. 狱情研判的组织、培训、考核、奖惩

对狱情研判工作各项基础性、保障性的条件要求,应包括狱情研判机构设置、研判设施配备、研判经费、研判人员培训方式、培训内容、研判工作考核内容、方式及奖惩规定等。

7. 与狱内侦查系统相对接

配合收集相关情报等信息,防范和打击狱内犯罪,保障监狱内部安全和稳定,有利于罪犯改造。

十二、无线对讲系统

无线对讲系统具有机动灵活、操作简便、语音传递快捷、使用经济等特点,是实现生产调度自动化和管理现代化的基础手段。无线对讲系统不同于警务通,此处仅介绍无线对讲系统。

无线对讲系统是一个独立的,以放射式的双频双向自动重复方式进行通信的系统,解决通信范围或建筑结构等引起的通信信号无法覆盖,便于随时随地精准联络民警,在管理场所内非固定的位置执行职责。

无线对讲系统的无线对讲信号有效覆盖区域为全监狱范围,用以确保无线对讲系统通信之清晰、流畅,保障民警紧急通信之要求等,使其内部管理、维护以及民警、指挥中心之间方便、快捷地保持联系、通信。

监狱由于面积较大,应对突发性事件离不开快速反应的无线电对讲调度联系,简单的对讲机通信远远不能满足管理工作的需要,必须要进一步完善和改造,满足随叫随通的要求。需要为监狱配置一套无线对讲系统,在监狱通过部署无线集群网关,通过监狱内部 IP 网络与各监狱的部署语音网关进行对接,实现对电台的状态监控、单呼、组呼等特有功能。

十三、监外押解就医系统

"监外押解",主要指罪犯在监狱外的押送工作;"监外就医",除了就医路途中的押送工作外,还包括就医过程中对罪犯的实时监控。犯人监外押解和就医过程中的保卫工作以往都是由在外的监狱干警执行,不受监狱指挥中心的实时监控,形成了安全管理盲区,存在着囚犯脱逃、共犯协逃和内外串通逃跑的风险。为防止这类意外事件的发生,监狱指挥中心必须能够随时掌握监外押解和就医过程中罪犯和监狱干警的实时视频图像、语音信息、人员地理位置及押解车的行车路线轨迹等信息,以便全面掌握罪犯在监外押解和就医过程中的各个环节,在突发事件发生时,能够采取有针对性的应急措施和远程可视化指挥调度。

1. 系统描述

监外押解就医系统以智能安防管理平台为载体,结合先进的单兵执法设备、车载监控设备以及无线网络摄像机等前端设备,利用 4G/5G/Wi-Fi 等无线传输技术以及专业的安全接入隔离设备,将监外押解和就医过程的录像、视频、语音、文字、报警以及定位等信息安全可靠地传回监狱指挥中心,实现对监外押解和就医过程的实时监控、管理和指挥。

2. 设计方案

监外押解就医监控指挥系统由前端监控系统、传输接入系统以及后端指挥中心系统三部分组成。前端监控系统包括单兵执法系统、车载监控系统和监外就医系统。其中,前端监控系统的视频、报警以及定位等信息通过运营商 4G/

5G 网络经安全隔离设备过滤后传送至监狱局域网，最终在监狱指挥中心呈现，并对关键信息数据进行存储，同时指挥中心可对现场实现语音指挥、图文发送等功能。

监外押解就医监控指挥系统拓扑结构如图 2-1 所示。

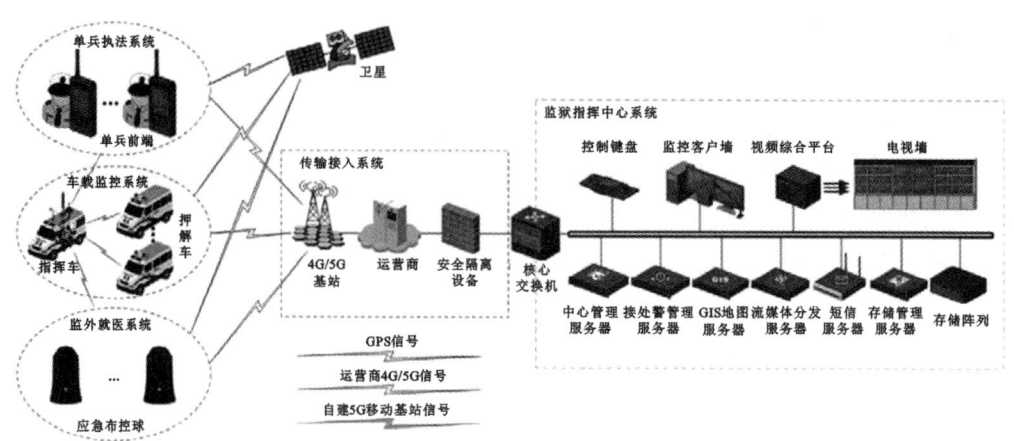

图 2-1 监外押解就医监控指挥系统拓扑架构

1）单兵系统

在监狱干警监外执法的过程中，需要与监狱指挥中心进行交流，紧急情况还需要快速报警并上传相关材料如录音、录像、图片等，同时监狱指挥中心需要对监外执法干警执法过程进行监管，实时了解干警的工作状态和地理位置，并对紧急情况进行指挥调度，以利于对整个押解过程进行管控。另外，监外执法干警之间也需要进行实时交流，以利于对事件动态和周围状况的及时了解。

为实现以上功能，本方案设计为每位执法干警配备一套单兵执法设备，该设备应具备语音对讲、抓拍抓录、GPS/北斗定位、4G/5G 无线传输、紧急报警等功能，通过运营商无线网络传输至监狱指挥中心系统平台，也可通过移动指挥车上安装的 5G 移动基站将单兵视频图像传输至移动指挥车系统平台，并可通过系统平台将视频转发给所有在线的授权用户。

单兵执法系统拓扑结构如图 2-2 所示。

单兵执法设备由便携式监控主机、外接小型摄像机、蓝牙耳机以及主机内置的 4G/5G/Wi-Fi 无线通信模块和 GPS/北斗定位模块组成。执法干警通过便捷式监控主机外接的小型摄像机可实时监控现场情况，插入 SD 卡可进行本地录像，同时便捷式监控主机带有液晶显示屏，可轻松实现本地图像预览、本地抓图、本地回放、参数设置等操作；设备支持 4G/5G/Wi-Fi 无线传输、GPS/北斗定位功能，配合远程监控平台，能够将现场画面及位置信息等及时反馈给指挥

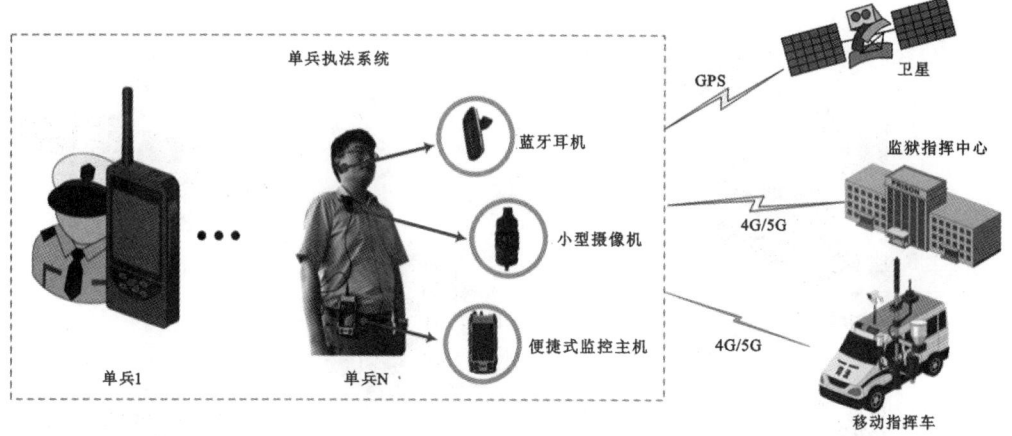

图 2-2　单兵执法系统拓扑结构

中心,帮助值班干警、监狱领导第一时间掌握犯人押送状况;依靠语音对讲功能,执法干警还可以轻松实现与指挥中心或押解车车载监控系统之间的对讲交流,也可以进行类似对讲机功能的单兵群组内对讲,提高小组协同作战能力;执法干警还可通过便捷式监控主机上的报警按钮实现本地报警输入,远程指挥中心联动弹出报警视频、GIS 地图定位等,可实现突发事件下的远程可视化指挥。

2）车载系统

在押解车监外押解过程中,监狱指挥中心或移动指挥车需要对押解车内犯人以及押解车周围状况进行实时监控,实时了解押解车地理位置及车内外情况,同时车内干警在紧急情况下需要快速报警并上传相关信息如录音、录像、图片等,以便指挥中心对紧急情况进行正确快速的指挥调度,从而实现对整个押解过程的全方位管控。

为实现以上功能,为每辆押解车配备一套车载监控设备,该设备应具备语音对讲、抓拍抓录、GPS/北斗定位、4G/5G 无线传输等功能,实现与监狱指挥中心或移动指挥车间的信息交互。同时,在大型押解场景中存在移动指挥车的情况下,在移动指挥车上配备一套移动指挥系统平台以及一套 5G 移动基站,可以通过组建的移动无线局域网,在指挥车的移动指挥平台上实现与押解车车载监控系统间的信息交互。

车载监控系统拓扑结构如图 2-3 所示。

在押解车上安装高清云台摄像机、语音对讲设备、紧急报警按钮和 GPS/北斗定位器等,分别作为视频图像、音频数据、报警信息、地理位置等信息的采集设备,采集的信息经过车载监控主机的处理之后,由车载监控主机自带的 4G/5G 无线通信模块发送到监狱指挥中心或移动指挥车。

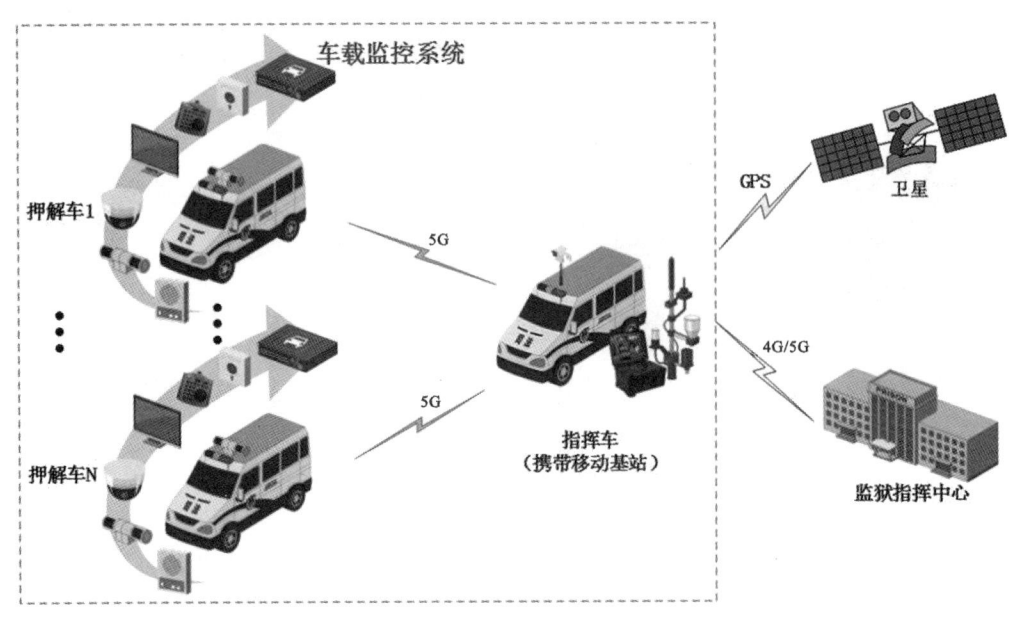

图 2-3 车载监控系统拓扑结构

其中,系统中的车载监控主机是整个车载监控系统的核心部分,可实现高清视音频录像存储、图片抓拍、语音输入输出、报警输入输出、GPS/北斗定位、4G/5G 网传、预览智能去抖等功能。

3)就医系统

在监外就医过程中,缺乏实时的监控,且就医地点的不确定性也是传统固定视频监控手段无法满足的,因此形成了监外就医过程管控的漏洞。在不固定场景下如何实现实时视频监控,是监外就医监管的一大难题。

为解决以上问题,可采用具备 4G/5G 无线网传功能、可随时随地布放的应急布控球,通过运营商 4G/5G 无线网络将就医现场视频图像传输至监狱指挥中心系统平台,也可通过移动指挥车上安装的 5G 移动基站将就医现场的视频图像传输至移动指挥车系统平台,从而实现远程实时监控,有效防止罪犯利用监外就医实施脱逃、非法会见等行为。

监外就医系统拓扑结构如 2-4 所示。

4)指挥系统

在监狱指挥中心部署一套指挥中心系统,主要包括音视频解码、图像显示、通信对讲、报警联动、集中存储以及应用服务器部署等。

将监外押解就医监控指挥系统管理平台集成到监狱智能安防管理平台中,作为一个子模块进行统一管理。

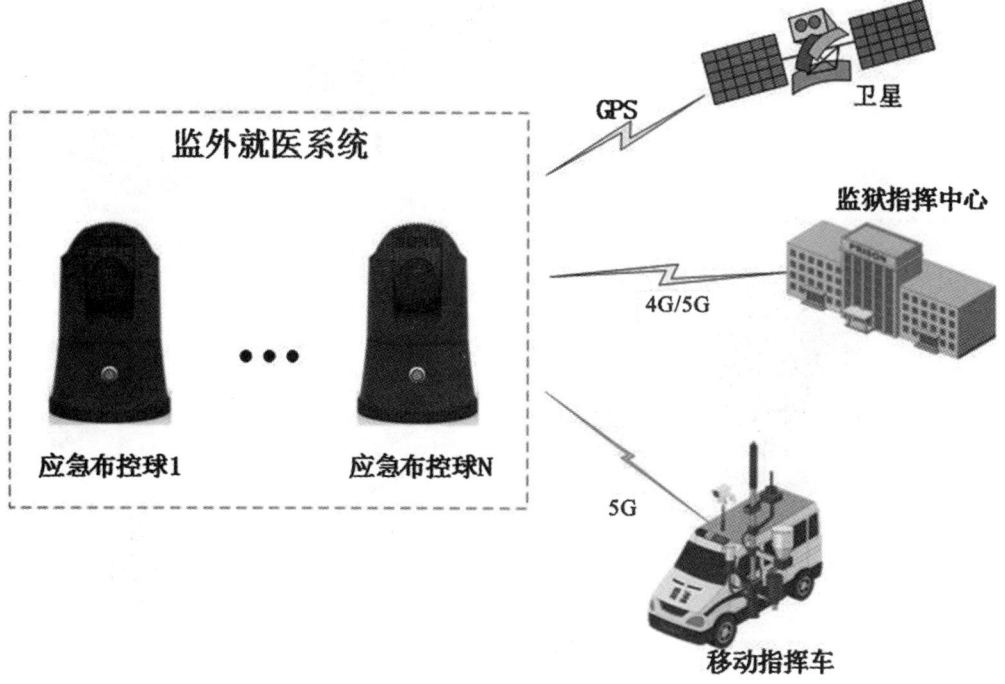

图 2-4 监外就医系统拓扑结构

指挥中心系统拓扑结构如图 2-5 所示。

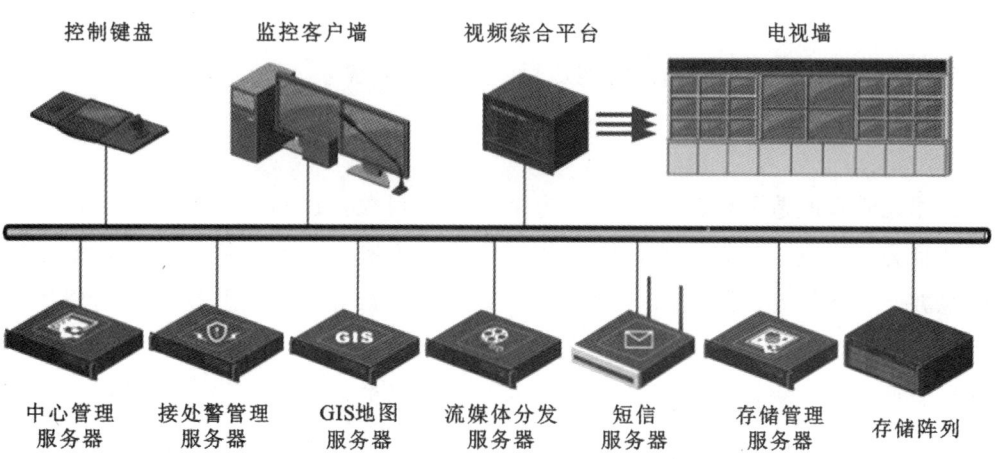

图 2-5 指挥中心系统拓扑结构

另外，在大型押解场景中，配有移动指挥车时，可在移动指挥车上部署一套移动指挥中心系统，由移动指挥服务器及配套天线组成。

移动指挥车拓扑结构如图 2-6 所示。

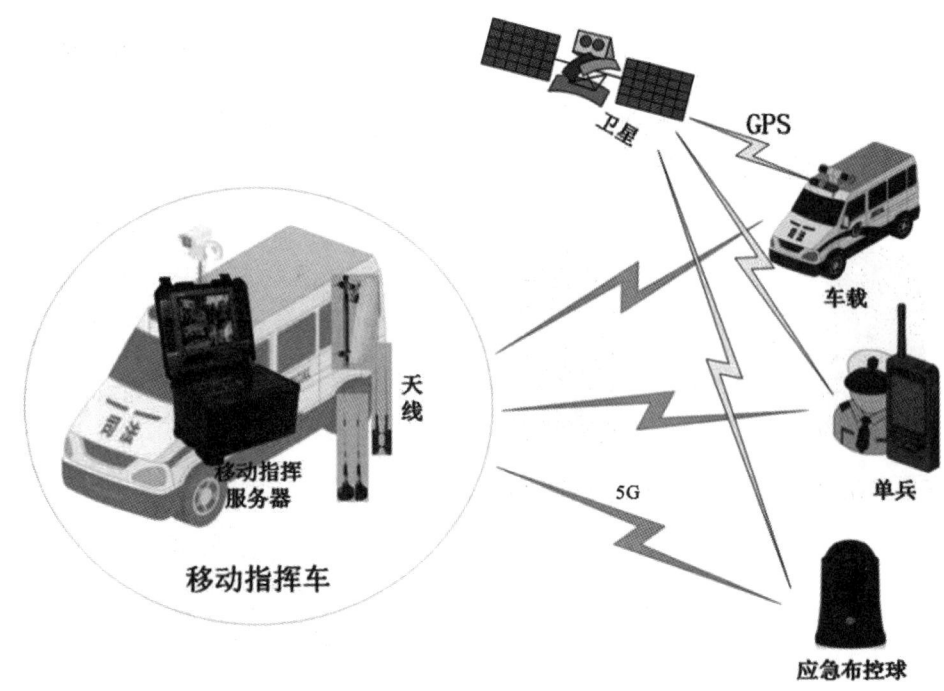

图 2-6 移动指挥车拓扑结构

模块二　服刑网罪犯教育改造平台

罪犯教育改造平台以服刑人员为主要使用对象，以狱务公开为核心，以信息共享为出发点，以教育改造网为依托，以每个监舍一台电脑为终端，集成高清电教、服刑指导、网上图书馆、云课堂、健康指导、出入监模拟、消费操作等应用系统，以后台数据处理为集成策略，提供多业务系统数据提取与发布，满足服刑人员了解社会信息、个人服刑改造信息的需求，为服刑人员提供浏览查阅等公用信息服务和个人信息服务，以及借助社会力量进行帮教改造的专项业务平台。该平台与监狱综合信息网实现逻辑隔离，并提供基于权限的个性化操作风格及安全管理。

（1）提供公共信息浏览和个人信息查询。提供监区文化、监狱新闻、社会热点、国际国内时事等新闻类信息的浏览。提供各项政策、法律、法规等信息的浏览。提供劳动报酬、零用金存款、订货清单、购物消费清单、处遇等级、计分考核信息、奖惩信息、减刑信息、食堂食谱、个人心理情况等信息查询。提供经审查的音乐、视频欣赏。

（2）实现教育改造的信息化管理。实现包括入监教育、科学文化、思想政治、技术技能、生理卫生、出监教育等服刑过程中涉及教育改造的业务功能等。实现各项教育内容的考核管理，利用不同教育内容的题库，自动组卷、自动评分。建立民警、服刑人员的沟通桥梁，包含心理咨询、健康指导、情况反馈、意见箱等功能。

（3）提供多种辅助方式以提高教育改造质量。提供内部报刊、论坛、监区信息发布、社会帮教信息发布等功能。提供服刑人员个人心得体会、文学作品的发布等功能。提供集体化的思想教育、文化教育、电化教学、云课堂服务等功能。提供图书借阅、图书订购和生活物资订购等电子商务功能。

一、高清电教

采用网络传输高清视音频数据，网络拥有 AV、HDMI、SDI 接口，将教育节目与电视节目播放到各监室，实现高清电教功能，可以直播培训节目、模拟或数字闭路电视节目到各个监室，通过电脑、智能手机、平板电脑、液晶电视机及机顶盒收看高清的直播节目。

二、服刑指导

服刑指导主要以服刑人员为对象、民警为系统日常维护者，集成心理测试软件和心理测试题库，提供专业化咨询、人员角色与权限管理，确保系统安全性。主要实现以下三个功能。

1. 心理咨询

心理咨询专业人员通过与服刑人员沟通交流等方式反映其心理问题并进行分析、开导、矫治工作、促进服刑人员的心理健康。

2. 心理测试

通过试题答卷、问答等方式，针对人格、职业、性格、婚姻、家庭等多方面多角度、心理因素进行测试，反映服刑人员各方面心理状态或问题，对测试结果进行鉴定、分析并提出解决方案。

3. 心理治疗

对存在心理问题或心理失衡甚至产生精神问题的服刑人员进行心理矫正、药物治疗，使其恢复正常心理状态。

三、网上图书馆

网上图书馆主要用于为服刑人员提供充足的网上图书阅览和快捷的查询手段，能够为服刑人员提供相关政策法规、技能知识及生活卫生知识等。服刑人员通过网上图书馆的教育与教学，起到端正思想、积极改造的作用。

四、云课堂

云课堂是基于云计算技术的一种高效、便捷、实时互动的远程教学课堂形式。监狱内的服刑人员只需通过教育改造网访问云课堂界面，进行简单操作，便可快速高效地访问优质的教学培训资源，是一种突破时空限制的全方位互动性学习模式。

五、健康指导

通过服刑人员佩戴的电子手环，监测其心率、血压、脉搏等情况并提供一系列健康指导。一方面能够对服刑人员的健康状况进行全面了解，及时采取就医诊断措施；另一方面能够通过服刑人员的指数波动，掌握其心理活动，及时进行心理及思想上的指导，有助于帮助其进行改造。

六、网上购物

利用计算机技术、网络技术和通信技术，实现整个消费（买卖）过程的电子化、数字化和网络化。监狱消费操作是建立在服刑人员专网上，实现网上购物、商品预订功能。

1. 网上购物

网上购物系统可实现与现有教育改造平台的对接，提取该系统库存商品种类、售价、库存量及服刑人员零用金存款余额等业务数据，实现商品浏览、购物车、消费结算（与生活卫生系统对接）等功能，并形成购物小票记录，服刑人员超市据此记录发货。

2. 商品预订

针对服刑人员超市、图书馆中未提供的相关商品、图书的预订功能，并对相关商品预订信息进行审核控制，以保证预订商品的合法、合理。

七、亲情电话系统

1. 系统描述

亲情电话作为监狱信息化管理和人性化管理的一种重要途径，是现在监狱亲情帮教和实施人性化管理不可缺少的一项重要内容。

亲情电话系统需要保障对服刑人员通话进行管理，可以控制犯人电话的外拨，未经审核的电话不能拨出，对通话进行录音，并可将语音信号经数字化压缩处理后，以录音文件形式存储在系统中，供授权用户查听、复听，必要时可以随时断开服刑人员的通话，同时也要与狱政系统对接。

2. 设计方案

系统可以控制犯人电话的外拨，未经审核的电话不能拨出，拨打电话过程可以由管理员全程监听并可控制计算机实时录音，方便查询和回放，可多路电话同时工作。

将电话安放在各监区（分监区），值班管理员可以方便地组织罪犯使用亲情电话，通过拨号、接听分离的方式以及后台系统控制拨出等实现亲情电话的安全使用和管理。

根据监狱信息化建设实际应用需要，系统将在监舍每楼层电话谈话室配置亲情电话终端，同时配置监听录音设备。

在每个分监区干警值班室各配置一台电脑来管理本监区或该楼层的一台或多台亲情电话终端，实现各个分监区的独立管理。

该系统由语音模块和射频识别模块组成，通过两部分的有效结合实现系统稳定可靠的运行。

亲情电话系统组网如图 2-7 所示。

图 2-7 中的电话机为射频卡电话机，用户通过刷卡来实现用户卡号的输入，完成用户身份识别。

语音接入模块由计算机和模拟语音板卡组成，模拟语音板卡接收到从射频卡电话机上发过来的卡号信息后转发给呼叫管理系统，呼叫管理系统验证卡号后从数据库服务器中获取相应的亲情号码通过外线发起呼叫。

系统通过语音接入模块接入 PSTN/PLMN，实现呼叫控制和语音接续，语音接入模块支持用户线接入、数字中继接入（支持中国一号信令、PRI 信令、中国七号信令）。

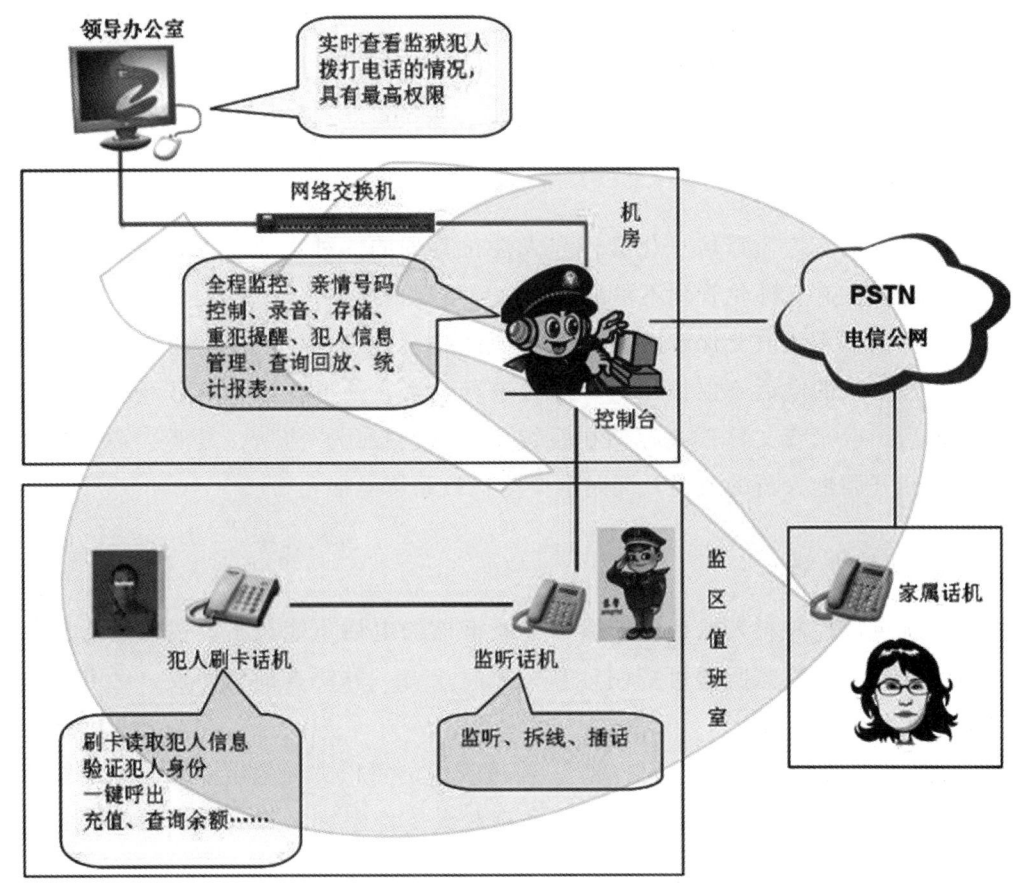

图 2-7 亲情电话系统组网

系统监控模块为系统实时管理监控功能模块，管理员通过该界面可以实现对系统的有效监控。

业务管理平台主要实现卡信息管理，包括发卡、充值、用户信息管理等。

呼叫管理模块和业务管理平台共享数据库服务器，各模块和数据库服务器在逻辑图中为各自独立的模块，在物理上可以共用。

亲情电话系统在各监狱监舍区每层设置一个电话室，在电话室内根据服刑人员人数设置一定数量的电话机，同时配置监听录音设备，录音资料建议按照不低于 30 天的时间进行存储。

亲情电话系统业务流程如图 2-8 所示。

（1）犯人摘机，将非接触式射频卡（ID 卡）放在话机的刷卡区，系统自动将犯人的信息发送到平台，从平台提取犯人的亲情号码。

（2）系统语音提示犯人有几个亲情号码，直接提示亲属关系，按相应的编号进行拨号，按 ＊2＃ 为查询余额，按 ＊1＃ 为查询号码，按 ＊3＃ 为充值。如拨打给爸爸请按 1＃，拨打给妈妈请按 2＃。

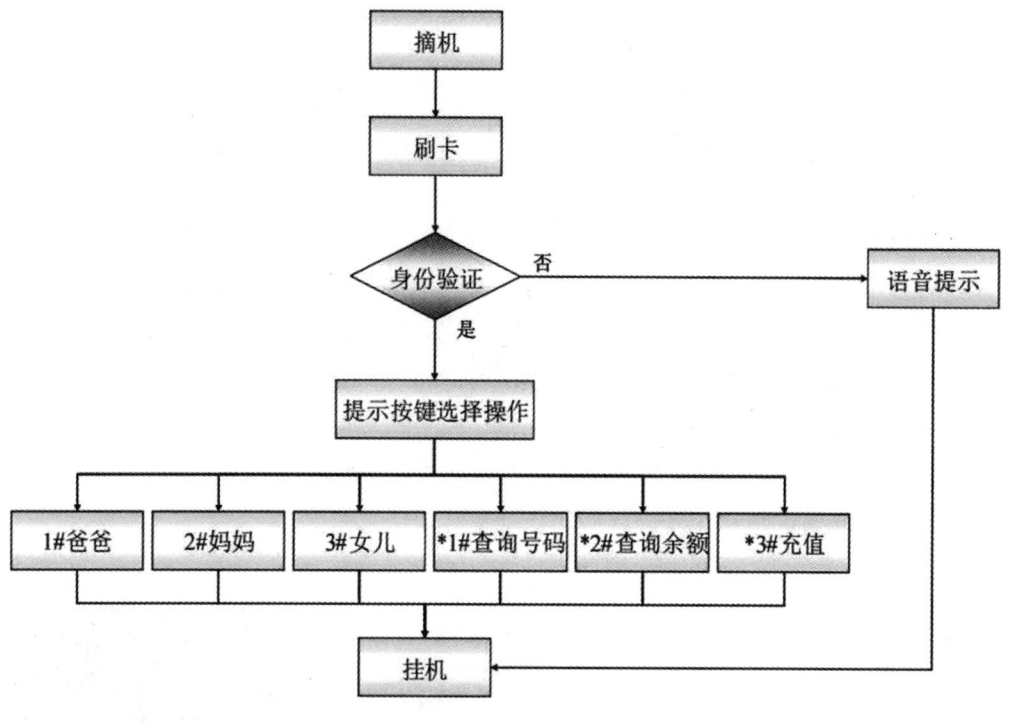

图 2-8 亲情电话系统业务流程图

（3）如果犯人的亲情号码比较多的话，犯人可以将号码打印出来贴在电话卡的背面，便于拨打的时候查询。

（4）犯人只需要按一个键就可以进行拨号，同时管理员可以对犯人的通话进行监听和全程录音。

（5）监狱领导可通过监狱局域网对任一路亲情电话进行实时监听、回放录音和查询录音。

八、远程法庭系统

1. 系统描述

远程法庭系统能够使得法官、当事人及其他诉讼参与人，不坐在同一审判庭里进行庭审，而是通过网络的传送来完成庭审的全过程，案件的庭审过程可以与法院远程同步进行。这样不但可以最大限度提高审判工作的效率，避免路途上的奔波，也可以减少在提审过程中的意外事故。

远程法庭系统是利用监狱与法院的专用 IP 传输网络并进行数据加密，不接入监狱内网，以法庭为中心，设立远程数字庭审中心，配置远程庭审终端、专用摄像机和麦克风，实现图像传输和远程通信，可以实现对远程被审对象的实时庭审。

2. 设计方案

远程法庭系统的建设不应是简单的音视频设备的堆砌,而应该从庭审业务实践出发,充分满足审判过程中各相关参与人的需要,并实现与法院审判管理信息系统在数据、管理上的完整结合。

审判人员可以在远端进行远程庭审,此方式一般用于法院提审监狱罪犯的情况。远程监狱庭审终端通过本地的平台可以接入整个系统,本地法庭通过本地庭审主机将监狱前端的视频和音频进行数字编码,对正在进行的庭审实施录像,记录整个庭审过程。这样不仅可以将录像作为庭审资料保存,为日后书记员案卷整理、审委会议案提供真实可靠的原始资料,而且可以让法院等其他相关人员进行同步收看,以了解整个庭审情况,更好地满足法院系统审判工作的需要。

远程法庭系统结构如图 2-9 所示。

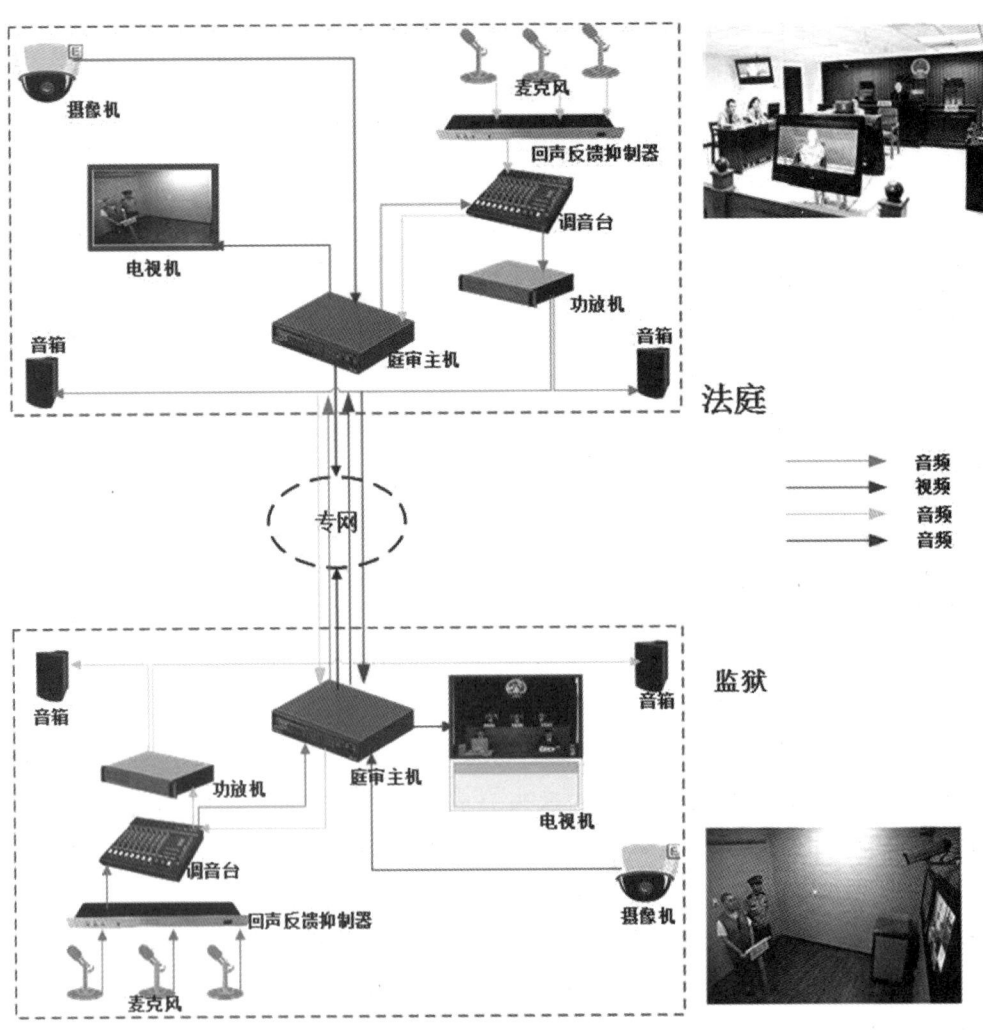

图 2-9　远程法庭系统结构

系统采用的是分布式部署，通过庭审主机的级联，可以实现法庭与监狱、检察院音视频的互联互通，从而达到远程庭审的目的。

监狱、庭审室内的声音通过麦克风（拾音器）进入回声反馈抑制器，经回声反馈抑制器消除回声处理后输入到调音台，在经过调音台把声音调整到合适的音量后输入监狱庭审主机；监狱庭审主机把模拟的音频信号转换成数字信号并通过专网发送给法庭庭审主机，最后经过法庭的调音台、功放机、音箱输出监狱及庭审室内的声音。

监狱、庭审室内的监控摄像机图像同样是由监狱、法院庭审主机通过专网发送给法庭庭审主机，最后经过法庭的电视机输出监狱及庭审室内的图像。

法庭内的声音和视频传输给监狱庭审室内的音视频流走向，与监狱庭审室发送给法庭的音视频流走向基本相同。

九、会见管理系统

1. 系统描述

会见管理系统主要是对服刑人员的会见过程进行管理，即掌握会见动态，以便民警及时掌握服刑人员的思想动态和家庭状况，有的放矢地做好教育改造工作，同时防止违禁物品传递或异常信息传递等意外事件的发生。

系统采用模块化的设计思想，实现会见登记、会见审批、会见人员核查、会见窗口分配、会见信息发布、物品转交管理、会见过程控制、会见录音复听、会见信息查询等会见业务功能；并可通过与监狱安防集成平台的对接，实现家属会见登记后，系统自动在分控值班室监控客户端上弹出需会见服刑人员的姓名、照片、会见家属等信息，监区值班干警也可通过监控客户端对服刑人员的会见情况进行查询，以了解服刑人员心理状况，便于有针对性地进行教育改造。

2. 设计方案

1）布点原则

根据相关标准规范及监狱实际需求进行会见点位的选择，主要考虑以下内容：

（1）考虑到罪犯与其家属进行会见交流的需要，应在会见窗口配置会见电话机，并实现一对一同步视频录像；

（2）考虑到监狱干警需要对罪犯与其家属的交流内容进行监听，应在会见监听室配置监听电话机；

（3）考虑到家属对新收押罪犯的会见请求需要通过领导审批，应在狱政科配置登记客户端、身份证读卡器及人脸采集摄像机等；

（4）考虑到家属会见罪犯时需要进行会见登记、会见窗口分配（按批次进行会见）等，应在会见登记处配置登记客户端、身份证读卡器及人脸采集摄像机等；

（5）考虑到家属有物品需要转交给服刑人员的可能，应在物品管理室配置物品管理客户端；

（6）考虑到需要及时了解罪犯到位情况、会见窗口分配（按罪犯签到顺序进行会见）等，应在罪犯等候区配置罪犯签到一体机；

（7）考虑到需要让罪犯及其家属及时了解会见进展等信息，应在罪犯等候区和家属等候区配置会见信息显示大屏。

2）技术选型

根据会见点位选择原则，可将监狱的会见点位设计如下。

（1）在会见大厅每一个会见窗口隔离屏障两侧的会见台或墙面上，安装1对会见电话机，并在家属侧面向罪犯安装1台摄像机实现1对1录像，摄像机安装方式及选型可根据现场环境采用宽动态防爆半球。

（2）在会见监听室安装2台会见监听客户端和2部监听电话机，具体数据可根据实际需求灵活配置。

（3）在会见登记室设置登记电脑、摄像头、打印机，读卡器，用于采集家属信息、家属登记信息，打印会见通知单。

（4）在物品管理室安装1台物品登记管理客户端。

（5）在家属等候区安装1台液晶电视或LED显示屏，同步显示家属窗口分配情况。

（6）在罪犯等候区安装1台罪犯签到客户端及1台液晶电视或LED显示屏，同步显示罪犯窗口分配情况。

（7）在会见大厅设置自助登记一体机，家属通过刷身份证实现自助登记。并可设置查询设备，干警通过电脑后台上传需要公开的内容，该电脑物理上可与服务器共用，也可分开，建议分开。

（8）监区干警可通过监区电脑，登录局域网查看待会见名单。

3. 设计架构

会见管理系统由会见电话机、会见拾音器、监听电话机、排队取号机、液晶电视机、身份证读卡器、小票机、大屏显示器、高清卡片机、会见管理主机、网络录音盒、会见管理软件及其相关客户端电脑、服务器等组成，并通过与视频监控系统、紧急报警系统、门禁控制系统、公共广播系统、安全检查系统

（独立）以及罪犯信息管理系统等的对接，实现会见数据信息的共享。

会见管理系统使用 IP 网络作为接入媒体，可通过 IP 网络下挂多种终端设备。会见管理系统结构如图 2-10 所示。

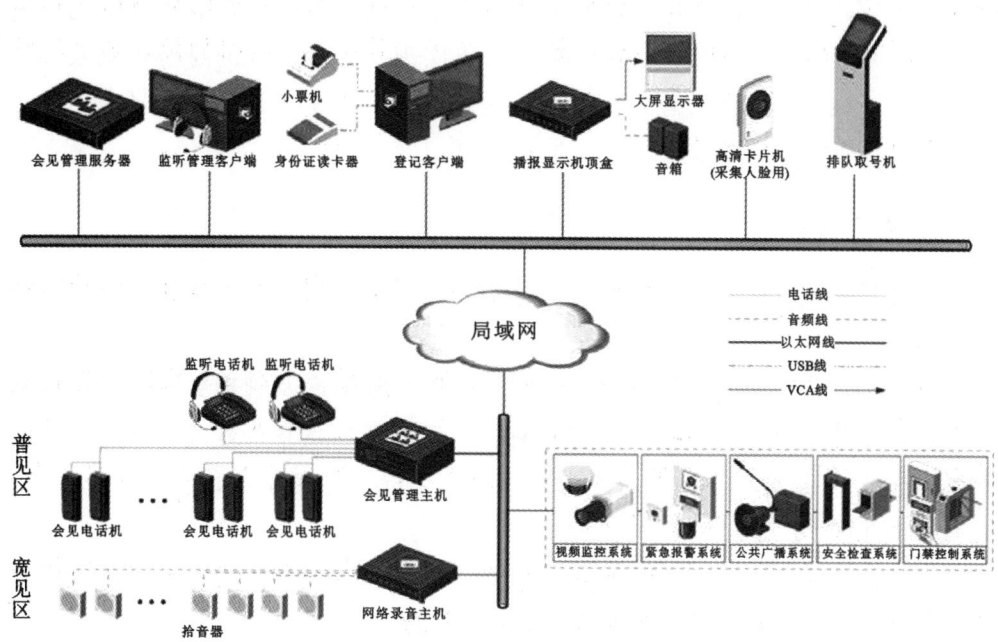

图 2-10　会见管理系统结构

会见电话机和监听电话机均通过普通电话线与会见录音控制主机连接，会见录音控制主机、客户端电脑、高清卡片机及会见管理服务器等均通过非屏蔽双绞线接入局域网实现通信，而票据打印机、身份证读卡器则通过 USB 线与客户端电脑相连。

会见管理系统的控制系统主要由会见管理服务器实现，包括家属登记、会见过程控制、录音监听、录音复听等功能。

会见管理系统中的录音资料建议按照不低于 30 天的时间进行存储。会见管理系统的整个流程包括会见审批、会见登记、会见通知、会见卡发放、会见等待、会见告知、开始会见、会见控制、复听评价等等，总体上整个会见流程可归结为会见前流程、会见中流程和会见后流程。

十、智能卡系统

1. 系统描述

智能卡系统根据划区域、划权限，对监狱干警、罪犯及访客进行考核、消费、门禁等的统一管理，使管理人员更准确、科学、规范地监督及掌握人员情况，有效提高工作效率，增强工作人员的责任感。

在监狱内设置民警卡、犯人卡和访客卡。通过民警卡可以实现民警在监狱内部的考核、门禁、消费等功能；通过犯人卡可以实现犯人在监狱内部的日常考核、门禁、消费等功能；通过访客卡可以实现对外来人员的身份识别及门禁控制等。智能卡系统使管理信息规范、统一管理，便于查询统计，量化监狱管理，提高监狱科学管理水平。

2. 功能要求

智能卡系统功能主要包括卡证信息管理、门禁管理、考勤管理、消费管理等功能。

（1）卡证信息管理：通过民警数据库、罪犯数据库及管理数据库等进行数据传递和信息共享，实现监狱部门信息、民警和罪犯信息的建立，人员流动的管理，包括民警入职、换部门、离职等操作，以及罪犯基本信息、进出监狱、监狱内调犯等。

（2）门禁管理：与门禁控制系统对接，根据角色不同、岗位不同，安排不同的出入权限，并通过以太网实现远程实时监控。

（3）考勤管理：基于门禁管理系统，对民警出勤情况做出考核统计。

（4）消费管理：与消费操作系统对接，负责犯人的零用钱管理；实现监狱内货币电子化；满足食堂、超市、亲情电话等消费点的支付需求；实现网上购物、网上商品预订功能；满足医院等消耗点的消耗统计。

3. 设计方案

智能卡系统主要是与门禁系统、消费操作系统等应用软件配合使用，它是一种平台服务支持，将其安装在中心机房的应用服务器中，为其他子系统提供数据支持。

模块三　互联网监狱狱务公开平台

监狱狱务公开平台是监狱面向社会服务的重要载体，目的是把社会最关心的、与罪犯关系最密切、最容易引发矛盾、最容易滋生腐败的执法环节置于社会的有效监督之下，以促进监狱系统公开、公正、透明地服务社会。

监狱狱务公开平台是监狱工作法制化建设的重要环节，也是监狱系统在社会关注的敏感领域从事的"阳光行动"。狱务公开是指监狱单位在法律规定可以公开的范围内，将监狱日常管理中有关事项（如罪犯生活待遇、零用金、医疗保健、劳动保护、记分考核、分级处遇、行政奖励、减刑假释、申诉控告和检举制度）的制度和执行结果向罪犯、罪犯家属和社会公开，提高执法的透明度，接受广泛监督，提高监狱人民警察的业务素质和执法水平，促进公正执法和依法行政。

监狱狱务公开平台以互联网门户网站为窗口，结合移动 App、微信公众号、微博和监狱管理局热线电话等移动互联网技术，面向社会公众和服刑人员家属提供综合服务的应用平台，是政务信息发布的新媒体和与公众互动交流的新渠道。在第一时间内面向公众推送国家相关政策及法律法规、监狱管理局工作动态、各类权威政务（狱务）信息、监狱各部门工作职责等消息。利用新媒体的互动功能，以及时、便捷的方式与公众进行互动交流。不仅体现狱务公开的力度，更加突出狱务公开的方式，既满足了人民群众的知情权，也信息化地实现了司法部及社会各界的监督权，同时也是"谁执法谁普法"的具体实践，体现了司法改革公开透明的探索和创新，让老百姓更加直观地了解监狱职能及工作，了解相关法律和程序等，着力打造让人民群众满意、为人民群众服务的监狱新媒体。

一、统一门户

省（自治区、直辖市）级监狱公众服务统一门户网站是展示监狱工作成效的新载体、对外宣传的新领域、为民服务的新平台。

统一门户网站可以全面地显示服刑人员的基本情况、犯罪性质、刑期变化、改造表现和监狱减刑的建议等。服刑人员亲属通过狱务公开平台，不仅可以查询监狱执法人员对服刑人员实施奖惩依据的法律制度，输入查询账号，按照规定程序和身份识别后，还可以查询到服刑人员在监狱的刑罚变动、提请减刑、狱内奖惩、分级处遇、健康状况、消费明细以及劳动考核、积分考核等情况；也可通过网站互动平台，进行网上举报、网上咨询，或向监狱长信箱、驻狱检察室信箱反映意见建议及查询回复情况等。

二、狱务公开

狱务公开系统按照对象（罪犯、罪犯家属、监狱民警、社会公众）区分，通过多种途径，实现信息发布、信息互动和业务应用功能。主要在活动大厅、生产车间、食堂、会见大厅、医院大厅、教学楼大厅等区域设置液晶显示屏，利用多媒体和计算机技术，对民警、服刑人员进行宣传、教育。通过这一系统，可以使民警、服刑人员及其亲属能够更加及时准确地了解监狱的各种情况，包括减刑、假释、计分考核、奖惩情况的公开及服刑人员劳动报酬的公示。播放狱务信息，了解国家法律法规、监狱方针政策、监内新闻等动态信息。

三、网上互动

以信息服务为导向，建设和完善监狱互联网办事服务和互动交流功能，通过在线访谈、领导信箱、意见征集、公众问答、网上调查等方式，加强与公众的网络互动，完善公众意见的收集、处理、反馈机制，了解民情、回答问题，提供服务，提升监狱机关的社会沟通能力。

四、呼叫热线

呼叫热线是监狱深化狱务公开、促进执法规范的一项有力举措，目的是在监狱、服刑人员亲属及社会大众之间架起桥梁，提供信息查询、求助服务、投诉受理三大类服务，共同促进服刑人员在监狱民警的教育、亲人的呼唤、社会的关爱下加速改造，早日回归社会、回归正确的人生之路。狱务公开热线对各类问题统一受理、统一答复。对一般查询求助问题直接回答，疑难复杂问题限时回复，建议投诉有件必复。

任务三

建设智慧戒毒所综合业务平台

◆ 学习导读

任务理解：

智慧戒毒所综合业务平台是一种基于信息化技术的戒毒管理系统。平台通过信息化手段，对戒毒所内的人员、物资、设备、场所和戒毒业务等进行监管，提高戒毒所的管理效率和服务质量，有助于促进戒毒工作的科学化、规范化和信息化。该平台是戒毒所智慧化建设的核心，集成了执法综合管理平台、教育矫治资源平台、安防管控、指挥决策、物联管控和智慧应用等功能和模块。

学习目标：

（1）思政目标：通过智慧戒毒所综合业务平台学习，深化职业理想和职业道德教育，引导学生深刻理解并自觉实践戒毒系统的职业精神和职业规范。培养忠诚、干净、担当的政法职业精神。

（2）素质目标：文武兼备、追求卓越。

（3）知识目标：掌握执法综合管理平台、教育矫治资源平台和智慧应用等的功能。

（4）能力目标：会看图、懂架构、知风险、写方案。

模块一　执法综合管理平台

一、所政管理系统

所政管理系统应在省（自治区、直辖市）级戒毒管理局和戒毒所部署，用于对戒毒人员基本信息、法律文书档案进行管理维护，实现纸质档案数字化，汇集戒治过程档案，形成全面综合的戒毒人员档案信息库；应按照分别、分类、分级、分期管理的原则，实现收治、戒毒人员物品管理、调动、调遣、重点人员、通信、保护性约束措施、单独管理、探访、探视、亲情电话、脱逃、死亡、刑拘、逮捕、收监执行刑罚、提审问询、行为表现考核、单项奖惩、变更戒毒措施、所外就医、离所就医、人员外出、解除强制隔离戒毒等所政管理业务的网络化、无纸化审批。

所政管理系统实现对戒毒人员姓名快速检索以查询戒毒人员的基本档案情况，或通过模糊检索以查询同类信息人员的基本情况，主要内容包括基本信息、社会关系、计分考核、奖惩情况、会见情况、单独管理、现场执法等。

（一）基本信息

通过基本信息模块，可实现对戒毒人员基本信息的浏览查看。用户可通过按条件查询定位到所需数据。查询条件包括人员编号、姓名、所属单位、入所日期等条件字段；显示内容包括戒毒人员编号、姓名、别名、性别、出生日期、身份证号码、婚姻、籍贯、民族、健康状况、特征、个人成分、家庭出身、文化程度、特长、原工作单位、职业、户口所在地、家庭地址、所属单位、目前状况、管理期别、收治日期、入所日期、戒毒期限、吸食毒品种类、戒毒次数、原送单位、批准机关、现解戒日期、实解戒日期等。

（二）社会关系

通过社会关系模块，可实现对戒毒人员社会关系的浏览查看。用户可通过按条件查询定位到所需数据。查询条件包括人员编号、姓名、所属单位等条件字段；显示内容包括戒毒人员姓名与单位、关系人姓名、与戒毒人员关系、出生日期、身份证号码、联系地址等。

（三）计分考核

通过计分考核模块，可实现对戒毒人员计分考核情况的浏览查看。用户可通过按条件查询定位到所需数据。查询条件包括人员编号、姓名、所属单位等条件字段；显示内容包括人员编号、姓名、考核日期、考核依据、考核条款、考核分值等。

（四）奖惩情况

通过奖惩情况模块，可实现对戒毒人员奖惩情况的浏览查看。用户可通过按条件查询定位到所需数据。查询条件包括人员编号、姓名、所属单位、奖惩类别等条件字段；显示内容包括人员编号、姓名、奖惩日期、奖惩类别、奖惩理由等内容。

（五）会见情况

通过会见情况模块，可实现对戒毒人员会见情况的浏览查看。会见情况以列表形式展现。用户可通过按条件查询定位到所需数据。查询条件包括人员姓名、编号、单位、会见日期等条件字段；显示内容包括戒毒人员姓名与单位、会见人姓名、与戒毒人员关系、会见人数、会见日期等内容。

（六）单独管理

通过单独管理模块，可实现对戒毒人员单独管理情况的浏览查看。单独管理记录以列表的形式展现。用户可通过按条件查询定位到所需数据。查询条件包括执行日期、人员姓名、人员单位等条件字段；显示内容包括戒毒人员姓名与单位、执行日期、执行天数等内容。

（七）现场执法

通过现场执法模块，可实现对戒毒人员进行计分考核、奖励惩罚的现场执法，系统提供计分考核和奖励惩罚的执法登记功能，民警通过新增登记业务，实现计分考核或奖励惩罚业务的填写登记，并可使用终端对现场进行录像取证，作为计分考核或奖励惩罚业务登记的附件进行上传登记。登记内容应包括：计分考核（人员编号、姓名、考核日期、考核依据、考核条款、考核分值等）；奖励惩罚（人员编号、姓名、奖惩日期、奖惩类别、奖惩理由等）。

二、教育矫正系统

教育矫正系统应在省（自治区、直辖市）级戒毒管理局和戒毒所部署，按照生理脱毒、教育适应、康复巩固、回归指导四期教育矫正工作要求，与戒治物联设施对接，实现入所教育、常规教育、个别教育、辅助教育、劳动教育、职业技能培训、社会帮教、回归社会教育、个性化矫正、文化建设等教育矫正业务的网络化、数字化管理，对教育设施设备、师资课程进行统一管理，对教研活动进行统一计划和管控。

三、生活卫生管理系统

生活卫生管理系统主要是对戒毒人员日常生活和卫生方面的业务提供信息化管理。在加强卫生管理执法力度、提高日常办公效率的前提下，各部门各司其职，实现戒毒人员生活卫生管理的规范化、制度化、信息化。使戒毒人员生活卫生方面的信息化管理有质的改变，从而提高整个戒毒信息化管理水平。

根据以上情况，生活卫生管理系统以加强生活卫生执法管理为核心设计理念，实现对戒毒人员日常个人卫生管理、集体卫生管理等方面提供统一管理登记。提供简洁的操作界面、快速的录入窗口、快速的查询功能和高效的统计功能，提高日常工作效率，降低工作强度。科室间的数据达到充分共享和统一，达到有效控制与实时监督的目标。

生活卫生管理系统应在省（自治区、直辖市）级戒毒管理局和戒毒所部署，与戒治物联设施对接，实现戒毒人员大账收支、购物消费、伙食、被服、环境卫生等生活卫生事务的数字化、规范化管理，提供仓库、食堂、设施设备等辅助管理功能。

生活卫生管理系统包含洗澡管理、理发管理、日检查、卫生周评比、卫生评比公布和消毒管理。

生活卫生管理系统功能架构如图 3-1 所示。

四、被服管理系统

为规范被服管理，及时掌握戒毒人员的物资信息情况，实现对场所物资准确、合理地配发管理，以及简化冗余烦琐的重复手工劳动，提高工作效率，加快场所信息管理的建设步伐，对戒毒人员被服管理实施集成化、信息化和自动化。

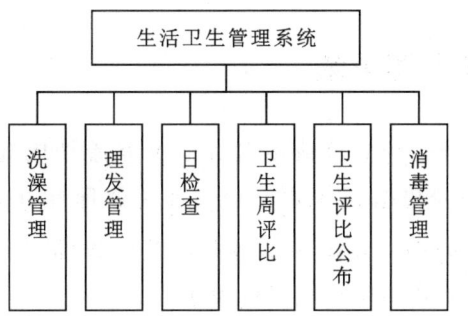

图 3-1 生活卫生管理系统功能架构

被服管理系统包含采购计划、库存管理、发放管理、基础设置和统计报表。被服管理系统功能架构如图 3-2 所示。

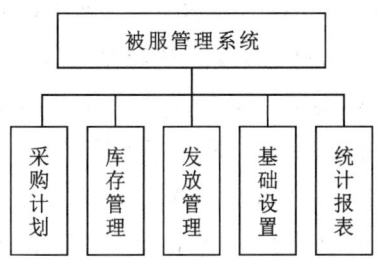

图 3-2 被服管理系统功能架构

五、伙房管理系统

通过伙房管理系统，可实现伙房物资库存管理、一周菜谱定制、物资采购计划等数据流的标准化，将一些非数据流电子台账化，实现无纸化网络办公的标准化，并在界面友好及易用、易维护的前提下进行设计。

伙房管理系统包含采购计划、库存管理、发放管理、菜谱管理和基础设置。

伙房管理系统功能架构如图 3-3 所示：

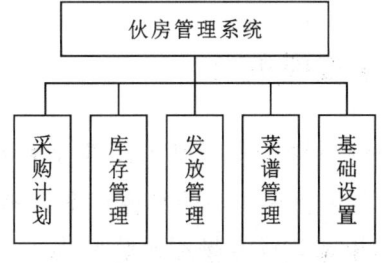

图 3-3 伙房管理系统功能架构

六、生产劳动管理系统

生产劳动管理系统按照司法戒毒行业生产业务管理规范进行设计,其目标是通过系统实现生产的数据模式规范化、业务处理标准化、管理方式制度化。以数据形式进行应用管理,以此规范业务,扩大管理的广度和深度,提高管理的精度,最终实现业务管理规范化、精细化。

生产劳动管理系统着重于对数据进行分类管理,将复杂的数据进行统计分析,自动生成各类报表,完成以往手工无法完成的复杂统计工作,实现数据挖掘与商业智能分析,提供生产过程的实时监控、预警等人性化功能。

生产劳动系统应在省(自治区、直辖市)级戒毒管理局和戒毒所部署,与物联设施对接,实现戒毒人员劳动岗位和技能、生产项目和计划、生产过程、劳动防护、现场管控、劳动报酬、安全生产等生产劳动事务的数字化、规范化管理,提供生产仓库、设备和工具等辅助管理功能。

生产劳动管理系统包含劳动现场管理、专项活动、劳动考核管理、生产月报、劳动报酬管理、生产物资管理、消防安全、隐患排查和治理、安全生产教育、救援及事故处理、技能证书。

生产劳动管理系统功能架构如图3-4所示。

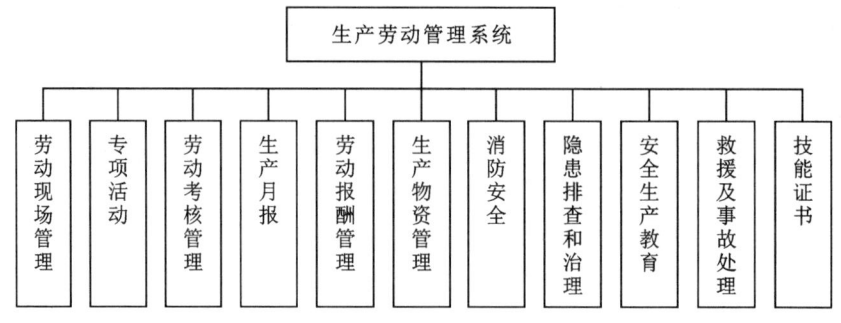

图 3-4 生产劳动管理系统功能架构

七、戒毒人员医疗管理系统

戒毒人员医疗管理系统根据戒毒场所医疗管理业务需求,对单位戒毒人员医疗方面进行系统管理,包括戒毒人员的健康档案、各类体检、日常就诊记录、住院记录等信息,可进一步规范戒毒场所医疗管理工作方式,同时提高工作效率,供领导及时有效地掌握场所的医疗卫生情况,为决策机关提供有力的执法依据。

戒毒人员医疗管理系统应在省（自治区、直辖市）级戒毒管理局和戒毒所部署，与建标170—2014规定的医疗仪器设备对接，实现戒毒医疗机构与医务人员、戒毒人员健康体检与健康档案、门（急）诊、巡诊、住院治疗、传染病防治、艾滋病防治、职业暴露防护等戒毒医疗业务的数字化、规范化管理，提供药房药库、护士站、设施设备等辅助管理功能。

戒毒人员医疗管理系统包含健康档案、体检管理、门诊管理、住院管理、医技检查、护士工作站、药库管理、药房管理、基础设置。

戒毒人员医疗管理系统功能架构如图3-5所示。

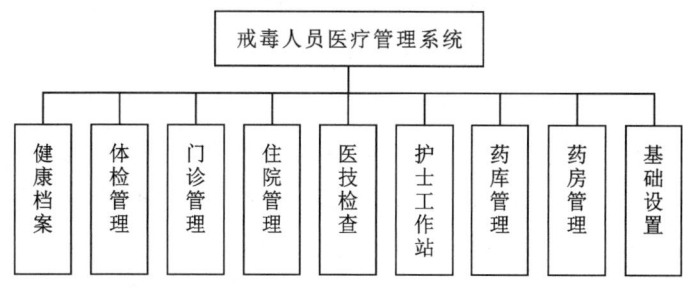

图3-5 戒毒人员医疗管理系统功能架构

八、戒毒人员康复训练系统

戒毒人员康复训练系统应在省（自治区、直辖市）级戒毒管理局和戒毒所部署，按照生理脱毒、教育适应、康复巩固、回归指导四期康复训练工作要求，与康复训练物联设施对接，实现戒毒人员肢体关节训练、身体恢复性训练、体能提升训练和测试、体能巩固训练等康复训练业务的数字化、规范化管理，对康复训练组织、计划、实施、考核和评估进行统一管理。

戒毒人员康复包含身体康复、心理康复、社会功能康复、戒毒导师、劳动康复、医疗康复、认知康复和个人中心。

戒毒人员康复训练系统功能架构如图3-6所示。

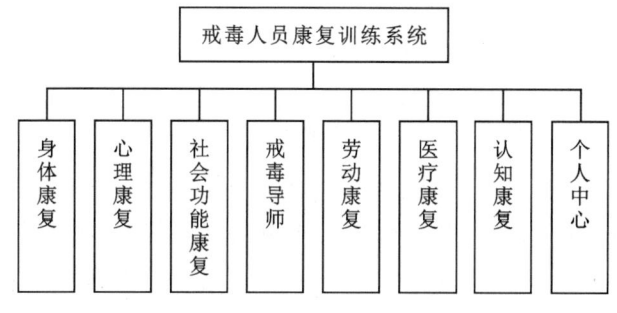

图3-6 戒毒人员康复训练系统功能架构

九、心理矫治系统

心理矫治在戒毒工作中的作用主要是指戒毒人员在戒毒所强制隔离戒毒中，戒毒干警通过运用心理学理论和技术对戒毒人员进行心理测试评估、心理健康教育、心理咨询和治疗，以消除不良心理及障碍、维护或恢复心理健康、增强生活适应性的一项矫治手段。通过对戒毒人员进行心理健康教育、心理辅导、心理创伤抚慰和社会适应性心理训练，排除潜在的负性心理情绪和危险行为倾向，稳定其矫治情绪，提高其矫正质量，使其健康平稳地渡过矫正期。

心理矫治系统应在省（自治区、直辖市）级戒毒管理局和戒毒所部署，建立戒毒人员心理健康档案，对戒毒人员从入所到出所各个阶段的心理教育、个案化心理矫治、团体心理辅导、心理（诊断）评估等心理矫治业务进行数字化、规范化管理。

心理矫治系统包含心理档案管理、心理测试、功能室管理、心理动态分析管理、心理危机干预记录、心理咨询申请、重点人员管理、台账管理。

心理矫治系统功能架构如图 3-7 所示。

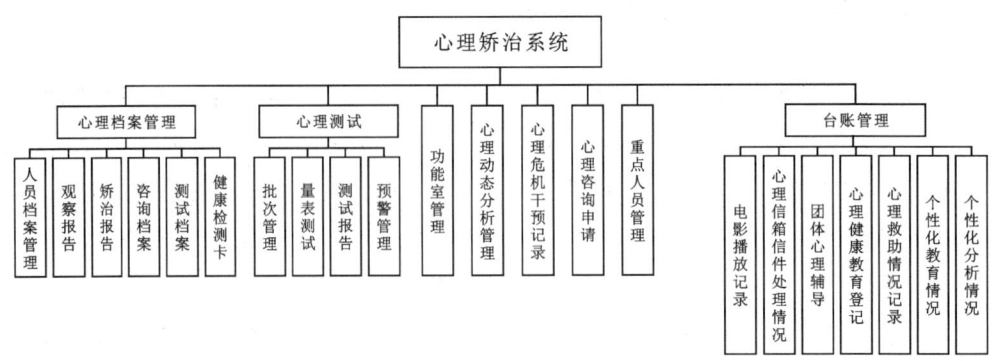

图 3-7 心理矫治系统功能架构

具体功能模块设计内容如下。

（1）心理档案管理。

（2）心理测试。

（3）功能室管理，包括宣泄室、独处室、咨询室等。

（4）心理动态分析管理。具有权限的用户才能查看记录的详细信息；修改和打印心理动态分析文档；能按地点、主持人、记录人、参加人员、内容条件模糊查询；可在查询结果中选中需要的记录，按人员心理动态表格式打印。

（5）心理危机干预记录。在录入心理危机干预记录时，能调用人员的基本信息，记录人员矫治情况、主要表现、初步分析、转介情况；能打印人员心理危机干预记录表，同时可在此模块预约谈话。

（6）心理咨询申请。在进行心理咨询前首先由人员提出咨询申请并登记，申请经过相关业务科室（心理矫治科）审核通过后才能进行心理咨询工作，最后针对此次咨询做总结报告并记录咨询效果。心理咨询申请是登记心理咨询的过程，包括团体或个人、人员编号、姓名、所在分所大队、申请人或单位、申请原因或近期表现、申请咨询类型（包含电话、面谈（预约谈话）、远程）、填表时间等。

（7）重点人员管理。

（8）台账管理。包括电影播放记录、心理信箱信件处理情况、团体心理辅导、心理健康教育登记、心理救助情况记录、个性化教育情况、个性化分析情况。

十、戒毒人员诊断评估系统

戒毒人员诊断评估系统依照司法部颁布的诊断评估办法进行总体设计。针对强制隔离戒毒期间的生理脱毒、身心康复、行为表现、社会环境与适应能力等情况进行综合考核和评议，在不同戒毒人员戒毒达到不同期限后组织诊断评估，同时在戒毒人员出所前，提供教育过程形成性评价、出所前终结性评价，根据客观评价出的戒毒效果，决定是否提出提前解除、按期解除强制隔离戒毒或者延长强制隔离戒毒期限意见。

诊断评估系统应在省（自治区、直辖市）级戒毒管理局和戒毒所部署，从戒毒人员生理脱毒、身心康复、行为表现和社会环境与适应能力等方面，建立诊断评估指标体系，汇聚计算各类业务和监测数据，对戒毒人员进行阶段性诊断评估和综合诊断。

戒毒人员诊断评估系统包含生理脱毒期评估、身心康复期评估、行为表现评估、社会环境与适应能力情况评议、管理期限变动管理、满一年及一年后诊断评估汇总、期满诊断评估汇总、诊断评估结果应用。

戒毒人员诊断评估系统功能架构如图3-8所示。

十一、戒毒人员离所探视管理系统

为了贯彻司法部提出的"治本安全观"理念，确保戒毒人员离所探视的监

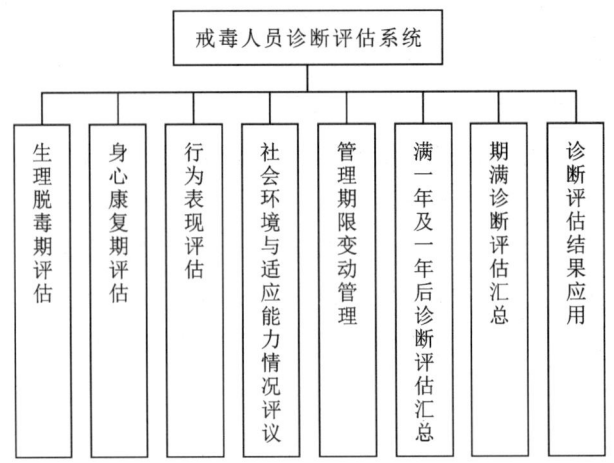

图 3-8 戒毒人员诊断评估系统功能架构

管安全，建设以人员定位监控、违规预警为核心的监管系统，通过定位手环设备实现对离所戒毒人员的活动过程进行实时监管，及时掌握探视人员的动态信息，确保监管安全。

（一）设备管理

完成戒毒人员监控设备的发放和回收。

1. 设备分配

通过设备分配，可实现监控设备的分配发放，发放时，选择对应戒毒人员进行设备发放操作，录入设备终端号及相关人员（值班人员、监管人员、担保人员、责任人等）的手机号码。

2. 任务管理

通过任务管理，可对已分配的活动设备进行任务规则管理，如设置授权活动区域、目的地区域、目的地抵达时间范围等。

3. 设备回收

设备回收只针对已返回戒毒场所的戒毒人员进行操作，设备回收后，系统停止设备的监控操作，同时将上一次的监控记录（包括人员及设备档案、日常活动路径档案、预警记录等）进行保存归档。

4. 监管报警手机修改

监管报警手机可设置多种类型的报警号码，包括值班人员、监管人员、担保人员、责任人等。通过该模块可对监管报警手机号码进行修改，修改后马上生效，新的报警或提醒信息会发送至新号码。

（二）监控中心

通过监控手环数据，实现对戒毒人员活动位置的监控。监控中心系统后台自动完成的功能如下。

（1）系统后台每隔10分钟会自动定位戒毒人员一次。

（2）系统发现违规，自动发送报警短信给戒毒人员，发送通知短信给监管人员，发送知会短信给知会手机。

（3）系统自动记录违规信息，包括违规开始时间、违规类型、违规结束时间、违规时长等信息。

（三）定位监控

实现对用户权限范围内的活动戒毒人员进行定位监控，实时查看戒毒人员的当前位置和历史活动轨迹，以及违规报警信息。模块功能应包括以下内容。

（1）实时定位：查看当前活动戒毒人员（活动设备）的定位信息。

（2）历史轨迹：查看对应戒毒人员的历史活动轨迹。

（3）违规记录：显示历史违规报警信息，并可对信息处理情况进行查看。

（4）短信发送：可对活动戒毒人员进行短信发送，短信接收方可由用户自行选择。

（5）即时发起定位：用户可对当前活动戒毒人员即时发起定位，查看戒毒人员当前实时位置。

（四）违规预警

违规预警包括设备拆卸、设备低电、越界、超时等。

（1）系统每10分钟自动监测手机号码一次，如发现违规，如拆卸、越界等，系统会自动发送对应的预警信息至相关人员，同时将该预警信息记录在系统中，并会在系统中产生定位违规需处理的提示信息。

（2）管理人员发现有定位违规需要进行处理，进入系统查看定位违规信息，人工核准定位违规情况是确实存在，还是系统误判。

十二、警务人事系统

警务人事系统应在省（自治区、直辖市）级戒毒管理局和戒毒所部署，对戒毒警察的信息档案、职务级别变动、警衔变动、岗位流动、奖励表彰和惩戒、教育培训进修、专业技术、绩效考核、薪酬福利、伤残死亡、出国、离退休等业务，从事戒毒工作人员的信息档案、劳动合同、岗位变动、专业技术、培训进修、奖惩、人员调动、薪酬福利、退休（离职）等业务，戒毒机构（单位）的信息档案、编制、职能、群团组织、领导班子、奖惩等业务，进行统一管理。

（一）警察绩效考核管理系统

警察绩效考核管理系统融入了可定义的考核体系，为领导评估警察各方面能力提供依据，为管理部门提供便捷的管理平台，同时为警察提供激励机制，从而使监管及执法工作更加科学有效，最终实现监管及执法工作的信息化管理。

警察绩效考核管理系统包含警察日常奖扣分、部门日常奖扣分、绩效测评、公务员考核等级、测评角色设置、考勤考核设置、考核汇总、考核规则库。

警察绩效考核管理系统功能架构如图 3-9 所示。

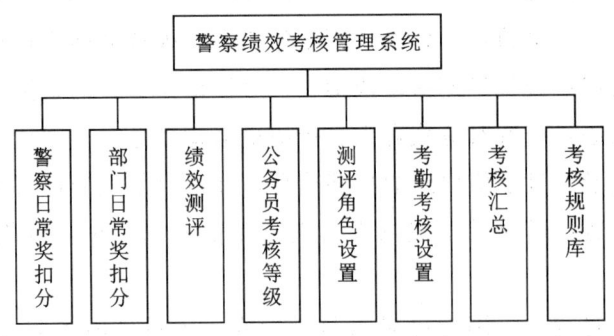

图 3-9　警察绩效考核管理系统功能架构

（二）警察教育培训管理系统

警察教育培训管理系统是建设高素质队伍的先导性、基础性、战略性工程，着力突破管理体制、运行机制、培训保障、内容师资等方面的难题，实现培训体制机制的新特色、培训核心要素的新整合、培训培养模式的新变革、培训分中心建设的新转型、能力提升平台建设的新拓展。

警察教育培训管理系统包含培训管理、课程课件、在线学习、在线考试和培训资料管理。

警察教育培训管理系统功能架构如图 3-10 所示：

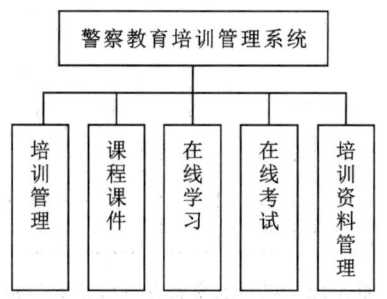

图 3-10　警察教育培训管理系统功能架构

（三）政工管理系统

政工管理系统作为司法单位日常管理的重要内容，通过数字化管理，避免传统手工登记管理的不便及易错，对警务工作管理、党务工作管理和团务工作管理等内容进行业务管理，促进业务工作的改进和完善。

政工管理系统主要包含警务工作管理、党务工作管理。

政工管理系统功能架构如图 3-11 所示。

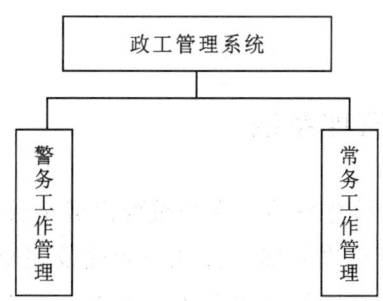

图 3-11　政工管理系统功能架构

（四）纪检监察管理系统

纪检监察管理系统采用科学的信息化手段，为各级纪检部门建立廉政档案信息库、信访资料库、案件审理库，自定义信访和案件审理的流程，彻底解决目前纪检监察工作中存在的重复录入、重复统计、流转缓慢和无法跟踪等问题。可以准确、及时、客观地反映各级领导干部廉洁从政、执行党风廉政建设责任制以及因违纪违法被处分等情况，可以方便地进行数据查阅、统计和归档，有效地提高了各级纪检监察机关的工作效率。

纪检监察管理系统主要包含党风政风、信访登记、线索管理、立案管理和统计报表。

纪检监察管理系统功能架构如图 3-12 所示。

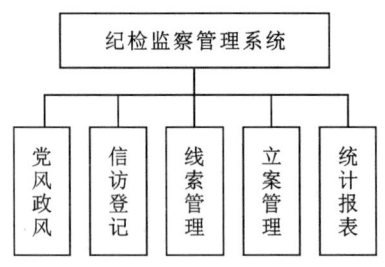

图 3-12　纪检监察管理系统功能架构

模块二　教育矫治资源平台

教育矫治资源平台应由司法部戒毒管理局统一部署，汇集教育课程、音视频资料、教育课件等教育资源，戒治案例、知识、经验等知识资源，进行交换共享，统一收集使用评价，集中进行管理维护，实现全国教育矫治资源和案例知识共享交流。

一、多媒体教育管理系统

多媒体教育属于戒毒教育矫治工作的重要组成部分，是突破现有教育模式、充分利用教师资源的有效解决方案，其规划和建设完全遵循戒毒信息化建设相关规划和标准进行设计，系统提供教学在线直播、教学互动、课程录制、课程点播、资源库生成与管理等功能，实现同步与电视、投影仪、智能物联网管控终端等多种多媒体设备连接，全面实现多样化多媒体教学的新型教育模式，同时，可通过多媒体教育管理系统统筹管理教学课件，建立起戒毒人员电化教育多媒体教学资源信息库，实现教学资源有效共享。

多媒体教育管理系统包含教学直播、教学广播、教学安排、课件录制、课件点播、资源库管理和统计分析。

多媒体教育管理系统功能架构如图 3-13 所示。

具体功能模块设计内容如下。

（一）教学直播

一方面，通过视频互动教学，可以提升教学成效，弥补了干警教学资源的

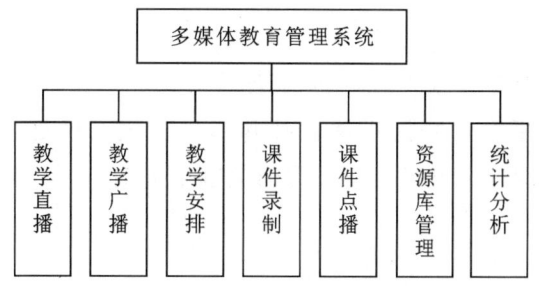

图 3-13　多媒体教育管理系统功能架构

不足。另一方面，实时视频互动教学因为继承了传统教育的互动性，也可弥补网络教育互动性不足的缺点。实时视频互动教学能更生动地开展各种网络教育课程，运用现代科学技术解决时间、空间、载体在教学工作中的瓶颈问题，充分整合戒毒场所现有的教育资源，丰富教育内容，提高教育质量。

教师可通过在线客户端进入教学直播模式，先创建"房间"，选择要在线教学的课室或直播的多媒体设备，如电视、投影仪、智能物联网管控终端等，并登记本次授课的基本信息，包括教学日期、教学时间段、教学科目、授课人等。提交成功后，便可进入在线教学直播模式。

在教学过程中，教师可进行电子白板、视频插播、文字交流等操作，同时，教师可通过"启用互动模式"开关按钮，让戒毒人员进行举手提问，使整个教学过程更加生动，有效提高教学效果。

（二）教学广播

教学广播通过音视频点播系统能支持各种格式的音频、视频节目及各种文本、图片、动画等课件的在线广播，并可自定义选择要广播的课室、宿舍、走廊中的多媒体设备，如电视、投影仪、智能物联网管控终端等。实现播放终端的内容可根据服务器信息的改变而更新，实时信息的更新可以采用自动的方式或系统管理员干预的方式，并提供循环播放、定时播放功能。

（三）教学安排

教师可通过系统制订戒毒人员学习计划，可计划戒毒人员的学习视频内容、时间要求等；同时，通过系统监控功能，可实时监控戒毒人员的学习情况，方便掌握戒毒人员的学习动态，并通过戒毒人员学习反馈情况进行分析评估。

（四）课件录制

课件录制可供教师提前对教学内容进行录制，一旦录制成功，便可直接上传到课件资源管理平台，并提供课件按年级、班级、科目、类型等分类功能，可方便地查询所需课件，且可进行准确的关键字查询。

（五）课件点播

课件点播主要供戒毒人员、教师或其他有操作权限的民警进行在线课件点播，系统对课件进行分类，支持智能物联网管控终端、电脑端点播方式，支持各种格式的视频、音频节目及各种文本、图片、动画等。同时，系统提供自动统计功能，能自动记录戒毒人员对课件的点播次数、点播时间等，教师可对戒毒人员制订教育学习计划，系统对戒毒人员的点播学习情况进行自动跟踪统计后，一方面提醒戒毒人员及时进行在线课件学习，另一方面可让教师全面掌握戒毒人员学习情况，有效提高教学质量。

（六）资源库管理

资源库的建立来源于教师日常直播教学所录制的视频、自定义录制的课件、网络下载资源等。可以为单位形成优质课件资源库，同时也可为课件提供开放式管理平台，教师间可以相互共享教学资源。

教学资源库提供权限管理控制功能，提供"我的资源库"及"共享资源库"模块，并可进行资源分类、多级目录创建、课件预览、课件删除等操作。

（七）统计分析

统计分析提供年度、季度、月度教学情况，包括教学直播统计、教学广播统计、课件资源分类统计、戒毒人员学习情况统计等，并提供对戒毒人员的学习情况进行对比分析预测功能。

二、在线考试管理系统

在线考试管理系统可实现以下功能：戒毒人员通过触摸屏或者电脑登录系统，参加考试、完成作业或练习、查看参考答案和试题解析、查看考试成绩等；教师用户通过浏览器登录系统，进行戒毒人员管理，班级管理，试卷录入、导入、上传，组织班级统一考试，以及集中处理阅卷和成绩管理等。

戒毒人员可通过登录系统，完成教育部门统一安排的教育考试，进一步规范场所戒毒人员教育考试管理工作方式，加强教育工作管理执法力度，实现强制隔离戒毒教育矫治工作整体水平、教育矫治质量的提高。

在线考试管理系统包含题库管理、考场管理、考试管理和成绩管理。

在线考试管理系统功能架构如图 3-14 所示。

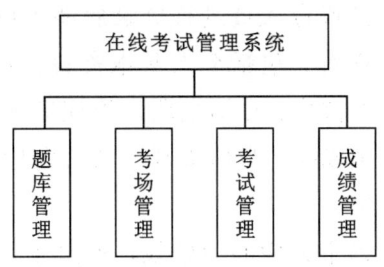

图 3-14　在线考试管理系统功能架构

具体功能模块设计内容如下。

（一）题库管理

根据不同科目，不同阶段出题，并进行试题管理。输入信息包括题目的导入、增加、删除、修改，答案的录入、录入人、录入日期等。

（二）考场管理

对戒毒人员根据某些规则进行考场管理，可以对某个戒毒人员单独制定考位。考场管理内容主要包括考场分配，考场安排，以及考场的新增、修改和撤销等。

（三）考试管理

对戒毒人员考试进行管理，从题库里，根据不同规则抽出不同的试题，组成试卷，进行管理，包括试卷管理、考试登记管理和上机考试管理等。

（四）成绩管理

对戒毒人员成绩进行管理，根据一系列公式能够算出相应分值，并能够根据不同条件对成绩进行查询分析和统计。

（五）与基础教育矫治系统对接

实现与基础教育矫治系统对接，可实时读取基础教育矫治系统各个教育班级信息,针对教育班级设计考试试卷,并实时共享考试成绩给基础教育矫治系统。

三、戒毒人员个人中心

戒毒人员个人中心是指戒毒人员进行登录后展现可供戒毒人员查看的个人信息,该类信息仅供个人查看。包括个人基本资料、零花钱、劳动报酬、考核得分、所处期段权限、月考核分、戒治期段、管理措施、就诊情况、诊断评估、劳动报酬、收支明细、考试成绩、身体康复、亲情电话、心理测试、预约管理、网上调查、交流管理等信息。

个人中心教育矫治网以个人中心为轴线,通过主页引导戒毒人员进入课程学习、参加考试或查询自身的信息。主页将按戒毒人员从入所到出所各阶段编排学习任务,戒毒阶段包括孕育期(脱毒期)、成长期(康复期)、延伸期(巩固期),系统会根据戒毒人员所处阶段动态为其开放相应的学习课程和测试试题,未到相应阶段则不可进入相应的学习课程和考试。

戒毒人员都有唯一的学号,戒毒人员用学号登录教育专网即可以戒毒人员身份进入个人中心。为兼顾文化程度低(或文盲)的戒毒人员也能正常完成在线学习、在线考试和在线咨询等操作,系统需为学习提供指纹识别身份验证功能,学习者可通过指纹识别功能完成身份验证及完成系统登录等操作。个人中心包括个人资料、戒毒计划、孕育期、成长期、延伸期、月考核分、戒治期段、管理措施、就诊情况、诊断评估、劳动报酬、收支明细、考试成绩、身体康复、亲情电话、心理测试、预约管理、网上调查、交流管理等模块。

(一)个人资料

个人资料包括戒毒人员个人基本资料、零花钱、考核得分、劳动报酬、亲情电话、会见等信息。具体内容如下。

(1)个人基本资料包括编号、姓名、性别、文化程度、所属大队、戒治期段、戒治起止日期、入所日期、家庭住址、学分等。

(2)零花钱自动同步个人资金系统中零花钱余额,使戒毒人员了解自己在所内的账户余额。

(3)考核得分自动同步戒毒人员计分考核系统的考核分值,使戒毒人员清楚知道自己的考核得分。

(4)劳动报酬自动同步生产系统的劳动报酬,使戒毒人员可以清楚地知道自己本月的劳动报酬。

(5) 亲情电话自动同步亲情电话系统中的亲情电话数据,包括所属期段的亲情电话次数、已打亲情电话数据、剩余次数。

(6) 会见自动同步系统中戒毒人员的会见数据,包括戒毒人员所属期段每月的会见次数、已会见次数、剩余会见次数。

(7) 修改密码系统为所有用户提供自行修改本人登录密码的权限,用户第一次登录系统使用的是初始密码,为了安全起见,用户第一次登录系统后系统会提示用户修改初始密码。

(二)戒毒计划

由戒毒导师制订相应的戒毒计划,具体到相应的步骤,戒毒人员可以具体查看已进行到哪个阶段,阶段控制由戒毒导师实施。

(三)孕育期、成长期、延伸期

为了让戒毒人员更加清晰地进行学习和考试等操作,个人中心主页按戒治期段列出了戒毒人员从入所到出所期间需要完成的所有学习和考试任务,并且系统会自动根据当前戒毒人员所处的阶段点亮相应的功能,未到期段的功能默认处于不可用状态。若戒毒人员所属期段为成长期,则戒毒人员只能看到对应成长期的菜单,并且成长期的菜单展示的是成长期戒毒人员能看到和需要进行的业务,包括学习任务和考试任务,以及一些可以查看的电子图书、视频等资料,该模块的权限都可以在后台管理中进行相应的设置。

(四)月考核分

月考核分用于查看戒毒人员的月考核评分,评分记录包括考核月份、戒治期段和得分等信息。

(五)戒治期段

戒治期段用于查看戒治期阶段变动记录,戒治期段变动记录包括变动日期、变动后戒治阶段和审批人等信息。

(六)管理措施

管理措施用于查看戒毒人员在戒治过程中获得奖励和受到惩罚的记录,经过审批后在此反映出来,奖惩记录包括奖惩日期、奖惩类型和审批人等信息。

（七）就诊情况

就诊情况用于查看戒毒人员在医院看病就诊的记录，戒毒人员可以查看自己的就诊记录。

（八）诊断评估

诊断评估为戒毒人员提供诊断评估执行结果查看功能。诊断评估包括评估类型、评估日期、评估得分、评估建议、执行结果等信息。

（九）劳动报酬

劳动报酬供戒毒人员查询某段时间内的劳动报酬明细。劳动报酬包括业务日期、发生金额、余额、备注等信息。

（十）收支明细

收支明细供戒毒人员查询某段时间内的收支情况明细。收支明细包括业务日期、收支项目、发生金额、余额、备注等信息。

（十一）模拟考试

模拟考试为戒毒人员提供在线模拟考试的功能，每次领取试卷时，系统从题库里面随机抽取试题形成模拟试卷，提交试卷后系统自动评卷，并生成成绩结果，可通过考试成绩模块予以查询。

（十二）考试成绩

考试成绩为戒毒人员提供在线考试成绩查询。

（十三）亲情电话

亲情电话为戒毒人员提供亲情电话记录查询，可以查询具体某段时间内拨打亲情电话的记录。

（十四）心理测试

心理测试为戒毒人员提供相关测试量表，这些量表由民警管理，戒毒人员日常可以自己选择测试题目进行一些测试。

（十五）预约管理

预约管理为戒毒人员提供各种预约功能，包括心理咨询师预约、亲情电话预约、购物预约等。

（十六）网上调查

网上调查是指在所内开展某项调查工作，可以发布在本网，然后戒毒人员在该模块选择答案进行提交。

（十七）交流管理

交流管理为戒毒人员提供专门的交流咨询平台，包括心理咨询师交流、戒毒导师交流、问题反馈、心语周记，并支持语音录入和文字输入。

（十八）与业务系统对接

与所政戒毒人员管理系统、计分考核系统、诊断评估系统、基础教育系统、在线考试系统、心理矫治系统等实现数据对接。

四、个人资金管理系统

个人资金管理系统针对戒毒人员所内资金收支进行管理，提供相应的收支管理、调队管理、出所管理等功能，增强监控和执法力度，适应管理会计的要求，解决生活卫生和零花钱管理等问题，并提供丰富的报表，便于财务对账，提供强大的数据分析功能，给执法机关执法提供有力的依据。

个人资金管理系统包含基本设置、一卡通管理、收支管理、资金结转、限购管理和统计分析。

个人资金管理系统功能架构如图3-15所示。

具体功能模块设计内容如下。

（一）基本设置

基本设置主要包括账户管理和收支项目管理，具体内容如下。

1. 账户管理

账户管理主要提供戒毒人员账户管理功能，可以查看戒毒人员账户金额、

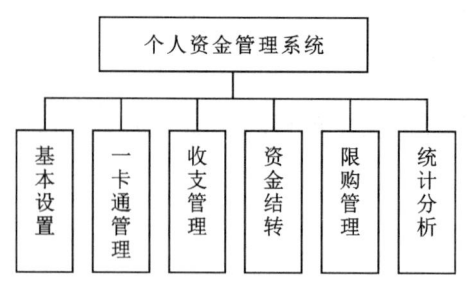

图 3-15　个人资金管理系统功能架构

保底金额、冻结金额等信息，包括账户开户（正常状态）、冻结账户、销户、解冻账户等功能。

2. 收支项目管理

收支项目管理提供个人资金系统中各类收支项目管理功能，包括汇款、劳动报酬、转入款、购物支出、亲情电话等收支项目。

（二）一卡通管理

1. 管理中心

一卡通管理实现读卡、发卡、挂失、解挂、补卡、销户、退卡、修改等日常管理功能。

（1）读卡：通过读卡自动快速地调出人员信息，并显示当前卡上余额。

（2）发卡：用户资料建立后即可用该功能发行用户卡，可实现批量发卡和预先充值及设置卡片有效期（对接戒毒人员个人资金管理系统）。

（3）挂失：当用户丢失卡片时，可通过挂失功能避免用户损失。

（4）解挂：若用户找回丢失的卡时，可通过解挂功能，使该卡又能正常使用。

（5）补卡：若用户已找寻不到丢失的卡片或使用的卡片损坏时，可通过补卡功能进行补卡。若需将原卡上的金额转存到新卡上，则必须对原卡实施销户。

（6）销户：若用户已不再需要使用卡片时，可通过该功能进行销户处理。

（7）退卡：若已销户用户找回丢失的卡片，则可通过退卡功能退还押金。

（8）修改：包括已发行卡片的卡号、卡类的修改。

2. 身份验证接口

预留所务公开、会见验证、亲情电话验证等身份验证的接口功能。

（三）收支管理

收支管理模块主要包括日常收支管理、汇款管理、会见款管理和月结管理，具体内容如下。

1. 日常收支管理

日常收支管理提供戒毒人员个人资金收支明细录入功能，批量录入等收支登记功能，以及审批、打印等功能。

2. 汇款管理

汇款管理提供由家属等邮寄过来的汇款登记录入功能，以及自动关联亲属功能。

3. 会见款管理

会见款管理提供会见款快速录入功能，并可以设置是否提交后直接打印。

4. 月结管理

月结管理提供账目月结功能，以及冻结封存该月账目功能。

（四）资金结转

资金结转主要包括调队结转和出所结转，具体内容如下。

1. 调队结转

戒毒人员在调队时，需要进行个人资金结转，把剩余的账户余额转入调入单位，调队时需要验证戒毒人员账目流水是否都已经结算，并提供批量录入和打印功能。

2. 出所结转

戒毒人员期满出所时，需要进行个人资金结算，进行资金结算时需验证戒毒人员账目流水是否都已结算，并提供批量录入和打印功能。

（五）限购管理

实现商品限购、金额限购等限购功能，超出限额时可自动提醒并终止结算。

（六）统计分析

提供各类报表自动统计功能，包括单位月度汇总报表、个人月度账目公布表、单位收支汇总单、单位收支明细表、个人收支明细表、个人资金余额表、收支项目统计表等。

五、超市购物管理系统

超市购物管理系统根据戒毒场所的不同购物需求，提供各种购物模式。超市购物模式、零库存购物模式。超市购物模式提供相应的出入库管理、前台销售单管理等功能。零库存购物模式为单位汇总戒毒人员需要采购的商品，然后进行统一采购。模式之间独立处理，并提供相应的限购功能，如月限购、日限购、月次数限购、级别限购等功能。在系统现有的功能下，用户能够更加简单地操作系统和轻松管理戒毒人员购物，达到各个过程都能进行监控和查看。

超市购物管理系统包含库存管理、购物管理、基本设置、限购管理、在线购物。

超市购物管理系统功能架构如图 3-16 所示。

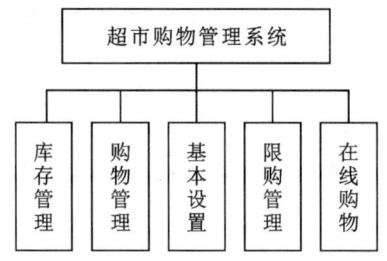

图 3-16　超市购物管理系统功能架构

具体功能模块设计内容如下。

（一）库存管理

库存管理主要针对商品的库存进行管理，包括入库管理、出库管理和调拨管理，具体内容如下。

1. 入库管理

商品从外面进行采购入库或采购欠货、换货由供货商补换货时，需要进行入库登记，把采购回来的商品予以登记，并提供相应的入库单打印功能，如果出现录入错误，还提供相应的冲账功能。

2. 出库管理

商品出现消耗或出现采购问题要进行退货时,系统需提供出库模块把不需要录入的商品进行出库,并提供相应的出库单打印和冲账功能。商品出现损耗时,系统提供报损模块进行报损,并提供相应的报损单打印和冲账功能。

3. 调拨管理

当需要将一个仓库的商品调入另外一个仓库时,系统提供调拨管理功能进行相应的调拨,实现从该仓库调入到指定仓库,并提供相应的调拨单打印功能。

(二)购物管理

购物管理是对戒毒人员申购物品进行统一管理,包括批次管理和申购管理,具体内容如下。

1. 批次管理

批次管理主要是适应零库存购物管理模式,用户建立批次,通过在线购物前端,收集汇总戒毒人员的购物需求。建立批次成功后,戒毒人员便可进行在线购物。

2. 申购管理

戒毒人员在线申购后,系统自动汇总形成申购单,管理员可对申购信息进行修改调整。所有申购单确定无误后,系统自动生成采购计划商品信息,管理员可通过采购计划进行采购申请审批。

(三)基本设置

基本设置主要是对系统的基础数据进行统一维护管理,包括仓库管理、供应商管理、商品类别管理、商品信息管理,具体内容如下。

1. 仓库管理

仓库管理用于记录仓库信息,包括仓库名称、仓库编号、仓库所属单位、状态(有效、无效)、备注等信息。

2. 供应商管理

供应商管理提供供应商的名称、联系方式、邮箱、主要负责人、状态（有效、无效）、备注等信息。

3. 商品类别管理

商品类别管理是对商品进行分类管理，包括类别名称、类别编号、所属单位、状态（有效、无效）、备注等信息。

4. 商品信息管理

商品信息管理主要是对商品进行基础信息登记，包括名称、计量单位、商品类别、规格、库存最低数要求等重要信息。

（四）限购管理

限购管理主要是针对戒毒场所进行管理，提供自动限购功能。限购管理包括期别限购、商品限购、单位限购、人员限购，具体内容如下。

（1）期别限购提供戒毒人员对应期别限购设置，可以对不同级别设置对应的限购金额。

（2）商品限购提供商品限购设置，可以对不同商品设置对应的限购数量。

（3）单位限购提供单位限购设置，可以对指定单位设置对应的限购金额。

（4）人员限购提供人员限购设置，可以对指定人员设置对应的限购金额。

（五）在线购物

在线购物提供终端购物功能，戒毒人员可在触摸一体机或普通电脑上进行在线购物，操作界面简单易懂。提交订单成功后，系统将自动汇总订单信息，并提供购物订单打印功能，戒毒人员及管理人员都可进行订单打印。管理人员可全面汇总各个管区的订单情况，进行统一采购后，在系统上进行统一确认，改变订单的购物状态。当购物状态改变后，管理人员可收到相应的提醒信息。

模块三　智慧应用

数据应用是大数据决策分析是否成功落地的重要评价依据之一，大数据决策分析成效主要取决于戒毒数据的应用场景是否清晰明确，数据应用覆盖面是否足够广泛，数据应用是否足够深度，是否体现了防患于未然的意图。

大数据决策分析针对戒毒的各项职能活动包括所政管理、教育矫治、习艺劳动、生活卫生等。通过大数据决策分析，对是否需要依据所情进行调整有着重要意义。大数据决策分析是整个戒毒系统的重要依据，具体可从以下几个方面考虑。

一、戒毒人员画像

戒毒人员画像，即戒毒人员信息标签化，就是通过收集与分析戒毒人员的社会属性、生活习惯、日常行为、矫治表现等信息之后，完美地抽象出一个戒毒人员的全貌。

戒毒人员画像是大数据应用的基本技术方式，为职能部门提供足够的信息基础，能够帮助管教部门快速精准地找到相应群体，为措施实施效果和措施决策分析等提供广泛的反馈信息。

戒毒系统涉及戒毒人员的数据信息有很多，来源于信息化各个系统，包括所政管理、教育矫治管理、生活卫生管理、生产劳动管理、目标定位管理等，利用大数据技术对这些数据进行有效分析，完善戒毒管理，提升管理效率，改变以往靠人管人的模式，通过数据分析提升管理水平。

二、教育引导

通过分析戒毒人员基本信息、生活习惯、学习方式、人物特长、专业特长、思维倾向等数据，包括兴趣爱好、搜索行为、购物行为，形成独立的戒毒人员人物模型。掌握戒毒人员的生活规律、作息习惯，如行为异常、作息凌乱，则实时预警，使管理人员能及时关注并有效引导。

三、个性化教育

教育矫治通过革新戒毒人员的学习、教师的教学、教育政策制定的方式和方法,以数据的形式表现教育特征,提供戒毒人员行为及其变化的内在联系,分析戒毒人员更深层次的内在问题,实现戒毒人员个性化教学。

建立认知模型,测评出戒毒人员知识缺陷并结合心理矫治、行为评估等认知理论,分析戒毒人员数据,实现对过程化、细粒度数据的精准分析和决策推荐,给出具体的个性化教育建议。从而全面掌握戒毒人员学习动态,表现戒毒人员的复杂思维过程,提高教学效率。

四、风险预警及评估

安全风险动态预警系统可在部、省(自治区、直辖市)两级戒毒管理局和戒毒所部署,汇聚安防监测和执法管理动态数据,结合戒毒人员危险性分析、所情态势研判、人员动态分布,对戒毒所各区域发生安全事故的风险概率进行分类评估,及时预警并推荐干预措施。戒毒系统在应急指挥中需要对各种突发状况进行风险预警和评估等,基于这些状况的大数据,需要采用风险预警和评估模型进行分析处理。

戒毒场所风险预警的大数据应用可以根据戒毒人员的性别、年龄、日常行为习惯,身体健康、作息习惯等数据维度作为分析数据源,利用决策树算法、回归分析算法、贝叶斯网络算法等建立机器学习模型,通过对模型进行训练,判定戒毒人员个人和群体的异常行为。涵盖戒毒系统的各种风险和应急情况发生可能性的各个环节,从数据收集、数据提取、数据分析等方面环环相扣,制定科学规范的风险预警及评估体系,预防和降低因为决策失误、客观情况变化以及其他原因带来的风险损失。

五、智能分析研判系统

智能分析研判系统宜在省(自治区、直辖市)级戒毒管理局和戒毒所部署,汇集安防监测和执法管理数据,结合人员动态分布,对戒毒所内报警信号进行智能分级和分析研判。

六、戒毒人员危险性分析系统

戒毒人员危险性分析系统宜在省（自治区、直辖市）级戒毒管理局和戒毒所部署，汇集戒毒人员档案信息、行为表现、康复训练、生命体征、心理情绪等数据，形成戒毒人员画像指标体系，建立戒毒人员危险性分析模型，结合警察判断，对戒毒人员突发危疾重症及实施自杀、自伤、自残、脱逃等行为的可能性进行分析。

七、戒治效能分析评估系统

戒治效能分析评估系统可在部、省（自治区、直辖市）两级戒毒管理局和戒毒所部署，结合戒毒人员画像、心理测评和诊断评估等数据，建立戒治效能评估模型，结合警察经验判断，对戒毒人员戒治状态进行综合评估，对戒治措施的有效性进行评价。

八、所情安全态势研判系统

所情安全态势研判系统宜在部、省（自治区、直辖市）两级戒毒管理局和戒毒所部署，汇聚戒毒执法管理和安防应急业务执行状态监控、设施设备运行状态监测数据，建立安全态势评估模型，评估戒毒所管理状态，预测发展趋势，对异常态势进行预警。

任务四

建设智慧社区矫正综合业务平台

◆ 学习导读

任务理解：

智慧社区矫正综合业务平台是一种利用现代科技手段来辅助社区矫正工作的软硬件体系。它主要通过信息核查、矫正管理、智能分析、人工智能等手段来提高矫正效果、降低矫正成本、减少矫正风险。智慧社区矫正综合业务平台通常会配备矫正自助机、矫正终端、核查软件、教育资源、电子地图等设备和软件，对社区矫正对象进行矫正教育和管理。其主要任务是监督社区矫正对象的行为，帮助他们回归社会，成为守法公民。

学习目标：

（1）注重教育和引导学生弘扬劳动精神，将"读万卷书"与"行万里路"相结合，扎根中国大地了解国情民情，认识社区矫正的积极意义，知道惩戒是手段，融入社会才是目的，在实践中增长智慧才干，在艰苦奋斗中锤炼意志品质。

（2）素质目标：文武兼备、追求卓越。

（3）知识目标：掌握社区矫正流程，了解定位、电子核查、视频督察等功能。

（4）能力目标：会看图、懂架构、知风险、写方案。

模块一 调查评估子系统

社区矫正工作是与监狱矫正互补的方式，是指将符合社区矫正的罪犯置于社区内，由专门国家机关在相关社会团体和民间组织以及社会志愿者协助下，在判决、裁定或决定所确定的期限内，矫正其犯罪心理和行为恶习，并促使其顺利回归社会的非监禁刑罚执行活动。

目前，社区矫正包含以下五个主要业务环节。

1. 调查评估

受公安、人民检察院、人民法院等部门的委托，对服刑人员展开各方面的调查和评估，形成调查评估报告，并反馈给委托部门，为服刑人员是否进入社区矫正提供依据。

2. 矫正衔接

根据接收的服刑人员的信息，对服刑人员进行登记、建立矫正档案，并在风险评估的基础上成立矫正工作小组，制定社区矫正方案。

3. 矫正实施

对服刑人员在社区期间的各类活动进行监督管理，完成教育矫正，并进行社会适应性帮扶。

4. 矫正终（中）止

在矫正实施阶段，如果发现服刑人员有漏罪、余罪，或者出现重新犯罪等情况，则中止矫正；如果服刑人员死亡，则终止矫正。

5. 矫正解除

当服刑人员矫正期满后暂予监外执行且刑满释放，则可对其解除矫正。
建设社区矫正管理系统需根据以上各业务环节构建多个功能子系统。
社区矫正业务流程如图 4-1 所示。
调查评估子系统包括委托函管理、犯罪前科调查、调查评估等模块。

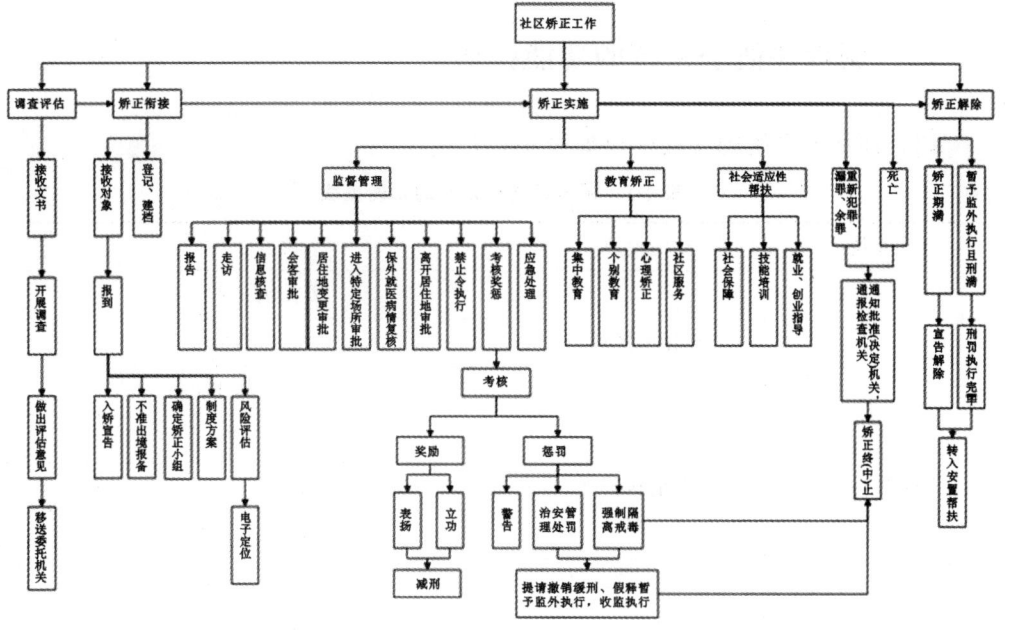

图 4-1　社区矫正业务流程

一、调查评估子系统的内涵

（一）调查评估子系统的业务理解

针对拟适用社区矫正的被告人、罪犯，人民法院、人民检察院、公安机关、监狱需要调查其对所居住社区的影响，可以委托县级司法行政机关进行调查评估。

受委托的司法行政机关应当根据委托机关的要求，对被告人或者罪犯的居所情况、家庭和社会关系、一贯表现、犯罪行为的后果和影响、居住地村（居）民委员会和被害人意见、拟禁止的事项等进行调查了解，形成评估意见，及时提交委托机关。

（二）调查评估子系统的业务规则

委托单位：人民法院、公安局、人民检察院、监狱、看守所。
受托单位：区县级社矫局。
调查单位：区县级社矫局、乡镇（街道）级司法所。
犯罪前科调查单位：区县级公安机关、乡镇（街道）级派出所。

二、调查评估子系统的功能模块

调查评估子系统的功能模块如表 4-1 所示。

表 4-1　调查评估子系统的功能模块

子系统	功能模块	功能点
调查评估	委托函管理	委托函录入
		委托函撤回
		委托函导出
	犯罪前科调查	调查申请
		结果录入
		犯罪前科导出
	调查评估	调查评估笔录
		调查评估访谈
		调查评估意见

1. 委托函管理

委托函管理包括委托函录入、委托函撤回、委托函导出。系统通过委托函录入功能，可以将法院下发的委托函资料录入到调查评估子系统中，实现对委托函资料的相关管理。区县社矫局可以将下发成功的委托函进行撤回操作，撤回的委托函，对应的司法所不再具有查看权限。可按指定格式导出调查评估委托函。

2. 犯罪前科调查

区县社矫局通过系统可录入犯罪前科调查委托函，通过保存操作，列表对应生成明细并归档。系统需与公安机关对接，区县级公安机关可以同步查看犯罪前科调查委托函，并在系统中填写犯罪前科证明，回复犯罪前科调查结果。区县社矫局可以同步查看犯罪前科调查结果并归档，同时可按指定格式导出犯罪前科调查结果。

3. 调查评估

系统具备拟适用社区服刑人员基本情况录入功能，形成拟适用社区服刑人员基本情况登记表，内容需包括姓名、性别、民族、政治面貌、家庭住址、犯罪事实、个人简历、家庭成员等信息。

系统具备调查评估笔录录入功能，乡镇（街道）司法所可通过下拉选项框的方式选择不同调查评估笔录对象，填写具体谈话事项后，列表对应生成谈话明细。同一被调查人可以记录多条笔录，同时可按指定格式导出调查评估笔录。

调查评估完成后，区县社矫局可通过系统回复委托单位调查评估意见，委托单位在收到意见书以后通过系统可回执给委托单位。法院填写回执单内容后，系统自动回复区县级司法局。

三、调查评估子系统的主要流程

调查评估子系统的主要流程如下。

（1）委托机关对拟适用社区服刑人员居住地的区县级司法机关发出调查评估委托函。

（2）区县级社矫局接收到委托机关的调查评估委托函后，开展调查评估，生成意见书回复给委托单位。

（3）乡镇（街道）级司法所接收到的委托函是由区县级社矫局下发的，被指派开展调查评估，生成意见书回复给区县级社矫局。区县级司法局指派两名以上干警组成调查评估小组，开展调查评估，形成初步意见，经集体评议后，由区县级社矫局统一回复委托单位。

（4）调查评估工作包括犯罪前科调查，登记谈话笔录和询问笔录，调查评估表测评，回复调查评估意见书，查看委托单位回执。

（5）生成《调查评估意见书》。

模块二　矫正衔接子系统

矫正衔接子系统包括报到登记管理、入矫宣言、矫正小组管理、矫正方案管理等模块。

一、矫正衔接子系统的内涵

1. 业务理解

矫正衔接业务主要包括服刑人员的报到登记、入矫宣告、矫正小组成立及矫正方案制定。

2. 业务规则

业务对象：社区服刑人员。

系统用户：司法所、社矫局。

协同部门：公安机关、人民检察院、人民法院、监狱机关。

二、矫正衔接子系统的功能模块

矫正衔接子系统的功能模块如表 4-2 所示。

表 4-2　矫正衔接子系统的功能模块

子系统	功能模块	功能点
矫正衔接	报到登记	身份核实
		办理登记手续
		服刑人员信息归档
	风险评估	在线评估
		结果报告
		量表管理
	入矫宣告	宣告安排
		宣告记录
	成立矫正小组	新建矫正小组
		小组成员添加
		小组成员更改
		小组成员删除
	制定矫正方案	新增矫正方案
		矫正方案更改
		矫正方案删除

1. 报到登记

系统与相关设备对接，对服刑人员的身份进行核实。工作人员可以通过系统为服刑人员办理登记手续，同时将服刑人员信息录入系统形成档案。

流程说明如下。

（1）社区矫正决定机关应当自判决、裁定或者决定生效之日起五日内通知执行地县级社区矫正机构，并在十日内将判决书、裁定书、决定书、执行通知书等法律文书送达执行地县级社区矫正机构,同时抄送人民检察院。社区矫正决定地与执行地不在同一地方的,由执行地社区矫正机构将法律文书转送所在地的人民检察院、公安机关。

(2) 社区矫正机构收到法律文书后,应当在五日内送达回执。

(3) 社区矫正对象前来报到时,执行地县级社区矫正机构未收到法律文书或者法律文书不齐全,应当先记录在案,为其办理登记接收手续,并通知社区矫正决定机关在五日内送达或者补齐法律文书。

(4) 暂予监外执行的社区矫正对象,由公安机关、监狱或者看守所依法移送至执行地县级社区矫正机构,办理交付接收手续。

(5) 生成的相关法律文书包括《社区矫正基本信息表》《社区矫正法律文书补齐通知书》《社区矫正法律文书送达回执》《社区矫正宣告书》等。

2. 风险评估

社区服刑人员风险评估系统通过对社区服刑人员危险指标的测验、分析和判断,评估社区服刑人员的人身危险性及心理健康程度,并对社区服刑人员进行危险等级分类,对社区服刑人员进行分类管理、分阶段教育,为社区矫正工作规范化、科学化提供依据。

1) 在线评估模块

在线评估模块包括量表评估、批量录入。

量表评估:量表评估是指对社区服刑人员进行评估测试,测试主要包括风险评估、人格/个性测试、危机筛选和职业规划等内容。

批量录入:可以对被测试人员进行批量录入,还可以进行新增、删除和修改等操作。

2) 结果报告模块

结果报告模块包括个人统计、量表统计、县局报表、人员管理、综合评分。

个人统计:用来统计不同被测试人员的评测结果,可以查看该人员评测的具体情况。

量表统计:用来统计同一量表不同被测试人员的评测情况,通过选择不同的量表以及分值区间(两个查询条件既可以单独使用,也可以混合使用),来获得指定条件下不同被测试人员的评测情况。

县局报表:用来汇总统计不同县(区)的量表测试情况。

人员管理:用来管理被测试人员的基本信息,可以通过不同的查询条件进行过滤,例如名称、罪名、矫正类型、性别、年龄等内容。

综合评分：用来管理社区服刑人员风险评估的综合测评结果，综合评分的前提是需要进行相关的测评之后，才能进行社区服刑人员风险评估的综合测评结果的合并操作。

3）量表管理模块

量表管理模块包括问题管理、分组管理、评分规则功能。

问题管理：用来管理每个不同量表的各项组成元素，包括量表的基本信息维护、量表测试的内容、量表测试的答案等。

分组管理：用来管理量表的结果分组信息，可以根据实际使用情况进行调整，以适应不同的变化要求。

评分规则：用来管理量表的规则，可以根据具体情况进行相应的调整。

4）系统关系模块

系统关系模块包括菜单管理、地市管理、县局管理、站所管理（直辖市为菜单管理、区局管理、站所管理）。

菜单管理：用来管理系统中的菜单名称。

地市管理：用来管理行政地市局的相关信息。省局管辖的市局或州局，由省局统一添加管理并维护。

县局管理：用来管理区/县局的相关信息。此处的区/县局指的是市局下属的区局或县局。

站所管理：用来管理司法所相关信息。

3. 入矫宣告

系统对社区服刑人员的入矫宣告进行管理，可新增社区服刑人员社区矫正宣告书，录入入矫宣告的基本信息，同时可上传入矫宣告的相关文书及相关音视频文件，也可进行文件的导出和打印。

4. 成立矫正小组

系统与相关设备对接，对服刑人员的身份进行核实，同时工作人员可以通过系统为服刑人员办理登记手续，将服刑人员信息录入系统形成档案。

5. 制定矫正方案

系统可根据社区服刑人员情况个性化地制定矫正方案，工作人员可通过系统将矫正方案以 Word 或其他规定形式导出到本地。

模块三　矫正实施子系统

矫正实施子系统包括服刑人员定位管理、监督管理、风险评估、考核奖惩、帮扶救助分析、教育矫正、社会适应性帮扶、安全分析预警等模块。

一、矫正实施子系统的内涵

1. 业务理解

矫正实施业务是社区矫正的一项重要工作。社区服刑人员定期以电话、书面等形式向司法所报告自己的思想、活动等情况。社区服刑人员会客、变更居住地、外出请假、进入特定场所、离开居住地需要进行审批，经同意后方能执行。每三个月需要对保外就医的社区服刑人员进行病情复核。司法所对社区服刑人员还需要落实教育矫正和社会适应性帮扶。在日常管理当中，司法所工作人员需要对社区服刑人员建立日常考核制度，根据其参加学习、教育、社区服务情况和日常表现，进行综合评议鉴定。对矫正表现较好的，可以根据相关考核规定予以表扬和减刑等；对矫正表现较差的，可以根据相关考核规定予以相应处置。

2. 业务规则

委托单位：法院、公安局、检察院、监狱、看守所。
受托单位：区县级社矫局。
调查单位：区县级社矫局、乡镇（街道）级司法所。
犯罪前科调查单位：区县级公安机关、乡镇（街道）级派出所。

二、矫正实施子系统的功能模块

矫正实施子系统的功能模块如表4-3所示。

表 4-3 矫正实施子系统的功能模块

子系统	功能模块	功能点
矫正实施	监督管理	重点人员甄别
		禁止令执行
		调查走访
		服刑人员思想汇报
		服刑人员定期报到
		督办整改
		动态分析会报告自动生成
		进入特定区域审批
		外出请假审批
		保外就医罪犯病情复查情况审查
		居住地变更审批
		居住地变更异议指定
		社区服刑人员不服从警告处罚的复核
		管理等级变更审批
		社区服刑人员不准出境报备
	考核奖惩	提请追捕脱逃的社区服刑人员
		计分考核
		月、季度考核
		行政奖励表扬审批表扬审批
		警告审批
		社区服刑人员不服从警告处罚的复核
		提请治安管理处罚审批
		提请撤销缓刑（假释）审批
		提请收监执行审批
	教育矫正	提请减刑审批
		集中教育
		个别教育
		集中社区服务
		个别社区服务
		心理矫正
		心理健康教育功能

续表

子系统	功能模块	功能点
矫正实施	教育矫正	集中教育、集中社区服务请假审批
		提出免于参加集中教育、社区服务审批
	社会适应性帮扶	帮扶人员信息管理
		社区服刑人员帮扶申请
		技能培训
		就业创业指导
		特困救助金发放
		落实责任田
		落实低保

1. 监督管理

监督管理主要包括进入特定区域、外出请假、居住地变更、警告、治安处罚、撤销缓刑、撤销假释、收监执行、减刑、管理等级变更等申请（审批）流程。对于未成年社区服刑人员，系统可实现与成年社区服刑人员分开管理的功能。

1）重点人员甄别

由系统自动筛选出高风险人员，由县社矫局决定是否列为重点人员，如果该服刑人员被列为重点人员，县社矫局为服刑人员调整管理类别，更新矫正方案、帮扶措施。

2）禁止令执行

在调查委托期间对禁止令内容进行相关调查，在入矫宣告时向服刑人员以及相关人员宣告禁止令，在监督管理期间执行禁止令的要求，并对禁止令执行的相关审批从严进行。发现服刑人员违反禁止令时，社矫部门进行查证，并根据严重程度进行相应的处理。

3）调查走访

工作人员按计划对服刑人员进行调查走访，走访完毕后在系统中完成调查走访记录。

4）服刑人员思想汇报

服刑人员按规定定时进行思想汇报，由工作人员进行记录。

5）服刑人员定期报到

服刑人员需要定期到指定社矫局或者司法所报到，系统可自动提醒服刑人员。服刑人员报到时系统自动录入数据。

6）督办整改

系统可提供上级部门对下级部门的督办整改。

7）动态分析会报告自动生成

根据统计报表情况，生成动态分析会报告。

8）进入特定区域审批

对于人民法院禁止令确定需经批准才能进入的特定区域或者场所，社区服刑人员确需进入的，应当经区县级司法行政机关批准，并告知人民检察院。

乡镇街道司法所工作人员可通过"进入特定区域"选项进行申请，选择申请进入特定区域的矫正对象和进入场所，填写相关理由后进行保存，列表对应生成一条申请明细。新增的申请默认状态为"审批中"，下一步待上级司法局审批，审批通过则可查看通知书。

区县社矫局（司法局）工作人员可通过"进入特定区域"选项，查看列表中状态为"审批中"的申请，通过审批选项进行操作，选择审批结果填写审批意见，进行保存操作后完成审批，列表中状态由"审批中"变更为"通过"或"不通过"。可通过审批表导出和申请书导出选项，以 Word 或其他规定形式导出到本地。

9）外出请假审批

社区服刑人员未经批准不得离开所居住的市、县（市）。

社区服刑人员因就医、家庭重大变故等原因，确需离开所居住的市、县（市），在七日以内的，应当报经司法所批准；超过七日的，应当由司法所签署意见后报经区县级司法行政机关批准。返回居住地时，应当立即向司法所报告。社区服刑人员离开所居住市、县（市）不得超过一个月。

10）保外就医罪犯病情复查情况审查

司法行政部门每三个月组织一次保外就医，罪犯到指定医院复查，将复查结果发送至县级司法局，由县级司法局审查复查情况，县级司法局可以根据需要将情况通知批准、决定机关。

系统每三个月会自动提醒相关工作人员组织保外就医的罪犯到指定医院复查，并将复查结果录入系统，系统将会提交给县司法局，县司法局审查复查情况，同时县司法局可以根据需要将复查情况通知批准、决定机关。

11）居住地变更审批

社区服刑人员未经批准不得变更居住的县（市、区）。

社区服刑人员因居所变化确需变更居住地的，应当提前一个月提出书面申请，由司法所签署意见后报经区县级司法行政机关审批。

区县级司法行政机关在征求社区服刑人员新居住地区县级司法行政机关的意见后做出决定。

经批准变更居住地的,区县级司法行政机关应当自做出决定之日起三个工作日内,将有关法律文书和矫正档案移交新居住地区县级司法行政机关。

有关法律文书应当抄送现居住地及新居住地区县级人民检察院和公安机关。

社区服刑人员应当自收到决定之日起七日内到新居住地区县级司法行政机关报到。

12）居住地变更异议指定

如果服刑人员对居住地变更有异议,需提前一个月向司法所提出书面申请,司法所在三个工作日内审核上报,原居住地县级司法局在三个工作日内发函征求新居住地县级司法局意见,新居住地县级司法局五个工作日内做出答复,原居住地县级司法局在五个工作日内做出是否准予变更决定。如果省辖市范围内原居住地和新居住地的县级司法局意见不一致,则由省辖市司法局指定;如果省辖市范围内原居住地与新居住地的县级司法局意见不一致,则由地市级司法局报省级司法厅指定。

系统在服刑人员 App 中提供服刑人员申请选项,同时以通知的形式提前告知服刑人员。如果对居住地变更有异议,则需提前一个月提出申请。系统将申请送达当地司法所,并告知司法所在三个工作日内审核上报。司法所相关工作人员可以选择"同意并上报"或"不同意"。司法所同意之后,系统将相关内容送至原居住地县级司法局,原居住地县级司法局在三个工作日之内发函征求新居住地县级司法局意见,系统内保存有函件模板。新居住地县级司法局在五个工作日之内做出答复,包括"同意"或"不同意",同时将答复结果送至原居住地县级司法局,原居住地县级司法局需要在五个工作日内做出是否准予变更决定,包括"同意变更"或"不同意变更"。如果不同意变更,则需要向上级部门提出申请。如果原居住地与新居住地在同一地级市,则结果由该地级市司法局指定;如果原居住地与新居住地不在同一地级市内,则需上报至省级司法厅,由省级司法厅指定。

13）管理等级变更审批

管理等级变更依据量化分数自动分配管理等级,显示在列表中的申请由司法所代为提交。

14）社区服刑人员不准出境报备

司法行政机关为了严格有效地控制社区服刑人员出境,将会对每一个社区服刑人员进行不准出境报备。县级司法局要向同级公安机关通报社区服刑人员情况,由公安机关出入境管理部门办理法定不准出境手续。

系统将会通过与公安部门的接口向同级公安机关通报社区服刑人员情况。

15）提请追捕脱逃的社区服刑人员

如果社区服刑人员脱逃，县级司法局应立即向同级公安机关通报，提请追逃并收监执行，同时进入应急指挥程序，并由公安机关对该服刑人员进行追捕。

2. 考核奖惩

考核奖惩业务分为计分考核，月、季度考核，以及行政奖惩、司法奖惩等。其中，行政奖励包括表扬，行政惩罚包括警告、提请治安管理处罚；司法奖励包括减刑，司法惩罚包括收监执行、撤销缓刑（假释）。

1）计分考核

按照《监狱计分考核罪犯工作规定》进行分值变更，系统将实时统计每一位服刑人员的分值。计分考核的分值将会作为管理等级变更以及服刑人员奖惩的依据之一。

2）月、季度考核

工作人员每月、每季度对社区服刑人员遵纪守法、接受监督管理、参加教育学习和社区服务等情况进行考核，将考核结果录入系统，系统将会自动按季度评定管理等级，将管理等级建议告知工作人员，并将考核结果进行公示。

3）行政奖励表扬审批

如果某服刑人员连续三个月月度考核优良，且符合其他表扬条件，则可以由司法所呈报表扬，提交司法局审批，审批通过后进行通报表扬。

系统需要根据服刑人员的表现记录自动筛选出可以进行通报表扬的人员，由司法所提请表扬申请，并提交给县级司法局进行审批。县级司法局可以选择"通过"或"不通过"。通过后，系统将会发送表扬通知，对该服刑人员进行通报表扬。

4）警告审批

社区服刑人员有下列情形之一的，区县级司法行政机关应当给予警告，并出具书面决定：

（1）未按规定时间报到的；

（2）违反关于报告、会客、外出、居住地变更规定的；

（3）不按规定参加教育学习、社区服务等活动，经教育仍不改正的；

（4）保外就医的社区服刑人员无正当理由不按时提交病情复查情况，或者未经批准进行就医以外的社会活动且经教育仍不改正的；

（5）违反人民法院禁止令，情节轻微的；

（6）其他违反监督管理规定的。

5）社区服刑人员不服从警告处罚的复核

系统需要为社区矫正服刑人员提供申请界面，可以在服刑人员 App 中实现。系统直接将该申请提交至对应地市司法局，由司法局相关人员进行复核并做出复核决定，在系统中选择"同意"或"驳回"，同时加盖电子章以及进行电子签名，系统将复核结果通知服刑人员。

6）提请治安管理处罚审批

社区服刑人员违反监督管理规定或者人民法院禁止令，依法应予治安管理处罚的，区县级司法行政机关应当及时提请同级公安机关依法给予处罚。公安机关应当将处理结果通知区县级司法行政机关。

7）提请撤销缓刑（假释）审批

缓刑、假释的社区服刑人员有下列情形之一的，由居住地同级司法行政机关向原裁判人民法院提出撤销缓刑、假释建议书并附相关证明材料，人民法院应当自收到之日起一个月内依法做出裁定：

（1）违反人民法院禁止令，情节严重的；

（2）未按规定时间报到或者接受社区矫正期间脱离监管，超过一个月的；

（3）因违反监督管理规定受到治安管理处罚，仍不改正的；

（4）受到司法行政机关三次警告仍不改正的；

（5）其他违反有关法律、行政法规和监督管理规定，情节严重的。

司法行政机关撤销缓刑、假释的建议书和人民法院的裁定书同时抄送社区服刑人员居住地同级人民检察院和公安机关。

8）提请收监执行审批

暂予监外执行的社区服刑人员有下列情形之一的，由居住地区县级司法行政机关向批准、决定机关提出收监执行的建议书并附相关证明材料，批准、决定机关应当自收到之日起十五日内依法做出决定：

（1）发现不符合暂予监外执行条件的；

（2）未经司法行政机关批准擅自离开居住的市、县（旗），经警告拒不改正，或者拒不报告行踪，脱离监管的；

（3）因违反监督管理规定受到治安管理处罚，仍不改正的；

（4）受到司法行政机关两次警告，仍不改正的；

（5）保外就医期间不按规定提交病情复查情况，经警告拒不改正的；

（6）暂予监外执行的情形消失后，刑期未满的；

（7）保证人丧失保证条件或者因不履行义务被取消保证人资格，又不能在规定期限内提出新的保证人的；

（8）其他违反有关法律、行政法规和监督管理规定，情节严重的。

司法行政机关的收监执行建议书和决定机关的决定书，应当同时抄送社区服刑人员居住地同级人民检察院和公安机关。

9）提请减刑审批

社区服刑人员符合法定减刑条件的，由居住地区县级司法行政机关提出减刑建议书并附相关证明材料，经地（市）级司法行政机关审核同意后提请社区服刑人员居住地的中级人民法院决定。

人民法院应当自收到之日起一个月内依法裁定；暂予监外执行罪犯的减刑，案情复杂或者情况特殊的，可以延长一个月。

司法行政机关减刑建议书和人民法院减刑裁定书副本，应当同时抄送社区服刑人员居住地同级人民检察院和公安机关。

3. 教育矫正

系统可对矫正对象进行管理方案设定，由司法所按照管理方案，对矫正对象开展矫正活动，对社区服刑人员书面思想汇报进行管理，并在系统中记录活动考核情况、违规情况、书面思想汇报情况等，对于未成年社区服刑人员可设定易于接受的管理方案，社区服刑人员的书面思想汇报可通过社区服刑人员移动应用 App 按规定时间进行上传。

1）集中教育

集中教育由县社矫局组织，同时县社矫局需承担签到、会务保障等工作，司法所需组织服刑人员到县社矫局参加集中教育，同时需维持纪律。在集中教育结束后，工作人员在系统中记录教育情况、考核情况，同时录入系统。

2）个别教育

个别教育由司法所/县社矫局实施，针对社区服刑人员的犯罪类型、矫正期限、心理状态、行为特点以及动态表现，结合报告、走访等活动进行，可以包括法律常识、公共道德、时事政策、心理健康教育、解矫教育等。

3）集中社区服务

集中社区服务由县社矫局组织，在指定的场所进行服务，由工作人员进行签到、计分考核等工作。在集中社区服务完毕之后由服务场所提供证明，同时录入系统。

4）个别社区服务

除县社矫局组织的集中社区服务，服刑人员可以通过系统提供的个别社区服务或者自己联系经过认可的服务场地进行社区服务。

5）心理矫正

工作人员在系统中为服刑人员安排心理咨询师，同时安排心理矫正的时间、地点，心理矫正结束后对工作人员在系统中录入矫正情况，并进行登记。

6）心理健康教育功能

根据社区服刑人员的学习成果和日常表现，工作人员可以针对有心理问题的社区服刑人员进行视频交流，加强心理辅导。

系统提供在线心理矫治功能，为心理矫正的社区服刑人员评估确定心理矫治方案，根据心理矫治方案安排矫治活动，由管理人员安排矫治活动的时间和地点。提供专业辅导课程和视频，并可预约专家安排一对一、一对多的专业心理矫治活动。

对社区服刑人员的心理矫治情况进行跟踪记录，了解矫治后的身心状况并按需调整矫治方案。

7）集中教育、集中社区服务请假审批

如果服刑人员因故无法参加集中教育、集中社区服务，可以向司法所提出申请，再由县司法局进行审批，并告知服刑人员审批结果。

系统在服刑人员 App 中需提供集中教育、集中社区服务请假审批申请，并提交给司法所进行审核，司法所可以选择"通过"或"不通过"。如果不通过，则发送通知给服刑人员。审核通过，则提交给县司法局，由县司法局进行审批。县级司法局可以选择"通过"或"不通过"，并将审批结果以通知的形式发送给服刑人员。

8）提出免于参加集中教育、社区服务审批

部分服刑人员由于身体或其他原因无法参加集中教育以及集中社区服务的，需要向司法所提出申请，同时工作人员在系统中确认无法参加的原因，并由县社矫局审核。

4. 社会适应性帮扶

系统需考虑矫正对象在矫正结束后能很好地回归社会，在解除矫正后，拥有一技之能养家糊口并为社会效力，需具备社会适应性帮扶功能，根据每名矫正对象的不同兴趣爱好及工作经历，以及企业用工要求对矫正对象进行技能培训，实现矫正对象的身心和生活的同步矫正。

1）帮扶人员信息管理

通过"帮扶人员信息管理"选项，系统可以进行帮扶人员的添加和现有帮扶人员信息的补录，补录的信息包括人员基本信息、服刑劳教信息、人员管理类别、家庭成员情况、帮扶小组情况和备注信息等。

2）社区服刑人员帮扶申请

社区服刑人员可通过社区服刑人员移动应用 App 提出帮扶申请，工作人员可以在系统上答复服刑人员的帮扶申请，提供相关的帮扶或者根据相关规章制度拒绝提供相关的帮扶，同时将理由告知社区服刑人员。

3）技能培训

被帮扶人员可以通过系统观看教学视频来学习专业技能。

可通过系统"教学视频"选项，进行新增或查看教学视频，同时可以查看教学视频的观看记录。

4）就业创业指导

（1）企业信息管理：可通过系统"企业信息管理"选项，对企业信息进行管理。系统可以对新增的企业信息进行录入，企业创建成功后可以进行修改、发布与删除等操作，刚创建的企业信息默认为未发布状态，需手动点击发布，未发布的企业则不可以新增用工信息且不会在企业信息查询表出现。

（2）用工信息管理：在系统企业信息管理选项中，已发布的企业可以在此页录入招工信息，并在此页筛选简历，处理申请人员的用工申请。系统可以添加用工信息，创建后的用工信息可以进行删除、修改、查看、已招满/未招满、查看申请等操作。如果已招满，则隐藏该条用工信息。

（3）企业信息查询：可以通过系统查看已发布的企业信息。

（4）用工信息查询：可以通过系统在用工信息查询页面查看正在招工的用工信息，并对合适的岗位进行用工申请。此处只显示未招满的用工信息，用工申请由司法所工作人员操作。

（5）用工申请管理：可以通过系统在用工申请管理页面查看用工申请和申请情况，若用工信息需要调整，列表中可以对该条申请进行修改或删除操作。

5）特困救助金发放

司法所对社区服刑人员进行审核，将符合申请特困救助金发放条件的社区服刑人员通过系统提交给县社矫局进行初审，系统需录入符合特困标准的相关证明，如单位和社区出具的证明。县社矫局上交给市州社矫局，市州社矫局最终上报给省社矫局，省社矫局最终确定符合特困救助金发放的社区服刑人员名单和请示，并将名单和请示提交给财务。在进行特困救助金发放时，需要社区服刑人员签字。社区服刑人员可通过司法所前端配置的签字版进行签名，系统需与签字版进行对接，实现电子签名并反馈到省社矫局。

6）落实责任田

县社矫局工作人员帮助服刑人员所在村集体为服刑人员落实责任田，同时记录相关情况并录入系统。

7）落实低保

县社矫局帮助服刑人员落实低保，同时录入系统。

模块四　矫正解除子系统

一、矫正解除子系统的内涵

矫正解除子系统包括解矫提醒管理、解矫宣告管理、矫正终（中）止管理等模块。

（一）业务理解

社区服刑人员矫正期满，司法所应当组织解除社区矫正宣告。宣告由司法所工作人员主持，按照规定程序公开进行。司法所针对社区服刑人员的不同情况，通知有关部门、村（居）民委员会、群众代表、社区服刑人员所在单位、社区服刑人员的家庭成员或者监护人、保证人参加宣告。

县（市、区）级司法行政机关应当向社区服刑人员发放解除社区矫正证明书，并书面通知决定机关，同时抄送县（市、区）级人民检察院和公安机关。

暂予监外执行的社区服刑人员刑期届满的，由监狱、看守所依法为其办理刑满释放手续。

社区服刑人员死亡、被决定收监执行或者被判处监禁刑罚的，社区矫正中止。

（二）业务规则

业务对象：服刑人员。

系统用户：县社矫局、司法所。

协同部门：公安机关、人民检察院、人民法院、监狱。

二、矫正解除子系统的功能模块

矫正解除子系统的功能模块如表 4-4 所示。

表 4-4 矫正解除子系统的功能模块

子系统	功能模块	功能点
矫正解除	解矫提醒	解矫倒计时
		逾期解矫处理
	解矫宣告	发放解矫材料
		解矫手续
	矫正终（中）止	矫正终止
		矫正中止

1. 解矫提醒

对符合解矫条件的服刑人员进行解矫提醒，办理相关解矫事项。

2. 解矫宣告

司法所应当组织解矫宣告。宣告由司法所工作人员主持，按照规定程序公开进行。

3. 矫正终（中）止

社区矫正对象死亡、被决定收监执行或者被判处监禁刑罚的，社区矫正终（中）止。社区矫正对象在社区矫正期间死亡的，县级司法行政机关应当及时书面通知批准、决定机关，并通报县级人民检察院。

模块五　定位管理子系统

社区服刑人员定位业务是对社区服刑人员进行定位监控和管理的综合业务。定位管理可以实时查看社区服刑人员位置，查看历史活动轨迹，还可以对社区服刑人员数据进行管理，对设备拆除、人机分离、低电量等各种情况进行智能分析和告警。

一、功能描述

1. 账号管理

提供机构、管理员的新增、修改、删除等操作。

机构对应乡镇（街道）级、县（市、区）级、地（市、州）级、省（自治区、直辖市）级等不同级别。创建每个机构会同时创建一个管理员。

2. 监控对象管理

管理员添加监控对象（服刑人员），同时把定位手环分配给对应的服刑人员，对具体的服刑人员进行管理。添加的服刑人员依附于管理员所属机构。

（1）信息完善：添加服刑人员时，系统可凭服刑人员的身份证信息从矫正工作子系统调取数据自动添加服刑人员信息，也允许管理员增加额外信息。

（2）信息查询：对服刑人员的各类信息查询，包括基本信息、法律文书、刑罚执行、个人简历、家庭成员及主要社会关系、接收报到、矫正小组、指纹信息、奖惩情况和脱管情况等。

（3）电子围栏管理：允许对服刑人员添加电子围栏，或管理在禁出围栏和禁入围栏中已关联的服刑人员的围栏情况，可以进行增加、修改、查看和删除。

围栏分为禁出围栏、禁入围栏。

禁出围栏：在地图上直接划定禁出区域，通过关联禁出人员为其设定禁出围栏。在人员列表中选取后，这个人员的禁出围栏就确定了，一个人员只能关联一个禁出围栏；已关联禁出围栏的矫正人员，离开围栏区域则系统会即时报警。系统解除禁出人员关联后，该人员离开围栏区域则系统不会报警。

系统具有默认围栏的功能，默认围栏为服刑人员所在的地级市边界，也可以选择省（自治区、直辖市）、市、县、区边界，或用鼠标选点的方式进行多边形围栏的绘制和添加。

禁入围栏：在地图上直接划定禁入区域，通过关联人员为其设定禁入围栏，一个人员可以关联多个禁入围栏；已关联禁入围栏的服刑人员，进入围栏区域则系统会即时报警。系统解除禁入人员关联后，该人员进入围栏区域则系统不会报警。

服刑人员默认没有禁入围栏。

（4）定位手环管理。

管理员根据服刑人员的管理等级灵活设置手环定位频率。

平台可以对定位手环进行初始化、远程关机。

对服刑人员和定位手环进行绑定或解绑操作，同时可查询手环编号、定位频率和用电量等。矫正解除或终止的人员，在解除社区矫正的同时定位设备会自动解绑。

（5）特定对象。

特定对象指服刑人员不得靠近与其关联的特定人员，近身特定对象一定区域内定位手环会自动报警。可以对服刑人员进行绑定或解绑特定对象操作。

3. 实时查看

系统以地图形式直观展示当前定位人员位置，报警状态以不同颜色区分，单击每一个小人图标可以查看位置详情，包括姓名、定位时间、地址、状态等信息。

可打开对该服刑人员的实时监察模式，每间隔数秒获取一次该人位置信息，并显示轨迹在地图上，也可在历史轨迹处查看该人最新轨迹信息。

可选择单个或多个服刑人员进行查看。

4. 警示告知

系统对服刑人员的违规行为进行报警，主要包括以下几类报警：
(1) 腕带拆卸报警；
(2) 越界报警；
(3) 低电量报警；
(4) 进入禁止区域报警；
(5) 靠近禁止接触对象报警。

通过列表方式显示当天报警的人员，列表中可查看到最近报警时间和报警状态。点击某一条报警可以查看具体报警的人员位置。

5. 历史轨迹

系统可查看绑定定位设备的服刑人员的历史轨迹，即定位过的位置信息和轨迹，用折线的方式展示一段时间内该人员的轨迹信息。查看的信息包括定位时间、定位地点、设备电量和状态等。

可查询并导出某时间段内的服刑人员活动轨迹。

6. 消息管理

管理员可添加消息，并单个或批量发送定位手环信息，服刑人员阅读消息后，管理员可查看具体阅读时间。同时，管理员可以删除系统中过期的消息。

7. 考勤管理

定时定点在居住地（或其他指定地点）进行手环自动打卡报到，加强监管措施。

8. 外出管理

通过外部接口获取矫正工作子系统里服刑人员外出审批的结果。外出审批结果通过后才能进行外出管理设置。

外出管理主要是针对请假外出的人员，在服刑人员外出的过程中系统仍然可以对其进行定位监控，同时对服刑人员外出行为进行管控，防止服刑人员未向指定外出地点行进。

9. 离线地图接入

实现离线地图的接入，可以采用第三方商业地图，但是第三方商业地图必须是基于电子政务外网的离线地图，不得使用基于互联网的第三方商业地图。

离线地图的功能要求如下：具有对地图的各种浏览和基本操作功能，包括地图缩放、漫游、全图、测距、搜索定位、图层管理等，地图显示随着放大比例逐步精细。

10. 定位服务

系统的定位服务功能建设需遵循《全国社区矫正人员定位系统技术规范》的要求，具体包括以下内容：

（1）定位终端上线确认流程、定位流程；
（2）相关定位数据采集结构要求；
（3）编码规则及编码；
（4）数据交换要求。

二、定位手环

1. 基本要求

手环为一体式电子定位手环，其材质对人体无害，满足以下基本要求。

（1）外观要求：电子定位腕带人体佩戴部分主体外形美观，屏显人性化，外形接近普通电子手表；显示屏可清晰、人性化显示相关内容等信息；适宜佩戴；同一条腕带可反复进行长短与松紧调节，适用于不同粗细手腕的用户，亦便于回收和多次利用；产品总重量宜轻，便于携带。

（2）安全可靠：定位手环含防拆电路，能够防止佩戴者自行拆卸；具备防水功能，满足防水、防尘、防摔要求，防护等级 IP68，所有元件纳米防水，须提供第三方的防水防尘测试；必须通过 3C 强制认证和相关第三方防爆测试，确保安全可靠。

(3) 环保卫生：电子定位器采用无铅生产标准，防分离腕带采用食品级材料，长期使用也不会产生有毒物质且具备防过敏性。

(4) 性能稳定可靠：支持每周 7×24 小时无障碍运行，在出现程序死机等情况时，系统能够通过自行恢复或 SMS 短消息或者网络进行远程诊断、远程触发自动恢复。

(5) 自主检测状态：具备自主检测功能，可以读取定位手环本身的状态信息，如连接状态、低电量、拆卸等，并将状态数据上传到后台服务器。

(6) 充电方式：定位手环应支持无线充电或背夹式充电器充电，不能影响佩戴者的日常工作、生活健康和活动自由。一次充电后能持续工作多日。

2. 基本功能

(1) 显示功能：电子手环界面可显示信号、电量、时间、日期、未读消息及报警信息等。

(2) 定位功能：定位手环具备 BD/GPS/LBS/Wi-Fi 多模式联合定位，是以卫星定位为主、基站定位为辅组成的混合定位，支持智能切换、人为设置两种定位模式；保证在室内、室外等各种苛刻条件下定位的有效性；具备将位置数据上传到后台服务器的功能。定位手环具备定位参数可通过 SMS 短消息或者网络自定义调整的功能，定位终端能根据场地变化自动切换定位模式功能，具备室内外无缝精确定位功能，满足对禁止令等法律法规的执行需求。定位手环应具备在移动通信网络中断的离线状态下对相关数据、状态和位置等信息不间断存储并在通信网络信号恢复后自动补发的能力。定位手环支持实时定位和定时定位功能，后者即按照一定的时间间隔发送监控信息到后台。

(3) 报警功能。定位手环能在拆解、低电、越界、离线、紧急求救等情况下报警，向定位管理平台发送报警信息的同时在手环上显示警示信息，手环上体现为屏幕显示、震动、提示灯闪烁或声音等。报警方式选择可以在定位管理平台设置。

拆解报警：定位手环不得人带分离，在非正常摘取电子腕带（如遭到破坏、剪断、拆卸、离体等）时能实时向定位管理平台发送报警信息。

低电报警：定位手环电量不足时，及时向佩戴人报警，提醒其充电。

越界报警：对越过允许活动区域范围的社区服刑人员，可接收社区服刑人员定位管理系统的报警信息，及时向社区服刑人员报警。

离线报警：当定位手环处于没有定位或网络信号时候，能自动报警。

(4) 通知功能：定位手环能接收到来自定位管理平台相关系统的通知信息，并在屏幕上显示通知；如该信息长时间未被读取，腕带可以进行震动或以声音提醒人员读取信息。定位手环具备存储功能，能保存最近的定位信息和通知信息。

（5）开关机管理：只有通过定位管理平台（后台系统）才能对定位手环进行关机，防止佩戴者非法关机。

在用户需要乘机或者进入高放射区域前，需要关闭定位手环的，可以通知工作人员进行远程关机。

（6）远程升级功能：支持网络远程触发进行远程升级，方便远程维护。

（7）其他功能：当定位手环发生拆卸、越界、低电量等危险情况时，实时报警通知到定位管理平台，并以网络信息通知到 App 和以短信通知到手机，以及以微信、钉钉等多种方式发送报警信息通知到相关人员。

模块六 智慧核查子系统

对矫正对象进行日常管理和行为监管是社区矫正工作的任务和应当履行的职责。社区矫正工作的特点是开放、动态、即时、严格，这项工作具体是在司法所或社区矫正中心实施。由于我国城乡发展、东西发展不平衡，人员分布不均，导致很多地区司法所和社区矫正中心工作人员不足，如果采用"人盯人""人管人"进行社区矫正监管，势必造成效率低、效果差、人际关系复杂等诸多困境。随着信息技术的不断发展、应用和普及，一些地方采用手机定位、电话查岗、指纹打卡、钉钉签到等信息技术辅助社区矫正工作，对矫正对象核查起到了较好的辅助作用，有效减轻了社区矫正工作人员的劳动强度。《社区矫正法》第二十六条对信息化核查提出了明确要求，但并没有描述具体实施方法和标准，故在此对信息化核查的具体内容和方法进行探讨。

一、核查的重难点

无论是否采用信息化方式，核查是社区矫正工作的必要内容，因此需要分析核查的内容具体有哪些。

社区矫正核查范围如图 4-2 所示。

1. 人员身份核查

主要核查矫正对象姓名、性别、年龄、学习履历、工作履历、社会关系、

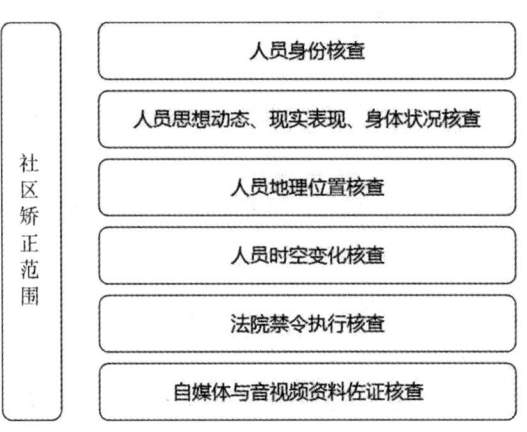

图 4-2 社区矫正核查范围

起诉书、判决书、裁定书、决定书、病残鉴定书、保证书、具保书、评估函、评估意见书、矫正接收通知书，以及身体状况和心理状况等，用以保障社区矫正对象的法律程序、入矫程序和矫正实施的合法性和可行性。此处的重难点是信息的真实性、有效性和准确性核查，社区矫正中心或司法所的工作人员并不是各专业的专家，也不是以上各种信息的数据中心，有很多信息需要进行核实、比对、校验。如矫正对象已来报到，但社区服刑通知书还没有从法院投送到社矫局，人员身份信息和家属信息需要到派出所去核实等。

2. 人员思想动态、现实表现、身体状况核查

可通过对其本人或其家属、亲友、邻里和相关人，以访谈、问卷、现场查看等方式了解社区矫正对象的思想动态、活动范围、行为表现、身体状况等情况，并进行检查和记录，用以判断其是否有改造效果，是否影响周围民众生产生活，是否违反相关规定和禁令。如矫正对象不能认识自己所犯罪行，反而因执行非监禁式社区服刑，而有藐视法律的言行，给周围民众造成不良影响的，要及时发现、及时制止，给予批评教育或收监处理。

3. 人员地理位置核查

含常驻地理位置、工作地理位置、参与活动地理位置及外出、迁居位置核查。《社区矫正法》第二十七条规定，社区矫正对象离开所居住的市、县或者迁居，应当报经社区矫正机构批准。需要有相应信息化核查手段对其活动位置进行核查。如矫正对象因工作需要频繁跨市、县活动，如果每次都以纸质报告或电子报告提交申请，再由管理人员审批，再进行核实，由于"人盯人"难以实现，很难保障人员地理位置核查的及时性、准确性、真实性。

4. 人员时空变化核查

对社区服务人员地理位置核查是点式核查。为加强监管、确保安全，有时需要进行人员时空变化核查，主要核查人员活动地点随时间变化的轨迹，用以防止和预警人员越界、脱管、脱逃事件的发生。

5. 法院禁令执行核查

《刑法修正案》规定，对于被判处拘役、3年以下有期徒刑的罪犯，犯罪情节较轻、有悔罪表现、没有再犯罪的危险、宣告缓刑对所居住社区没有重大不良影响的，应当宣告缓刑，同时发出禁止令，禁止在缓刑考验期限内从事特定活动，进入特定区域、场所，接触特定的人。如某社区矫正对象缓刑考验期限内不得接触同案犯和进入夜总会、酒吧、迪厅、网吧等娱乐场所，对这些禁止令需要予以严格执行和监督，采用信息化技术核查必不可少。

6. 自媒体与音视频资料佐证核查

时代在进步，社会在发展，信息技术已深深融入生活的方方面面，对社区矫正对象的教育改造如果还停留在传统的上课、劳动、思想汇报等形式，很难对社区矫正工作有所提升。利用自媒体、音视频宣传等，可以成为社区矫正对象改造的新路径，可以真正实现以案说法、以身示法，提高周边人员的守法意识。这种方式虽然只是探索，但也不妨成为立功减刑的新模式。

二、智慧核查设计

按照《社区矫正法》第三条和第二十四条的相关内容，社区矫正工作坚持监督管理与教育帮扶相结合，根据裁判内容和社区矫正对象的性别、年龄、心理特点、健康状况、犯罪原因、犯罪类型、犯罪情节、悔罪表现等情况，制定有针对性的矫正方案，实现分类管理、个别化矫正。矫正方案应当根据社区矫正对象的表现等情况相应调整。信息化核查也应围绕分类管理、个别化矫正这一要求进行设计，同时结合当地社会经济发展水平、地形地貌、生活习俗，适应当地社区矫正机构信息化建设能力，进行信息化核查设计。

信息化核查分级示意图如图4-3所示。

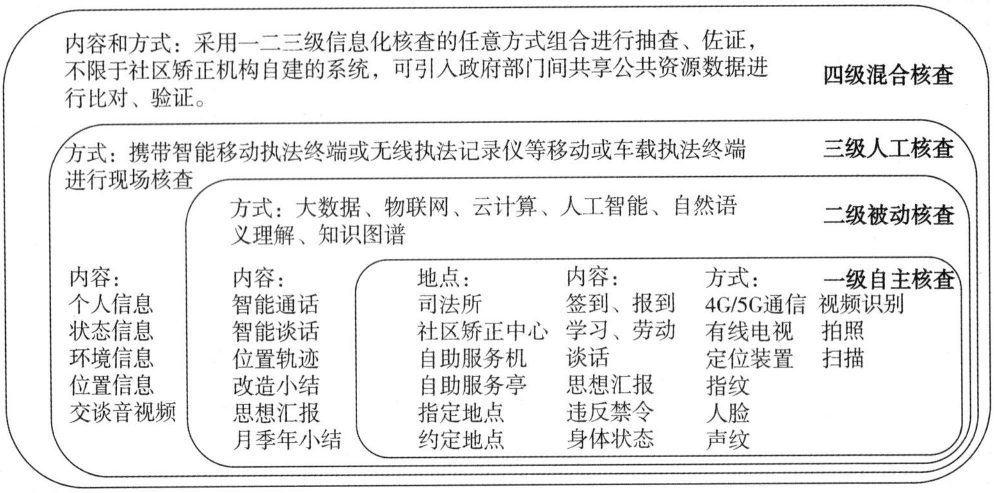

```
┌─────────────────────────────────────────────────────────────────────┐
│ 内容和方式：采用一二三级信息化核查的任意方式组合进行抽查、佐证，      │
│ 不限于社区矫正机构自建的系统，可引入政府部门间共享公共资源数据进     │ 四级混合核查
│ 行比对、验证。                                                       │
│  ┌─────────────────────────────────────────────────────────────┐   │
│  │ 方式：携带智能移动执法终端或无线执法记录仪等移动或车载执法终端│ 三级人工核查
│  │       进行现场核查                                            │   │
│  │  ┌──────────────────────────────────────────────────────┐   │   │
│  │  │ 方式：大数据、物联网、云计算、人工智能、自然语        │ 二级被动核查
│  │  │       义理解、知识图谱                                │   │   │
│  │  │  ┌────────────────────────────────────────────┐     │   │   │
│  │  │  │ 内容： 地点：  内容：  方式：  一级自主核查 │     │   │   │
│  │  │  │ 个人信息 智能通话 司法所 签到、报到 4G/5G通信 视频识别
│  │  │  │ 状态信息 智能谈话 社区矫正中心 学习、劳动 有线电视 拍照
│  │  │  │ 环境信息 位置轨迹 自助服务机 谈话 定位装置 扫描
│  │  │  │ 位置信息 改造小结 自助服务亭 思想汇报 指纹
│  │  │  │ 交谈音视频 思想汇报 指定地点 违反禁令 人脸
│  │  │  │        月季年小结 约定地点 身体状态 声纹
```

图 4-3 信息化核查分级示意图

1. 一级自主核查

社区矫正对象按社区矫正机构要求，主动到司法所、社区矫正中心、自助服务机、自助服务亭、指定地点、约定地点，实现签到、报到、学习、劳动、谈话、思想汇报等日常核查工作。自主核查可采用常规方式人工核验、签字、报到等形式，也可借助信息化技术和手段，利用 4G/5G 通信、有线电视、定位装置、指纹、人脸、声纹、视频识别、拍照、扫描等技术实现。

自主定位可进行手机定位、手环定位，或在固定场所签到以确认定位。为保障定位是由其本人完成，可辅以电子屏签名、指纹、人脸、声纹、标志物拍照比对等方式验明身份和位置。信息化核查系统应具备设置自主核查的规则和策略参数功能，对不符合规定的核查进行智能提醒和预警，以电话、邮件、短信、微信等方式告知社区矫正对象和工作人员，或转为二级被动核查。

2. 二级被动核查

利用大数据、物联网、云计算、人工智能、自然语义理解、知识图谱等技术，让社区矫正对象被动接受核查。可以向社区矫正对象发起智能通话、智能谈话等，使其提交改造小结、思想汇报和月、季、年度小结，并通过设备和算法对反馈信息或答复进行分析和处理。利用定位装置或周界卡口感知装备对临界、越界、违反禁令、轨迹异常社区矫正对象进行实时核查和预警。在社区矫正对象被动核查的交互过程中，同时采集定位、声纹、人脸、签名等信息进行核查。二级被动核查同一级自主核查相似,但采用更多人工智能技术进行内容、意愿分析和交互式核查,同时兼具一级核查的身份确认、位置定位功能,对未完成核查和不符合规定的核查进行智能提醒和预警并转为三级人工核查。

3. 三级人工核查

在一、二级信息化核查异常或个案矫正计划书规定环节或日常工作安排情况下,系统提示进行三级人工核查。三级人工核查由工作人员携带智能移动执法终端或无线执法记录仪等移动或车载执法终端进行现场核查,核验并记录社区矫正对象的个人信息、状态信息、环境信息、位置信息、交谈音视频等数据。

4. 四级混合核查

信息化核查的方式和方法并不拘泥于一、二、三级的划分界线,也不限于社区矫正机构自建的系统。采用一、二、三级信息化核查的任意方式进行抽查、佐证并引入政府部门间共享公共资源数据进行比对、验证,核查的重心在于能否达到提升效能、解决困难、规范监管、利于改造的目的。因此可以根据当地的实际情况进行合理设计,下面列举两个场景。

场景一: 某社矫局智慧矫正平台与当地平安城市平台、通信管理局基站平台对接,利用平安城市工程遍布城市各处的摄像头进行社区矫正对象的核查工作。社矫局对部分摄像头采集的视频数据进行人脸识别分析,发现社区矫正对象在相应摄像头前出现时,即给社区矫正对象发送信息确认今日已签到,若在城市边缘发现不应该在此处的社区矫正对象,立即通过与通信管理局的基站信息核查平台进行数据比对,根据手机基站与视频位置信息对社区矫正对象进行提醒,并预警给社区矫正管理人员进行人工核查。

场景二: 某社区矫正对象因故外出,已履行外出请假手续,但外出并不代表暂时可以不监管,凡是外出的社区矫正对象可以要求其携带定位装置或通过智能手机的定位功能,以钉钉、微信、百度地图等方式进行位置打卡,或与公安系统的宾馆住宿平台和交通购票平台对接进行外出核查。信息化核查的一、二、三级核查同步启动通话核查、视频核查等方式,防止人机分离,确保核查的有效性和准确性。

模块七　视频督察子系统

通过集成在指挥中心的视频督察子系统，掌握社区矫正工作场所、社区矫正教育场所等重点场所的实时监控画面，以远程的方式履行执法监督职责，对执法主体实施的执法行为进行监察与督促，并对违法行为予以纠正，维护执法行为的合法性、公正性和严肃性，保障执法对象的合法权益。

视频督察子系统是以信息化建设为载体，依托电子政务外网，通过新建、改造、整合各级社矫单位的音视频图像资源、信息系统资源、基础设施，构建智能化视频督察系统平台，实现对宣告会、集中教育、社区服务、监控图像及社矫督察日常管理工作等信息的管理、分析、调用，构建统一的网上督察体系；同时通过统一技术标准、规范接口，实现与下级视频监控平台的兼容对接、互联互通。

视频督察子系统建设的最终目标是依托电子政务外网，全面采用数字化建设模式、分布式体系结构和模块化设计，建设实用、先进、可扩展的省（自治区、直辖市）、市（州）、县（市）三级视频督察系统平台，开展省（自治区、直辖市）、市（州）、县（市）三级应用。

省（自治区、直辖市）级建设完成后，可以将本省（自治区、直辖市）社矫现场监控视频资源同步推送到省（自治区、直辖市）司法厅（局）联网平台，经省（自治区、直辖市）司法厅（局）推送到司法部应急指挥平台。司法部社区矫正管理局通过司法部应急指挥平台，可自由调阅各省（自治区、直辖市）任何一路社矫中心现场视频资源。

一、系统架构

1. 省社矫局

建立省（自治区、直辖市）级视频督察平台，统一对全省（自治区、直辖市）社矫局内部现有视频资源进行整合，通过视频督察系统及时发现社矫队伍中的违规违纪事件，提高督察工作的针对性和准确性，进一步提高督察工作的效率。该平台按照《公共安全视频监控联网系统信息传输、交换、控制技术要求》（GB/T 28181—2016）标准建设，一般需具备各市（州）单位的平台接入要求能力。

2. 市社矫局/司法局

由市级部门建立市级视频督察平台，统一对本市社矫局内部现有视频资源进行整合，并将其按照《公共安全视频监控联网系统信息传输、交换、控制技术要求》（GB/T 28181—2016）标准上联至省（自治区、直辖市）级视频督察平台，实现全省视频督察资源联网。

3. 县社矫局/司法局

通过配置视频接入网关设备及平台接入网关设备，实现区县视频资源的统一管理及《公共安全视频监控联网系统信息传输、交换、控制技术要求》（GB/T 28181—2016）标准化改造，并根据归属地原则接入所属辖区市局视频督察平台，实现全省（自治区、直辖市）视频督察资源联网。

视频督察子系统架构如图 4-4 所示。

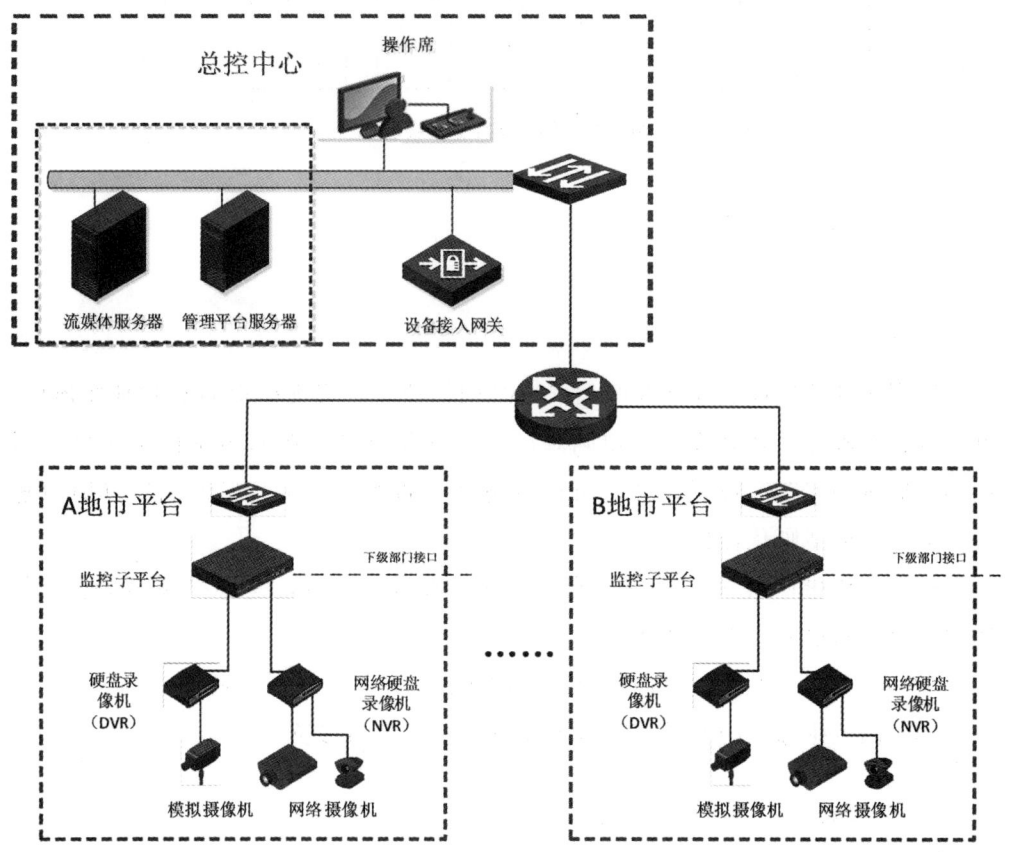

图 4-4 视频督察子系统架构

二、系统功能

视频督察子系统功能如图 4-5 所示。

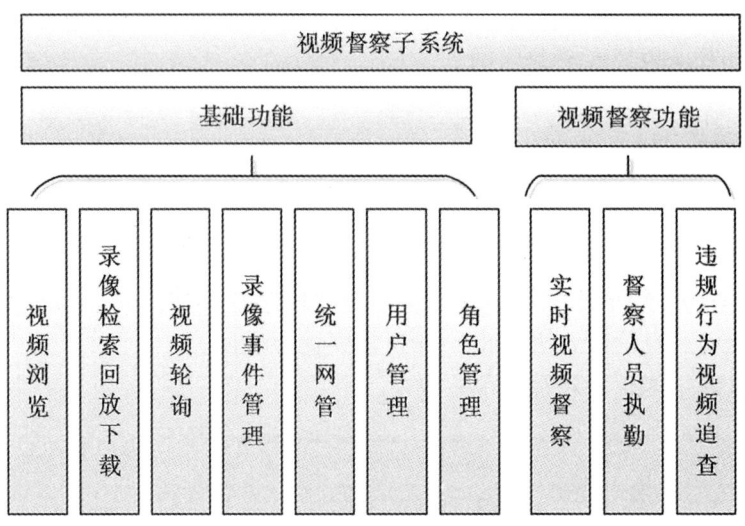

图 4-5　视频督察子系统功能

（一）基础功能

1. 视频浏览

实现对社矫现场监控视频的远程实时调阅功能，实现稳定的实时画面播放，可以进行单画面、多画面、不规则画面实时视频浏览，在 GIS 地图上浏览实时视频。通过调取前端或者录像，可以浏览实时视频、录像视频。浏览同时可进行局部放大或清晰化操作。

（1）B/S 和 C/S 双模式客户端，支持一机多屏显示，支持视频预览、录像回放、语音对讲和广播等功能。

（2）进行视频切换、录像回放、一键抓拍、录像、一键上墙。

（3）浏览摄像机的实时视频时可在主、子码流间切换。

2. 录像检索、回放和下载

（1）支持前端、本地、中心三种储存模式，可集中备份各级资料，支持录像文件快速查找和定位。

（2）支持录像秒级即时回放、多路同步回放和分段回放功能。

（3）支持快放、慢放、暂停、单帧播放以及录像回放上墙。

（4）支持录像切片功能，便于快速定位事件发生的时间点。

（5）支持录像下载功能，并自动实现下载速度最大化。

（6）下载后的文件支持主流播放器播放。

（7）平台可以提供转码工具，将未按 GB/T 28181—2016 标准进行编码的视频流转码为标准的 H.264 编码的视频流。

3. 视频轮询

视频轮询主要提供对监控点的视频进行轮询式的快速实时浏览功能，可方便地对监控区域进行巡查，主要有视频预览、视频参数调节、手动抓拍、手动录像、切换等常用功能。

（1）客户端可自定义不同通道组合的个性化视频预览模式，灵活多样。

（2）支持手动/自动/分组/定时/报警等多种切换预览方式，可自定义切换策略。

（3）支持视频通道名称关键词检索。

（4）支持多标签视频通道浏览，扩展同时浏览的摄像头数量。

（5）支持多屏/分屏显示视频预览/录像回放/电子地图。

（6）可对软件进行前端控制和预览切换和录像回放等常规操作，支持一键抓拍/录像。

（7）支持多屏图像浏览、多个扩展屏输出图像。

（8）支持窗口模式、最大化模式的显示方式。

（9）发生报警触发后自动弹出相关画面在指定显示窗口进行显示。

（10）支持视频图像组轮巡、视图组轮巡、跨服务器图像轮巡。

（11）可直接在电子地图中嵌入显示窗口，用来显示电子地图中任意视频的实时和回放画面。

（12）支持实时浏览的电子放大。

4. 录像事件管理

对可疑事件建立可疑视频库，将其分发到各级相关部门。

（1）支持在实时视频浏览、录像回放时将发现的可疑信息进行提取并归档到可疑视频库。

（2）支持可疑视频归档时添加案事件相关描述信息功能。

(3) 支持可疑视频库检索功能，支持按时间段、监控点、案事件类型、案事件信息等进行检索。

(4) 支持可疑视频库管理功能，包括增加、修改、删除等功能。

(5) 支持可疑视频库永久保存功能，避免可疑视频信息被覆盖。

5. 统一网管

(1) 支持整合全省（自治区、直辖市）社矫监控视频资源，包括各社区矫正中心名称、视频监控点位等信息。

(2) 通过视频资源信息同步，形成本省（自治区、直辖市）社矫视频资源目录数，并可以进行目录数展示。

(3) 支持批量添加设备。

(4) 支持对系统中网络摄像机、硬盘录像机、编码器、解码主机、服务器、磁盘阵列、报警主机进行统一管理。

(5) 支持全网时针同步、支持批量配置、批量升级等功能。

(6) 对前端设备可进行参数修改和维护。

(7) 对当前设备状态进行统计并生成报表。

(8) 对各类报警信息进行统计并生成报表。

6. 用户管理

提供平台用户信息添加、删除功能。支持用户信息与其他子系统保持同步，以数字证书为基础，进行授权和审计。

(1) 支持同组用户具备相同权限，而无须对每个用户单独配置权限。

(2) 支持用户生效、失效时间配置。失效后，用户将不能再正常使用客户端功能。

(3) 支持用户按组织机构检索、按用户名模糊搜索、按角色权限等检索。

7. 角色管理

平台可以对系统角色进行管理，并针对不同的角色选择不同的访问权限。

(1) 自动运维：实时监控全网设备运行状态，支持视频质量诊断、服务器运行状态监控、存储异常监控等功能，高效发现问题；可对当前设备状态进行统计并生成报表；规范运维流程，支持运维派单和工单跟踪，确保问题高效解决。

(2) 报警与处理：支持报警自动联动监控点视频、自动启动快球预置位、自动弹出附近监控点图像进行视频验证复核和录像；支持同时收到多个报警信息时，能够按照报警时间显示，同级别报警排队显示；支持报警时能自动调用相关摄像头预置位,并进行音视频同步录像;支持报警检索功能,能根据报警定位到相关的接警音视频信息并进行同步回放功能。

（二）视频督察功能

1. 实时视频督察

支持按照指定摄像机对相关视频进行图像的实时督察,支持督察图像的实时显示、录像、抓拍抓录、即时回放、视频上墙等;支持视频通道的音频同步监听功能。

2. 督察人员执勤

通过视频,对指挥中心、社区服务点的工作人员值守盘查、执勤情况等进行督察。

3. 违规行为视频追查

（1）督察举报：当督察部门接到举报,督察人员可通过时间段查看存储的督察录像,对举报情况进行核实。回放支持暂停、拖动播放、快放、慢放、单帧播放等。

（2）督导文件下发：在省（自治区、直辖市）级视频督察平台上,针对视频巡查及抽查发现的问题,可下发相关督导文件至下级单位,同时还可以接收下级单位整改完成后反馈的整改回执。

（3）督导文件回执：应能接收部社矫局下发的督导文件,并可对督导文件的内容进行查看和处理,处理完成后应能反馈处理结果到部社矫局。

模块八　智慧矫正自助终端

根据业务需求定制开发社区矫正自助机,满足社区矫正信息采集、报到签到、信息查询、资料收集、服务预约、手写签名、人像拍摄等业务需求,设备能够安装在县级社区矫正中心或离岸式自助矫正亭或与公共法律服务自助机一体设计和使用。矫正自助终端可设计成立式、桌面式、平板式等。相关功能设计如下。

1. 自助入矫

社区矫正对象通过采集身份证信息、人脸信息、指纹信息、声纹信息，进行首次报到核验，核验后信息自动进入系统平台，工作人员登录后完善相关信息，进行首次衔接报到。社区矫正对象点击首次报到，终端采集社区矫正对象身份证信息、人脸信息、指纹信息、声纹信息，并采集《社区矫正对象基本信息表》。

2. 自助报到

社区矫正对象通过人脸识别进行每月的日常报到，同时记录报到的位置信息。社区矫正对象登录终端，点击日常报到，终端进行人脸识别，同时记录报到的位置信息。

3. 语音汇报

社区矫正对象通过终端进行电话汇报，终端自动进行录音。社区矫正对象登录终端，点击电话汇报，按照提示进行语音汇报，终端自动进行录音。

4. 自助请销假

社区矫正对象需要外出请假时可通过登录终端，根据提示填写请假信息，通过高拍仪设备上传请假证明材料，进行自助请假操作，记录自动提交到社区矫正一体化平台中，由工作人员进行审核。社区矫正对象登录终端，点击请假，按照要求填写，提交后由工作人员在平台上进行审批。矫正对象请假到期后，在终端上进行销假操作。

5. 日常报到

支持社区矫正对象通过人脸、指纹进行签到，支持签到图片及位置信息。社区矫正对象登陆终端，进行日常报到，并根据提示选择人脸、指纹进行签到。

6. 信息查询

社区矫正对象可自助查看本月个人相关信息及矫正相关情况。

7. 个人档案

社区矫正对象可自助查看本月个人基本档案信息、矫正小组成员信息及联系方式。

8. 自动录入

支持社区矫正对象通过人脸或者指纹进行集中教育、个别教育、公益活动的签到签退功能,支持自动计算时长。社区矫正对象登录终端,点击集中教育、个别教育、公益活动,选择发布的学习或活动,点击签到进行学习,结束后进行签退,终端自动计算时长。

9. 心理测评

在社区矫正对象入矫、矫正期间,通过终端进行心理测评,测评结果实时同步至平台。工作人员可针对性开展心理矫治、心理健康辅导,排查潜在不良心理倾向、改造情绪,提高社区矫正质量。

10. 就业创业

社区矫正对象可实时查看本区相关就业技能培训、创业优惠政策、创业培训信息。

11. 招聘信息

社区矫正对象可实时查看本区招聘、创业信息。

12. 法律服务

后台连接法律服务平台,社区矫正对象可进行法律咨询及获取法律服务。

13. 帮扶申请

社区矫正对象需要帮扶时可通过登录终端,根据提示打开微信"扫一扫"功能终端上的二维码,进行自助帮扶申请,记录自动提交到社区矫正一体化平台中,由工作人员进行审核。

14. 服务预约

社区矫正对象可进行心理咨询、评估预约工作,工作人员收到预约后及时处理并通知社区矫正对象。社区矫正对象通过终端进行心理咨询、评估预约工作,工作人员收到预约后进行安排并通知社区矫正对象。

15. 执行地变更

支持社区矫正对象进行执行地变更申请,并由工作人员进行审批。社区矫正对象登录终端,进行执行地变更申请,按照要求填写相关文件,由工作人员在平台上进行审批。

16. 终端分布导航

社区矫正对象可通过自助终端或 App 查看区域内的自助终端分布地图。

任务五

建设智慧司法局（厅）业务平台

◆ 学习导读

任务理解：

智慧司法局（厅）业务平台是一种基于现代信息技术的综合性管理平台，主要用于司法局（厅）的各类管理工作。该平台通过整合司法行政的各类资源和信息，实现司法局（厅）业务管理的一体化和信息化，提高工作效率和管理水平。智慧司法局（厅）业务平台可以包括多种功能模块，如法治政府建设与责任落实督察平台、行政立法与备案平台、行政执法监督平台、公共法律服务平台、普法宣传、律师管理、公证管理、鉴定管理、法律援助、基层法律服务、仲裁管理、人民调解、司法所管理、法律执业资格考试、政务服务、人民监督员、人民陪审员、安置帮教等，同时还可以提供数据分析和决策支持等高级功能。智慧司法局（厅）业务平台可以帮助司法局（厅）更好地服务人民群众，提高工作效率和管理水平，推进数字化转型和智慧化发展。

从业务管理、行政管理、服务管理、协同管理的角度分析司法行政系统各级各类岗位对信息化的软件需求，结合司法行政职能与信息化建设体系要求，从行政立法、行政执法监督、刑事（行政）执行、公共法律服务、行政管理、安全运维、数据分析、人工智能等维度，提出各分项应用软件的体系架构、功能模块、流程结构、数据关系、共享交换设计要求，满足司法行政业务对信息化的需求，让智能应用融合到业务系统中，使数据像血液一样在业务系统中流动，呈现有活力的"智慧法治"。

学习目标：

（1）思政目标：提高运用法治思维和法治方式维护公众权利、参与社会公共事务、化解矛盾纠纷的意识和能力，做到公正司法、司法公信。

（2）素质目标：文武兼备、追求卓越。

（3）知识目标：掌握各级司法局（厅）立法、备案、执法、审批、普法、服务的功能和流程。

（4）能力目标：会看图、懂架构、知风险、写方案。

模块一　法治政府建设与责任落实督察平台

法治政府建设是指各级各地党委、政府在依法治国的总体框架下，在本地所辖范围内统筹协调全面依法治理工作，坚持依法治理、依法执政、依法行政共同推进，坚持法治国家、法治政府、法治社会一体化建设，研究全面依法治理重大事项、重大问题，统筹推进科学立法、严格执法、公正司法、全民守法，协调推进中国特色社会主义法治体系和社会主义法治国家建设等。按照职能划分，目前全国各级法治政府建设与责任落实督察平台是各级司法行政机构履行依法治省（市、县）协调职责的业务管理平台。通过平台各项功能实现在全面依法治理协调工作中各级政府提高依法执政能力，深入推进法治建设、普法宣传、公正司法、依法行政、全民守法等治理工作。

一、平台理解

法治政府建设与责任落实督察平台是按照依法治国要求，对各级政府机构进行责任落实督察的平台，平台要依照体现人民意志和社会发展规律的法律治理国家，而不是依照个人意志和主张治理国家；要求国家的政治、经济运作及社会各方面的活动全面依照法律进行，而不受任何个人意志的干预、阻碍或破坏。简而言之，平台的各项目数据采集遵照依法治国要求，将传统数据上报、信息汇编、考核计分、排序比较，用网络和信息化方式实现。在此基础上通过大数据分析和人工智能辅助决策，实现对各级政府和职能部门的督察、督导、提升。

法治政府建设与责任落实督察平台结构如图 5-1 所示。

二、功能描述

（一）信息采集录入功能

主要包括全面督察，专项督察，督察形式，督察计划，督察流程记录，表彰、奖励，责任追究约谈制度、挂牌督办制度、责令整改、通报批评、限期查处、限期整改、移送有关机关、简报、专报上报，等等。

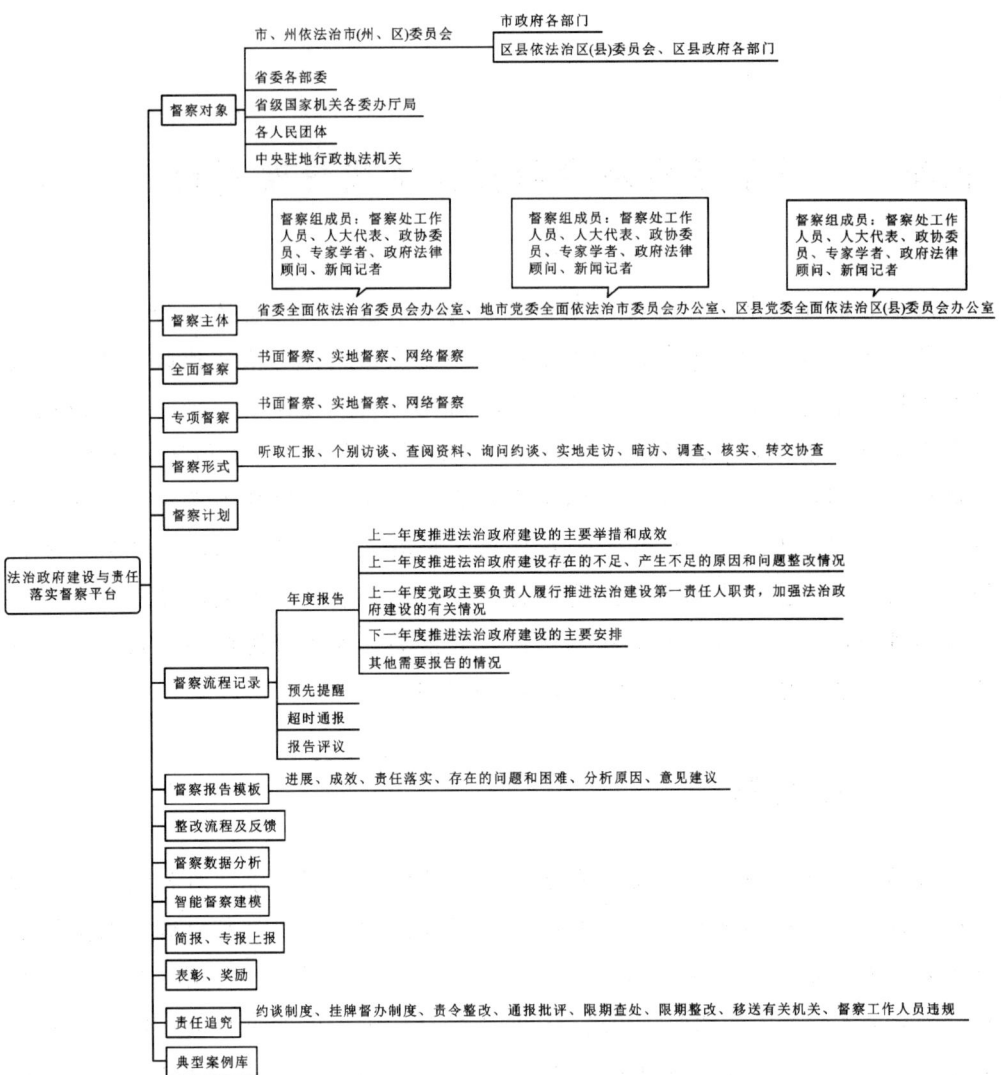

图 5-1 法治政府建设与责任落实督察平台结构

（二）提供报告模板

主要包括督察报告模板，整改流程及反馈，督察数据分析，对时间、空间、人员、数量、范围等进行多维度分析，列出排名，形成分析报告。

（三）建模建库分析

主要包括智能督察建模，典型案例库，对各级政府部门、中央驻地行政执法单位和其他依法履行行政职能的单位履行推进本部门法治政府建设主体职责进行督察，对地方各级党政机关工作人员履行推进法治政府建设职责进行督察。

模块二 行政立法与备案业务平台

行政立法是指国家行政机关制定行政法规和规章的活动。宪法规定，国务院可以根据宪法和法律制定行政法规，国务院各部、各委员会可以根据法律和行政法规制定部门规章。省（自治区、直辖市）以及省（自治区、直辖市）人民政府所在地的市和经国务院批准的较大的市的人民政府，可以根据法律、行政法规制定地方政府规章。

行政立法的内容包括：行政机关和公务人员的法律规范；行政机关管理国家事务的法律规范；对行政机关的活动进行监督的法律规范。不同等级的国家行政机关的行政立法的效力等级不同。

一、平台理解

行政立法与备案业务平台严格按照《中华人民共和国立法法》及相关法律法规要求设计，系统要求平台提供行政立法的议案（议题）广泛征集、立法过程规范管理、辅助分析智能化、数据对比分析精准、法规备案自动审核、立法效果评估客观等。

行政立法本身是一个涉及部门广、对社会活动影响大的工作。一套科学、有效、智慧的行政立法业务管理平台不仅可以更广泛地征集各方意见，而且可以在立法的计划、立项、调研、起草、征求意见、修改、送审、审议、备案、审查、评估等环节依照规范程序进行规范管理，全程留痕。平台可以对立法依据、法规条目进行智能分析，判断是否服从上位法、是否符合立法规定等。

二、功能描述

（一）业务流程管理

全省（自治区、直辖市）各级立法机构工作人员登入省（自治区、直辖市）级司法厅（局）行政立法与备案业务平台编报立法计划，按要求填写立法名称、类别、议题来源、必要性、权力机构、紧急程度、时间表、任务表、责任单位、责任人等。各级立法计划编报单位相关人员、专家学者进行行政立法的起草和修订工作，上传草案、修订内容、对应法规。备案的法规规章要按规范性文件要求进行智能审核，确保备案不仅达到历史版本存储安全目标，还要达到智能分析功能目标。备案的法规规章导入系统后，系统能将其自动分章节、条款和句子，与立法知识库中的上位法、历史版本、相关法条形成一对多或多对多的对应关系。对立法和备案的法规规章或规范性文件进行自动审核，特别是对法规的有效范围、时效要求、条款不一致的情况进行自动标识，可以方便审核人对其进行鉴别，实现对法规规章的自动化备案管理和冲突矛盾自动识别并预警。

（二）全媒体意见征集

包括书信、传真、电话、现场、门户网站、移动门户、小程序以邮件、问卷、填表等方式收集意见。

（三）智能核查辅助

建立立法资源库，供立法时有足够的法条、司法解释、案例进行查询。通过 OCR、语义分析、自然语言理解等智能化应用和大数据建模分析，对草案或修改内容进行分析、比对，找出与上位法、相关法条的关联关系，以不同颜色标明区别、联系，并逐条进行研判。

（四）时序管理

以时间顺序推进方式对立法过程进行管控，确保立法过程各环节按顺序完成，超期预警。以倒排时间推进方式对立法过程进行管控，对时间要求较紧的立法任务，要求设定完成时间。以倒排工期的方式，自动生成每一环节完成的最后时间节点，确保立法在规定时间内完成。

模块三　行政执法协调监督业务平台

行政执法协调监督业务平台严格按照《中华人民共和国行政处罚法》及相关法律法规要求设计，系统要求行政处罚自由裁量权标准化管理、案件网上流转、执法行为网上监督，将执法行为从日常巡查、执法检查、立案处理、调查取证、审查、告知、听证、决定、执法文书打印、送达、执行、复议申请，到结案归档、案卷评审等执法环节全过程纳入系统管理。

一、平台理解

行政执法协调监督业务平台（以下简称"执法监督平台"）是以推动司法行政执法规范化和公正廉洁执法建设为导向，以建设高端应用的网上执法监督管理新模式为目标，对行政执法、社矫执法、监狱执法、戒毒执法等执法流程和重点、风险点进行智能化监督研判分析和可视化监控预警展示，变事后监督考评为全流程、实时监控，增强监督效果，提升执法监督管理实效，实现司法行政系统的部门执法、执法监督、执法考核一体化。执法监督平台是保障执法监督工作顺利开展的重要信息化工具。

二、平台架构

执法监督平台部、省（自治区）、市、县四级（直辖市为部、市、区三级）行政执法机构的执法监督数据汇聚互联，进行自下而上的归集。这些数据是指执法监督所需要的业务详细数据而不仅是统计数据。

执法监督数据由区县以下执法人员在日常执法工作中，通过PC端或移动执法终端伴随式收集执法全过程信息。执法单位的监督部门按照监督业务需求，对执法过程、执法行为、执法结果的规范性、合法性、时效性、业务量等进行监督，形成业务数据和统计分析数据。

一些没有建设执法监督系统的执法单位，可直接使用省（自治区、直辖市）级司法厅（局）建设的通用型执法监督系统，数据流向一般按同一执法业务体系自区县向地市级业务主管部门汇聚，再向省（自治区、直辖市）级业务主管部门逐级汇聚，各省（自治区、直辖市）级执法业务主管部门的汇聚数据同步到全省（自治区、直辖市）执法监督平台，由全省（自治区、直辖市）执法监督平台向司法部执法监督平台同步全量数据。

由省（自治区、直辖市）级司法厅（局）建设的通用型执法监督系统所汇聚的数据按地域、层级反哺给当地法治政府建设使用。

已建设有本行业执法监督系统的执法单位，直接将司法部要求的执法监督数据全量同步到省（自治区、直辖市）级执法监督平台，由全省（自治区、直辖市）执法监督平台向司法部执法监督平台同步全量数据。

纵向在同一执法业务体系省（自治区）、市、县三级（直辖市为市、区两级）机构中，数据权限是自上而下的，可对所辖执法机构数据进行查询、统计和管理。横向因全国司法行政机关是执法监督的管理机构，省（自治区）、市、县三级司法厅（局）（直辖市为市、区两级）可对本级和下级各类执法机构的执法数据进行查询、统计、管理。

执法监督系统完整架构如图5-2所示。

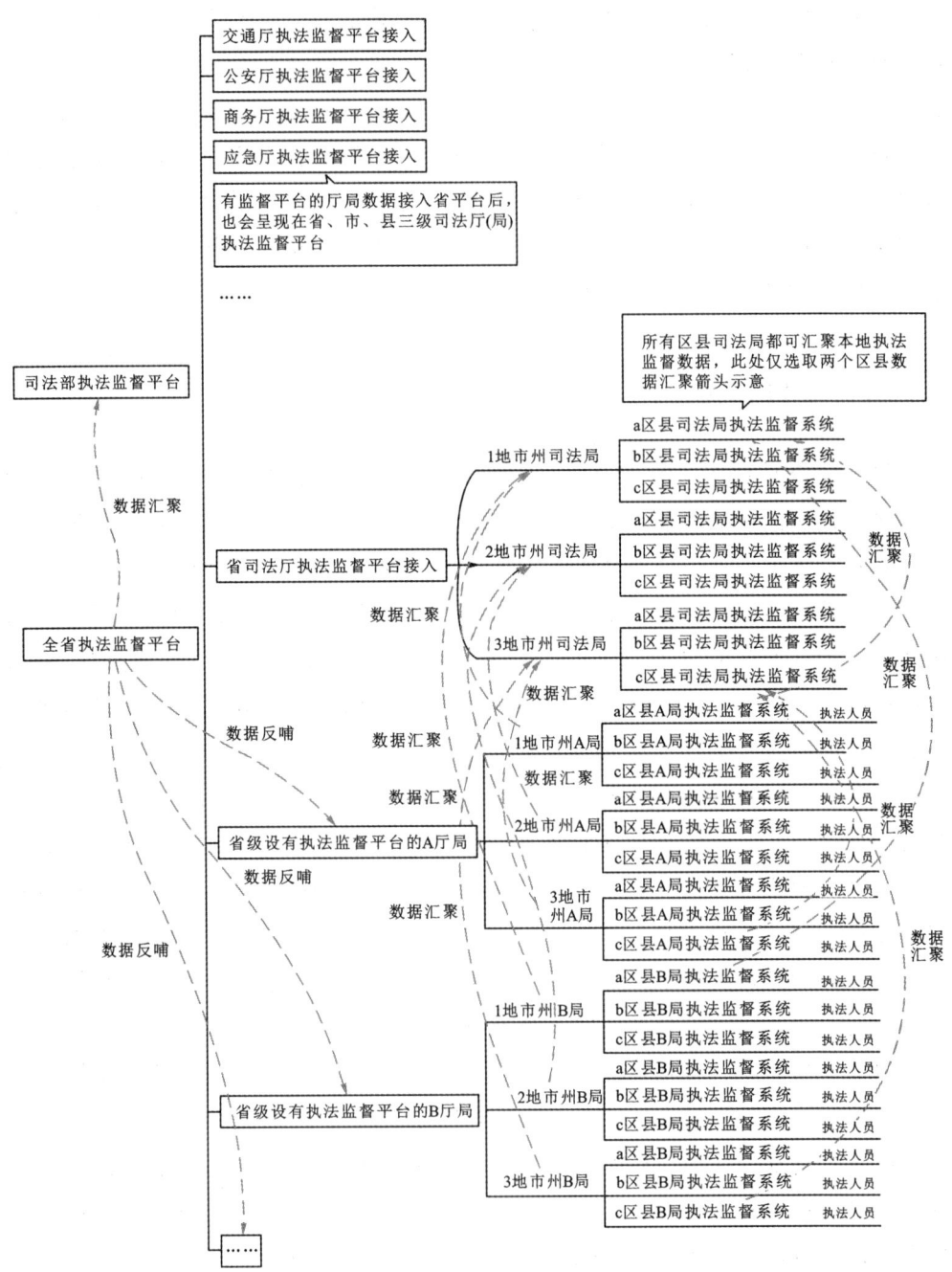

图5-2 执法监督系统完整架构

三、功能描述

（一）执法监督平台主要功能

主要包括执法机构、人员、事项标准化，执法证管理，在线学习系统，在线考试系统（分为考题管理、监督型考试和自觉型考试），执法超期预警，执法统计研判，执法环节监督，执法档案记载，执法风险监控，执法案件管理，执法流程管理，执法质量考评，移动端执法监督应用。

（二）平台特色

1. 全系统覆盖

覆盖省（自治区、直辖市）、市、区县、街道多级执法监督部门，实现"纵向多层、横向多元"的执法监督主体用户全覆盖，并基于用户的角色及权限，提供相匹配的信息服务。

2. 全过程覆盖

对执法全过程进行在线监控，提示执法流程和内容，并记载执法过程，建立执法案件信息库，深度融合执法活动、执法人员、执法文书资源，建立执法电子档案模块，推进执法案件库、执法人员库和执法文书库建设。

3. 全业务覆盖

对交通、卫生、环保、住建、应急、金融等全领域行政执法行为进行监测，包含数据监测、问题预警、动态研判、流程管理、质量考评、工作指导等功能，实现对各类执法行为的全面跟踪。执法监督系统中执法业务系统可由司法局统一开发，也可由各执法单位自行建设。

执法监督系统架构如图5-3所示。

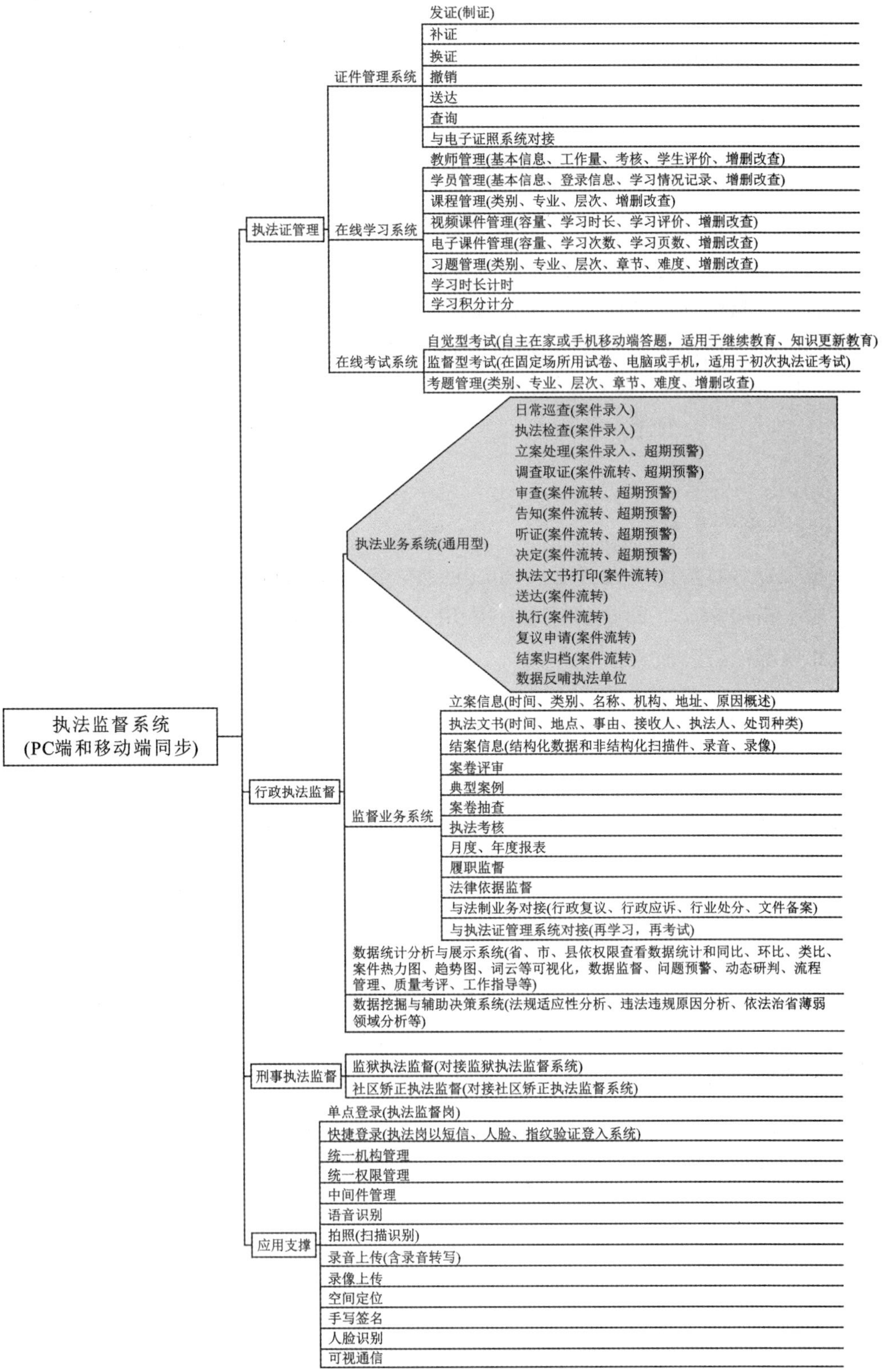

智慧司法建设

执法监督系统(PC端和移动端同步)
- 行政执法监督
  - 执法证管理
    - 证件管理系统
      - 发证(制证)
      - 补证
      - 换证
      - 撤销
      - 送达
      - 查询
      - 与电子证照系统对接
    - 在线学习系统
      - 教师管理(基本信息、工作量、考核、学生评价、增删改查)
      - 学员管理(基本信息、登录信息、学习情况记录、增删改查)
      - 课程管理(类别、专业、层次、增删改查)
      - 视频课件管理(容量、学习时长、学习评价、增删改查)
      - 电子课件管理(容量、学习次数、学习页数、增删改查)
      - 习题管理(类别、专业、层次、章节、难度、增删改查)
      - 学习时长计时
      - 学习积分计分
    - 在线考试系统
      - 自觉型考试(自主在家或手机移动端答题,适用于继续教育、知识更新教育)
      - 监督型考试(在固定场所用试卷、电脑或手机,适用于初次执法证考试)
      - 考题管理(类别、专业、层次、章节、难度、增删改查)
  - 执法业务系统(通用型)
    - 日常巡查(案件录入)
    - 执法检查(案件录入)
    - 立案处理(案件录入、超期预警)
    - 调查取证(案件流转、超期预警)
    - 审查(案件流转、超期预警)
    - 告知(案件流转、超期预警)
    - 听证(案件流转、超期预警)
    - 决定(案件流转、超期预警)
    - 执法文书打印(案件流转)
    - 送达(案件流转)
    - 执行(案件流转)
    - 复议申请(案件流转)
    - 结案归档(案件流转)
    - 数据反哺执法单位
  - 监督业务系统
    - 立案信息(时间、类别、名称、机构、地址、原因概述)
    - 执法文书(时间、地点、事由、接收人、执法人、处罚种类)
    - 结案信息(结构化数据和非结构化扫描件、录音、录像)
    - 案卷评审
    - 典型案例
    - 案卷抽查
    - 执法考核
    - 月度、年度报表
    - 履职监督
    - 法律依据监督
    - 与法制业务对接(行政复议、行政应诉、行业处分、文件备案)
    - 与执法证管理系统对接(再学习,再考试)
  - 数据统计分析与展示系统(省、市、县依权限查看数据统计和同比、环比、类比、案件热力图、趋势图、词云等可视化,数据监督、问题预警、动态研判、流程管理、质量考评、工作指导等)
  - 数据挖掘与辅助决策系统(法规适应性分析、违法违规原因分析、依法治省薄弱领域分析等)
- 刑事执法监督
  - 监狱执法监督(对接监狱执法监督系统)
  - 社区矫正执法监督(对接社区矫正执法监督系统)
- 应用支撑
  - 单点登录(执法监督岗)
  - 快捷登录(执法岗以短信、人脸、指纹验证登入系统)
  - 统一机构管理
  - 统一权限管理
  - 中间件管理
  - 语音识别
  - 拍照(扫描识别)
  - 录音上传(含录音转写)
  - 录像上传
  - 空间定位
  - 手写签名
  - 人脸识别
  - 可视通信

图5-3 执法监督系统架构图(其中执法业务系统可由各执法单位自行建设)

模块四 行政复议与行政应诉业务平台

行政复议,是指个人、法人或者其他组织认为行政主体的具体行政行为违法或不当,侵犯其合法权益,依法向主管行政机关提出复查该具体行政行为的申请,行政复议机关依照法定程序对被申请的具体行政行为进行合法性、适当性审查,并做出行政复议决定的一种法律制度。

行政复议以行政争议和部分民事争议为处理对象;行政复议直接以具体行政行为为审查对象;行政复议以合法性和合理性为审查标准;行政复议以书面审理为主要方式;行政复议以行政相对人为申请人,以行政主体为被申请人;行政复议以行政机关为处理机关。

行政诉讼,是指个人、法人或其他组织认为国家机关做出的行政行为侵犯其合法权益而向法院提起的诉讼。行政诉讼的被告一般为国家行政机关,其接到人民法院的应诉通知书后,应积极、认真地做好相关应诉工作,在规定期限内提交答辩状进行答辩,按法院要求提供有关材料和证据,按时出庭参加审理活动。

一、平台理解

行政复议与行政应诉业务平台是将行政复议从网上申请复议到复议决定书发送给申请人,将应诉通知从接收到应诉结案的全流程电子化管理。将复议和应诉放在一个平台中,便于基层业务办理人员兼任两项业务时的操作,也便于复议业务和应诉业务案例的相互共享,可提升业务技能和工作效能。平台除提供业务流程的全信息化管理外,还可提供各级政府机构的复议,应诉案件的统计、分析,以及案例分享,与立法系统对接,实现案件与立法建议和立法议案对接。

二、平台架构

行政复议与行政应诉业务平台采用省(自治区)、市、县三级(直辖市为市、区两级)业务架构,用户涵盖省(自治区)、市、县三级政府(用户为本级司法行政机关相应人员)及政府直属单位(用户为本单位复议和应诉人员),律师，专家学者，以及社会公众。平台系统内部按角色分权限进行管理和访问控制，平台对外提供网站、微信、App入口，接受个人、组织申请复议，与法院系统通过接口接收应诉通知书，与司法部司法云系统进行数据对接。

行政复议与行政应诉业务平台架构如图 5-4 所示。

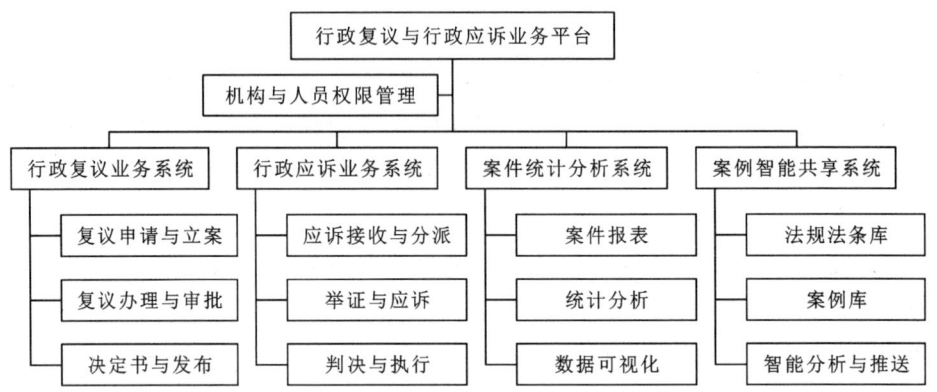

图 5-4　行政复议与行政应诉业务平台架构

平台与司法行政系统中的其他业务系统一样，与司法行政系统统一人员身份认证系统、单点登录、统一权限管理系统对接。保障所有用户无论从哪一个门户进入，最终人员、机构数据源头都是唯一的。便于用户修改个人信息，更换手机号、邮箱号，找回密码和修改密码。

行政复议和行政应诉业务系统按省（自治区）、市、县三级（直辖市为市、区两级）分权限给全省（自治区、直辖市）各级行政复议和行政应诉业务人员使用。以流程化方式对复议申请和应诉案件集中受理、统一指派、自动跟踪、统一反馈、规范归档。

案件统计分析系统对全省（自治区、直辖市）各级政府和职能部门的复议案件、应诉案件按省（自治区）、市、县三级（直辖市为市、区两级）划分，也可按卫生、教育、市场、公安、交通等行业进行实时状态跟踪、数据统计、可视化展现，达到案件状态更新与全省（自治区、直辖市）统计数据实时同步，给各级业务管理机构和责任人提供直观的案件办理进度、办理时间、完成情况、数据走势可视化驾驶舱展示。通过数据共享，供各级政府和各行业主管单位使用。

案件智能共享系统与立法资料数据库对接，与法规法条库对接，与司法行政案例库对接，给复议工作人员和应诉律师提供全面的资料查询和案例查询。系统可根据案件敏感程度设置用户权限，供各类工作人员使用，通过大数据挖掘和人工智能算法，在案件库中匹配与新发生案件相似的案例，推送给办案人员参考、借鉴。

三、功能描述

1. 行政复议业务系统

主要包括复议申请，复议预审，立案分派，案件记录，出具决定书。

2. 行政应诉业务系统

主要包括应诉接收，案件侦办与记录。

3. 案件统计分析系统

主要包括按案件状态统计，按行政区划统计，按时间统计，综合统计，数据可视化。

4. 案例智能共享系统

主要包括卷宗电子化，法规法条库，案例库，智能分析。

模块五　公共法律服务中心政务服务系统（实体平台）

一、系统理解

公共法律服务中心建设是对"深化政务公开、加强政务服务"政策精神的贯彻和落实，是各级司法行政对公众的服务窗口，是各级司法行政对外服务工作"线上＋线下"形态的具体实现，对加强和完善司法行政政务服务体系建设发挥着重要作用。

通过设立各级公共法律服务中心，为老百姓提供"综合性、窗口化、一站式"的直接服务。根据司法行政工作职能，对外提供行政许可、法治宣传、法律援助、律师咨询、公证办理、司法鉴定、行政复议、志愿者等多项服务，以更好地满足群众对法律服务的需求。

通过开设行政服务窗口，特别是具有行政审批职能的律师工作管理、司法鉴定等部门，分别就所涉及的行政审批事项编制审批流程和办事指南，对各项审批事项的承办机构职责、审批程序、审批时限及审批监督做出明确规定，让群众办事更明白、更舒心。

二、政务服务系统概述

政务服务系统以便民服务为核心理念，通过服务中心软硬件系统建设，建设"办事易、效率高"的综合服务体系，让公众享受到"智能查询引导、预约、排队、办理、取证、评价"办理流程的"一条龙"优化服务，为公众带来全新的服务体验，从而进一步推进司法行政职能转变，提升公众对政府公共服务的满意度。

政务服务渠道包含移动终端办事大厅、网上办事大厅、自助服务终端、传统窗口服务。公众可以选择任意服务渠道来办理业务，各种渠道互联互通、数据实时同步，使公众感受到司法行政公共服务无时不在、无处不在。

三、工单管理系统

主要包括服务单受理，服务单调度，服务单处理，服务单转派，服务单查询，催促处理，知识库管理，检索功能，热点知识，最新知识，权限管理，知识库维护。

四、自助服务系统

自助服务系统主要由前端设备、网络传输、后台发布管理设备和定制化开发应用组成。

自助服务系统如图 5-5 所示。

将带有触摸交互功能的自助服务终端部署于服务大厅区域或离岸式自助服务亭，用户可通过终端进行引导查询、自助预约、业务办理、自助拍照、自助扫描、自助打印、服务评价、身份证认证、指纹认证、声纹认证、人脸识别认证等。

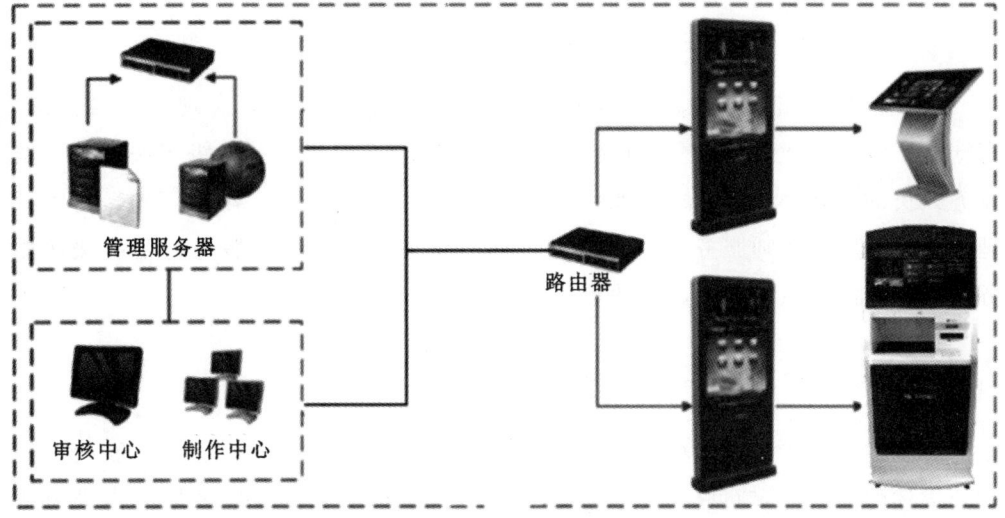

图 5-5　自助服务系统示意图

模块六　公共法律服务网（网络平台）

一、公共法律服务网（前台）

通过开发互联网版本、移动终端版本（包括 App、微博、微信、QQ 等新媒体版本）的公共法律服务网平台，提供基于互联网和手机端的公众服务，功能主要包含查询公共法律服务资源、看司法行政信息发布、问法律法规问题、办理公共法律服务事项、审批公共法律服务各类许可、投诉各类违规执法服务，以及受理各类行政诉讼和行政复议案件，实现通知公告、信息公开、综合资讯、互动交流、司法便民等功能，可极大提高司法行政业务办公效率，为社会公众提供更加便捷的服务，提升司法行政为民服务的水平。

（一）社会公众法律服务版

社会公众法律服务版主要通过电脑、手机、平板电脑等移动智能终端为社会公众提供公共法律服务，具体功能包括行政立法、执法监督、行政复议、普法宣传、法律援助、律师管理、公证管理、司法鉴定、法律职业资格考试、社区矫正、基层工作、监狱管理、戒毒管理、办事指南、收费标准、信息查询（地理信息查询、执业信息查询、其他信息查询）、行政事项申请、法律咨询服务等。

（二）法律服务工作人员版

法律服务工作人员版主要通过司法行政移动办公平台，实现省（自治区、直辖市）级司法厅（局）、地市级司法局、区县级司法局、乡镇级司法所和一线业务人员的移动办公需求，主要包括消息发布、在线值班、移动审批、业务处理、法律援助、律师服务、公证服务、司法鉴定、人民调解服务、基层法律服务、行政立法、执法监督、其他事务等。

（三）智能决策分析管理人员版

智能决策分析管理人员版是"智慧法治"建设智能分析决策系统的一部分，此处描述的分析内容只是针对公共法律服务部门的需求，后期各块的需求分析在此基础上逐步拓展完善。

此处的决策分析系统，需要提供但不限于图表（柱形图、饼状图、线形图等）的多维度、多视角的分析模型。主要包括法律服务关注度分析、法律服务者综合分析、法律服务机构综合分布、法律服务及时度分析、法律服务案件量分析、法律服务满意度分析等。

二、公共法律服务网统一管理平台（后台）

公共法律服务网统一管理平台是一个统一的业务管理后台，各级管理员登录公共法律服务网统一管理平台，可以分别进行外网门户管理、政务公开信息处理、公共法律服务平台业务处理（包括手机版本公共法律服务平台），信息员可以通过统一的采编系统完成信息的采编、审核和发布，不需要反复登录和维护多个后台系统。

（一）门户网站管理系统

网站符合省级政府办公厅发布的《省级政府网站内容规范和技术规范建设指南》中的要求，符合省级政府门户网站年度绩效评估各项指标要求。

（二）站群管理

网站综合管理系统采用"主站＋子站"的站群构建模式，提供网站的集中配置管理功能，系统管理员可在此新增、维护网站信息和网站管理员信息，维护网站的备份和恢复，支持站群的一键备份和恢复，可以将站群所有站点的内容备份到一个文件中，并支持文件的增量备份。为各站点分配空间、域名（发布位置），系统自动解析域名到指定位置同时确定空间信息。

每个站点可以有独立的空间，并可以设置一个主域名；各子站除有统一栏目外，还可建立自己的栏目。每个站点可以向多个服务器发布页面，以便实现数据同步和负载均衡。支持多种建站模式，包括自主手工建站，利用内容管理系统提供的站点模板自动建站，基于现有的站点进行站点框架复制创建。提供所有站点列表，系统管理员可以很方便地管理各站点和所有栏目。

（三）内容管理

主要面向网站的内容维护人员提供服务，采用 Portal 的设计概念，为内容维护人员创造出可以个性化设置的办公环境，使用户可以快速地进入、浏览、使用所负责的栏目、板块、功能、服务器信息等。在内容维护功能上提供了可视化资料编辑器、一键式排版、Word 导入、WPS 导入、Flash 转换、PDF 转换、音视频资料导入等功能，使资料维护、内容管理更加方便。

模块七　12348 公共法律服务热线系统（热线平台）

一、系统理解

公共法律服务热线系统结合公共法律服务的社会需求，将公共法律服务案件处理作为核心内容，围绕这一核心展开工作，将申请人基本信息、经济状况信息、申请事项信息、受理审查信息、办案结案信息等纳入系统统一管理，并将公共法律服务机构和人员的信息与案件、咨询等业务对应起来进行管理，建立绩效考核机制。通过分布式多媒体呼叫平台和公共法律服务信息管理及电子政务受理平台的结合，实现公共法律服务的集约化管理。

12348 热线是近年来政府进行普法实践工作的窗口，也被称为"亲民、近民、爱民"的最基础、最急需的工作。为了进一步深入开展普法教育活动，加强人们的法制观念，提高公民的法律意识，司法部要求全国各省（自治区、直辖市）开通法律服务专用电话，以向广大群众、企事业单位和民间团体提供方便、快捷的法律咨询及各方面公共法律服务。

二、系统功能

（一）系统平台整体要求

主要包括系统设计标准化、系统稳定性和可靠性、系统安全性、系统开放性。

（二）与司法行政各业务平台对接

12348 公共法律服务热线系统需要有一定的开放性和兼容性，易于扩展和升级。12348 公共法律服务热线系统与 12348 法律服务网、省（自治区、直辖市）级司法厅（局）指挥中心、政务数据系统及现有的公共法律服务系统等进行对接，最终实现接口开放、业务字段对接、业务数据互通共享、后台数据统一归集、数据分析的统一处理等系统对接要求。

（三）与 12348 法律服务网对接

省（自治区、直辖市）级司法厅（局）12348 法律服务网是面向群众提供公共法律服务的重要平台。12348 公共法律服务热线系统提供接口与 12348 法律服务网进行对接，实现热线诉求数据、回访数据、通话数据等业务数据互通共享，后台数据统一归集，以及数据分析的统一处理等系统对接要求。

（四）与 110、12345、12368 等热线平台对接

12348 公共法律服务热线系统提供接口与 110、12345、12368 等热线平台进行顺畅对接，并对有对接 12348 的地区提供技术支撑和指导。

（五）与指挥中心对接

司法行政应急指挥中心对 12348 热线平台的日常事务办理和投诉建议实行督办管理，对服务质量进行监管，12348 热线平台需要与其进行对接。

（六）与政务数据平台对接

政务数据平台拥有全省（自治区、直辖市）公共基础数据，以及各级工作机构、人员的数据目录。如有需要，政务数据平台可以将这些数据同步给 12348 热线平台。

（七）外部关联系统对接

提供标准通用接口，可与政府其他各业务系统热线对接，提供接口开发和数据交互。可与 12315 消费者投诉举报专线电话、12358 市场监管投诉举报电话、12310 机构编制违规举报热线、12369 环保举报热线、12345 政府服务便民热线、12320 卫生热线等平台进行顺畅对接，实现政务服务热线系统对接。

（八）工单（派单）系统和接口要求

主要包括实体平台、热线平台、网络平台三大平台的工单录入、流转、办理的统一管理。公众申请的法律服务事项办理完成后，统一将办理结果自动返回给业务派单系统，由业务派单系统统一以法律服务网平台和短信的方式向公众进行反馈。公众接收到反馈信息后，可以对整个服务进行满意度评价。

模块八　公共法律服务一体化平台

公共法律服务是司法行政职能中面向基层和直接面对群众的重要职能，它在"智慧法治"建设中最能体现智能应用。

数据统计与展示功能，把公共法律服务实体平台、热线平台和网络平台中关于热线、问答、咨询数据，以及业务系统中律师、公证、鉴定、仲裁、基层法律服务、人民调解、行政审批、投诉、复议、法考、普法、志愿者等数据，以动态 3D 方式与 GIS 融合，呈现出数据表、仪表盘、线形图、柱形图，并按司法行政业务考核数据，呈现数据变化、变化率，为司法行政工作人员提供辅助决策。

同一用户从不同平台进入公共法律服务中心，实体、热线、网络三大平台数据互通，能够实现数据一致，也可实现三大平台工作人员在提供服务时，界面针对用户在三大平台所接受的历史服务进行提醒。

三大平台可以与律师、公证、鉴定、仲裁、基层法律服务、人民调解、行政审批、投诉、复议、信访、法考、普法、志愿者等系统进行协同办公或任务派单。工单系统与业务系统顺畅对接，将业务办理结果反馈到派单系统，通过微信、短信等方式反馈给用户，用户可实现满意度评价。

监督反馈系统对业务系统中未受理、未办结、滞后办理的信息进行查询和监察督办。

对一体化平台的工作人员开放"智慧法治"全部业务系统的查询权限，便于三大平台的工作人员查询并回复公众对司法行政系统各类业务的问题。

模块九　法治宣传综合管理系统

一、系统理解

法治宣传综合管理系统是集法治宣传工作管理、法制信息采集与报送及工作数据统计分析等功能于一体的系统，该系统可主动采集社会公众的法律服务需求，从而开展社会主义法治理念教育，向公民宣传法律知识，宣传国家基本法律、法规，推进社会主义法治文化建设。该系统由法治宣传业务管理系统和法治宣传社会公众服务平台组成。

依托电子政务外网建设，法治宣传综合管理系统使用范围纵向包括省（自治区）、市、县、乡镇（街道）、村（社区）五级（直辖市为市、区、街、社区四级）专职机构，横向包括各级各部门法治宣传成员单位。

法治宣传综合管理系统的建设目标包括对所需数据进行集成，通过先进的组织架构管理流和工作记录流的方式进行全面的数据采集，根据需要自动抽取其中的数据，支撑考核工作，并自动生成电子台账，最大限度地减轻工作强度，提高数据使用效率。

二、法治宣传业务管理系统

法治宣传业务管理系统主要是提供各级法治宣传管理机构信息，开展日常法治宣传业务工作，采集、发布法治宣传信息，以及满足社会公众法律服务需求的综合业务管理系统。

法治宣传业务管理系统的适用对象为各级各部门法治宣传机构及其工作人员、社会公众。

法治宣传业务管理系统的具体功能包括机构人员管理、工作动态、工作报送、数据管理、工作研究、综合查询等。该系统包括指导普法依法治理平台、社会普法平台和省（自治区、直辖市）普法工作办公室平台等。

建立省（自治区、直辖市）直单位普法依法治理工作管理板块，按表5-1中所示项目开展普法业务，并对主要信息进行采集。

表 5-1 省（自治区、直辖市）直单位普法依法治理工作信息采集表

序号	项目	内容
一	工作制度	1. 落实谁执法谁普法责任制
二	普法阵地	2. 法治文化公园、广场
		3. 法治宣传教育基地
		4. 其他法治文化阵地
		5. 传统媒体普法
		6. 新媒体普法
三	普法活动	7. 宪法学习宣传
		8. 其他普法活动

建立司法行政系统普法依法治理工作管理板块，按表 5-2 中所示项目开展普法业务，并对主要信息进行采集。

表 5-2 司法行政系统普法依法治理工作信息采集表

序号	项目	内容	说明
一	组织领导	1. 领导机构	法治宣传组织领导机构
		2. 规划决议文件	普法规划和决议文件
二	公职人员学法用法工作	3. 党委理论中心组学法	省（自治区、直辖市）党委组织以法治为主题的理论中心组学习
		4. 法治培训	省（自治区、直辖市）司法厅（局）组织或参与的法治培训
三	青少年法治教育	5. 法治副校长制度	省（自治区、直辖市）出台的法治副校长工作文件
		6. 青少年法治教育活动	省（自治区、直辖市）司法厅（局）组织或参与的青少年法治教育活动
		7. 青少年法治教育基地	省（自治区、直辖市）建立并挂牌、定期开展青少年法治教育的县区级普法基地
四	普法活动	8. 宪法学习宣传	省（自治区、直辖市）司法厅（局）组织或参与开展的宪法学习宣传活动
		9. 其他普法活动	省（自治区、直辖市）司法厅（局）组织或参与开展的各类专项法治宣传或特色普法活动

续表

序号	项目	内容	说明
五	队伍建设	10. 专职普法人员	省（自治区、直辖市）司法厅（局）负责组织普法的工作人员
		11. 兼职普法人员	省（自治区、直辖市）司法厅（局）组建的普法讲师团、普法志愿者
		12. 村居法律顾问制度	省（自治区、直辖市）下发的配置村居法律顾问的文件
六	法治文化建设	13. 法治文化公园、广场	省（自治区、直辖市）设立并命名的法治文化公园、法治文化广场
		14. 法治宣传教育基地	省（自治区、直辖市）设立并命名的法治宣传教育基地
		15. 其他法治阵地	省（自治区、直辖市）设立并命名的法治文化阵地
七	落实谁执法谁普法责任制	16. 落实谁执法谁普法责任制文件	省（自治区、直辖市）出台的落实意见、责任清单、联席会议制度、旁听庭审制度、以案释法制度等
		17. 落实谁执法谁普法责任制活动	省（自治区、直辖市）司法局组织召开落实谁执法谁普法责任制联席会议、开展的旁听庭审、以案释法等活动

与"司法云"大数据中心互通，实现数据、信息双向传导，结合精准普法系统对人民调解、法律咨询、司法鉴定、公证、舆情分析等系统数据反馈的精准普法方案，完善普法依法治理工作。

模块十　律师综合管理系统

一、系统理解

律师综合管理系统是面向各律师事务所、律师、律师行政管理部门、律师协会，集律师行业的业务办理、内部管理、行政管理、协会管理和政务信息公开于一体的系统。该系统由律师管理子系统、律师事务所综合业务子系统、律师协会管理子系统等组成。

二、律师管理子系统

律师管理子系统主要包括对律师从业人员（包含实习律师的录入、考核和转正）、律师助理和机构进行行政事项审批以及年度审核等基本的管理功能，其应用覆盖全部律师和律师事务所，各类数据、信息能与其他系统协作共享。

律师管理子系统的功能需包含以下内容：律师和律师事务所登记、处罚管理、表彰管理、律师年度工作报表、律师年度考核公告系统、账号管理、机构管理、投诉管理、年度考核申报、档案管理、统计、报表、查询、系统页面、数据对接等。

三、律师事务所综合业务子系统

律师事务所综合业务子系统是面向各律师事务所提供律师业务办理、律师事务所内部管理、律师事务所内部办公以及律师协会、行政管理部门协同工作的系统。其具体功能包括通知公告、电子邮件、案件管理、法律顾问、法援指派、费用管理、审核管理、文档管理、统计查询等。

四、律师协会管理子系统

律师协会管理子系统为律师协会人员提供服务，对管辖范围内的实习人员信息进行管理，审核律师和实习人员提交的申请事项，处理律师报送的信息，查询律师案件数据，对律师办案进行行业监管等。

律师协会管理子系统的具体功能包括通知公告、电子邮件、信息报送、审批管理、文档管理、奖惩管理、投诉信息、律师行业党建管理、实习管理、行业监督、统计分析、律师行业统战工作管理、律师人才培养、专业委员会、专门委员会管理等。

模块十一　公证综合管理系统

一、系统理解

公证是公证机构根据自然人、法人或者其他组织的申请，依照法定程序对民事法律行为、有法律意义的事实和文书的真实性、合法性予以证明的活动。

公证综合管理系统为公证管理工作提供决策分析、行业监管、业务管理、工作指导和政务信息公开等功能，是为各级公证机构（中心）提供基本信息和业务信息对接、查询、管理等功能的综合性信息系统。该系统提供及时高效的工作提醒和数据分析服务，能及时排查和发现公证执业活动中的违规、违法和风险情况，确保公证综合管理系统能高效、直观地辅助管理工作流程和反映各地整体管理状况。同时，要求对各种系统功能进行整合，如咨询、投诉、考核、培训、涉台公证副本管理、业务数据报表统计和分析功能等，确保管理的快速、准确和高效。

公证系统面向部、省（自治区）、市、县四级（直辖市为部、市、区三级）公证管理部门、公证协会及各公证机构提供相关应用功能。能够满足各级公证管理部门、公证协会、各公证机构业务工作要求，以及各级单位的系统管理人员、各类工作人员的使用要求。

二、功能描述

系统页面要求清晰、简洁，功能模块布局合理，模块划分条理性强，便于用户快速查询、定位。具体功能包括机构与人员管理、机构审批管理、公证人员审批管理、考核要求、投诉管理要求、会费管理、公证保险基金管理、公证书水印纸管理、行政处罚管理、行业惩戒管理、奖励管理、文明公证处和优秀公证员管理、统计分析、满意度调查等。

模块十二　司法鉴定综合管理系统

一、系统理解

司法鉴定综合管理系统是集司法鉴定机构综合业务管理、内部日常管理、司法鉴定管理机关行政管理、司法鉴定协会行业监督管理和面向社会公众服务于一体的系统。该系统由司法鉴定机构综合业务办理子系统、司法鉴定行政管理子系统等组成。

二、司法鉴定机构综合业务办理子系统

司法鉴定机构综合业务办理子系统主要为司法鉴定机构提供司法鉴定业务办理的管理和机构内部日常管理，系统使用对象为司法鉴定机构执业人员。具体功能要求有通知通报、机构管理、人员管理、业务办理，包括受理登记、受理审批、签订协议、实施鉴定、回执登记等，并可根据各办理阶段录入案件信息，自动生成相应的鉴定文书。

可与司法鉴定综合管理系统进行有效对接，并通过本系统录入的数据为司法行政部门掌握和统计司法鉴定案件办理业务情况提供完整、真实的数据支撑。

模块十三　法律援助综合管理系统

一、系统理解

法律援助综合管理系统是各级法律援助机构业务处理的工作平台，由部级顶层设计、统一标准，在各级法律援助机构部署使用。各地已建成的法律援助系统要求与司法部系统进行实时对接。

系统使用范围包括部、省（自治区、直辖市）、市、县法律援助机构工作人员，以及需要办理法律援助案件的律师和申请法律服务的人员。

系统功能的建设标准按司法部发布的《全国刑事法律援助服务规范》执行。

法律援助综合管理系统的目标如下。

（1）升级数据库、服务器操作系统，改进数据存储方式，解决影响系统运行速度的问题等。

（2）改进案件管理、咨询管理流程，优化录入项目，方便操作。

（3）优化与整合统计图表，重点调整统计目录树和统计浏览页面，便于数据验证、比对。

（4）根据修正后的法律，在系统工作录入及统计数据项目上做相应调整。

（5）按照刑事诉讼法的有关规定，逐步建立跨部门的犯罪嫌疑人、被告人法律援助管理平台，实现信息共享。争取与民政部门等建立信息管理平台对接机制，掌握最低生活保障人群信息。

（6）实现与律师综合管理系统的对接。

二、功能描述

有统一用户界面，具备案件办理剩余时间提醒功能，以及案件管理、咨询管理、统计查询、经费监管、报表汇总、生成、修改等功能。

模块十四　基层法律服务综合管理系统

一、系统理解

基层法律服务综合管理系统是对基层法律服务工作者及机构进行行政事项审批以及年度审核，基层法律服务案件登记、管理、上报等业务管理，其应用覆盖全部法律服务工作者和法律服务所，各类数据、信息能与其他系统协作或共享。

系统使用范围为省（自治区、直辖市）、市、县、乡各级基层法律服务机构及相关工作人员。

系统建设实现以下目标。

（1）依托数据库的建立，实现各地业务数据进入一个统一系统，业务流程单个程序运行到底，形成数据跨业务流程、跨系统横向共享。

（2）数据库数据跟踪定义到各业务流程，实现机构、人员相互关联，在地图信息中点击即可查看相关人员、机构、案件信息。

（3）数据统计由用户自定义数据项进行统计，系统智能分析形成各类图表并进行动态展示。

二、系统组成

主要包括法律服务所档案管理，基层法律服务工作者档案管理、档案查询，对基层法律服务机构进行查询，实时统计基层法律服务机构和基层法律服务工作者的动态信息，支持附件上传及查看功能。此外，还包括案件管理、法律顾问、费用管理、审核管理、文档管理、统计查询、分析决策、年报数据、图表决策等。系统根据数据的变化情况，进行动态排名。

模块十五　仲裁综合管理系统

一、系统理解

仲裁制度是指民事争议的双方当事人达成协议，自愿将争议提交选定的第三方根据一定程序规则和公正原则做出裁决，并有义务履行裁决的一种法律制度。仲裁委员会由市级人民政府组织有关部门和商会统一组建，应经省（自治区、直辖市）司法行政部门登记。

仲裁综合管理系统依据《中华人民共和国仲裁法》关于仲裁委员会需要经省（自治区、直辖市）级司法行政部门登记的要求设计，以达到依法对仲裁机构进行管理的目的。

二、系统组成

系统的功能需包含以下内容：仲裁委员会登记、处罚管理、表彰管理、仲裁年度工作报表、仲裁员年度考核公告、账号管理、机构管理、投诉管理、年度考核申报、档案管理、统计、报表、数据对接。仲裁综合管理系统与公共法律服务平台对接。仲裁综合管理系统与司法行政工作管理平台对接。

模块十六 人民调解综合管理系统

一、系统理解

人民调解综合管理系统根据人民调解组织和人民调解员针对矛盾纠纷案件的具体的、实际的处理方式，用以登记管理详细的矛盾纠纷案件调解情况，并提供上级司法行政领导机构对纠纷情况的分析研判功能。

系统使用范围包括省（自治区、直辖市）、市、县、乡人民调解机构各级调解员及相关工作人员。按照调解人员（含工作人员）和管理人员的职责，根据内外网系统功能，分配相应权限。系统功能的建设标准按司法部发布的《全国人民调解管理信息系统技术规范》执行。

系统通过数据采集、多维度分析、关键指标预警、流程自定义等信息化手段，为相关管理提供信息化支撑，提高调解组织单位对调解员的监管力度，从而提高纠纷调解案件的处理水平。

二、功能描述

主要包括以下内容：人民调解员案件管理、信息发布，人民调解委员会信息管理、证件管理、案件管理、综合查询统计分析、信息发布；村（居）级人民调解员与上级工作交流，上传调解信息；乡镇（街道）级信息管理、证件管理、案件管理、综合查询统计分析、信息发布；部、省（自治区、直辖市）、市、县级信息管理、证件管理、案件管理、综合查询统计分析、信息发布、数据接口支持不同层级信息库之间、不同应用之间的数据交换和共享，支持数据的汇聚和更新功能。

模块十七 司法所管理系统

一、系统理解

司法所管理系统对司法所组织机构信息和人员信息进行采集、管理，并通过系统实现司法所与各层级司法行政管理部门之间信息的上传下达、互联互通。

系统功能的建设标准按司法部发布的《基层司法所建设信息采集及交换数据规范》执行。

二、功能描述

需要根据不同应用层级，实现信息采集、管理、审核功能，并实现各层级信息的共享。

主要包括部、省（自治区、直辖市）、市、县各级信息管理、综合查询、统计分析、信息发布、数据接口、系统管理。

模块十八　国家统一法律职业资格制度综合管理系统

一、系统理解

国家统一法律职业资格制度综合管理系统，主要面向公众提供政策法规、国家统一法律职业资格制度全程网络化报名及成绩查询、法律职业资格申请、法律职业资格证书持有人信息采集、法律职业资格证书年度备案、法律职业资格档案网上申请调动与查询、职前培训、人才推荐等服务。

国家统一法律职业资格制度综合管理系统包含四个部分：国家统一法律职业资格制度对外服务平台；国家统一法律职业资格制度对内管理平台；国家统一法律职业资格制度数据库；国家统一法律职业资格考试考场监控巡视平台。

二、系统组成

建设国家统一法律职业资格制度对外服务平台：政策供给服务、链接服务、人才推荐服务、管理服务。

建设国家统一法律职业资格制度对内管理平台：内部管理系统、考务监控系统、信息比对系统、工作流程系统、考核管理系统、意见征集系统。

建设国家统一法律职业资格制度数据库：国家统一法律职业资格管理制度、法律、法规、规范性文件及可以公开的内部管理规定等；本省（自治区、直辖市）历年国家统一法律职业资格制度各种数据的统计、分析，各种图表呈现及更新的自动生成；本省（自治区、直辖市）历年通过考试取得法律职业资格人员的信息库，并与部级信息库的链接。

建设国家统一法律职业资格考试考场监控巡视平台：考场监控巡视平台网络联通、网络安全、视频存储、视频传输等硬件资源在各级指挥中心建设项目中统一考虑，对试卷保存、运输、考场监督等视频巡视平台要求实时监控，主要包括录像存储与录像回放、电子地图、系统管理、系统扩容、故障自动恢复机制及其他扩展功能。

模块十九 政务服务综合管理系统

一、系统理解

在政务服务体系中，省（自治区、直辖市）级政务服务综合管理系统作为信息汇聚的枢纽，主要面向服务管理，起到汇聚服务资源，提升服务质量的宏观调控作用。对内实现系统内的信息数据汇聚、服务资源整合、服务管理协调、信息分析研判、信息资源共享；对外面向社会公众，提供服务指南、流程查询、机构定位、信息检索等功能。

建设省（自治区、直辖市）级政务服务综合管理平台，是为了从多个角度对各级政务服务平台的信息资源、运行情况、社会效果进行综合分析，从而达到各级信息资源共享、服务资源合理调配的目的，将面向公众的服务能力发挥到最大。

二、系统组成

系统组成包括法律服务指导、法律服务信息检索、网站服务导航定位，实现专业服务，打破地域局限，使各市级政务服务平台不再独立运作，实现高效率的资源共享。以省（自治区、直辖市）级政务服务平台作为中枢站点，将各市数据实时进行对接转换，实现司法服务跨地域的协同作用，以及业务办理的协调管理、舆情管理和分析研判、资料库的建设和开放。

模块二十　行政审批管理系统

一、系统理解

行政审批管理系统对行政审批项目各类机构进行行政事项审批、监督以及年度审核等，其应用覆盖全部律师和律师事务所、公证员和公证处、各级各类仲裁机构、鉴定人和鉴定所，各类数据、信息能与其他系统协作共享。

系统要求实现的目标如下。

（1）实现律师、律师事务所、公证处、公证员、鉴定所、鉴定人、仲裁机构等行政审批的外网受理、内网办理、外网反馈、状态跟踪、实时可查、实时督查，从而实现数据多跑路、群众少跑腿。

（2）由用户自定义数据统计需求项，经系统智能分析形成各类图表。

（3）行政审批系统接口要求与司法行政内部 OA 系统互通，实现行政审批业务流程与 OA 行政办公流程打通，实现全网络化流程。行政审批系统接口要求与业务管理系统互通，实现律师、律师事务所、公证处、公证员、鉴定所、鉴定人、仲裁机构的许可信息与业务系统打通，许可结束后，所有许可数据可直接传送到以上系统中。行政审批系统接口要求与法律援助系统、12348 法律服务网、法院业务管理系统互通，许可结束后，所有许可数据可直接传送到以上系统中。实现数据源头唯一，减少人工录入工作量和人工误操作。

行政审批管理系统使用范围包括各级各类司法行政审批工作人员及受理对象。

二、系统组成

（一）律师和律师事务所执业证行政审批

1. 律师和律师事务所执业证许可类
2. 申领律师和律师事务所执业证功能
3. 申领律师工作证功能
4. 律师转所功能
5. 律师事务所注销的流程

（二）公证机构与人员审批

1. 公证员和公证机构行政审批
2. 公证机构审批管理
3. 公证人员审批管理

（三）司法鉴定行政审批子系统

司法鉴定行政审批子系统主要向各级司法鉴定行政机关主管部门提供对所属的司法鉴定机构的日常监督管理、机构与人员审批及辖区鉴定数据综合查询、汇总统计与分析等功能，对司法鉴定业务的管理提供了科学的决策支持。该系统的使用对象为各级司法鉴定行政机关领导及主管部门。

为各级司法鉴定行政机关提供对司法鉴定人员执业许可、司法鉴定机构登记注册信息等行政审批业务进行审批管理等功能。

实现与司法鉴定管理系统进行有效对接，并通过本系统录入的数据为司法行政部门掌握和统计司法鉴定案件办理业务情况提供完整、真实的数据支撑。

（四）仲裁委员会行政审批

1. 仲裁委员会审批管理
2. 省（自治区、直辖市）级政务服务平台后台管理

模块二十一　司法行政门户网站

一、系统理解

按照国务院办公厅关于印发政府网站发展指引的通知和主管部门相关文件精神，各级司法行政机构的部门网站必须挂接在本级政府网站下或是以站群方式与本级政府网站共同建设。省（自治区、直辖市）级司法厅（局）门户对各级门户网站进行统一整理归纳，提供统一的导航入口，形成一个互联互通的网站群。

二、系统目标要求

1. 以公众访问习惯提供服务

以公众访问习惯提供服务主要体现在以下两点。

（1）通过智慧分析、推送、建站，系统可准确定位公众的浏览习惯，记录公众访问的历史记录、爱好和关注的信息点。通过对这些数据的记录，分析用户的访问行为，从而自动调整网站展示的信息，实现热点信息焦点化展示。

（2）根据时政进行专题建设，信息不再采用单独的维护模式。任一栏目的专题信息，可以通过"时政专栏"的政府网站自动筛选相关信息进行组合。所有这些信息统一汇总到专题网站的某一栏目下，实现智能化专题管理，提升政府网站对时政专题的反应速度。

2. 以各业务部门协同运作

通过门户网站建设，门户网站和直属部门的政府网站共享办事服务、便民查询的政务资源，改变过去的单一链接方式。除了办事服务板块可以深度融合到门户网站已建的政务服务之中，可以按照不同的业务类别进行设计，将属于每个业务的审批事项、审批职能、监督职能进行自动关联；还可以按照从业人员，对业务职能进行数据集中和分享，实现分级分权限的网上查询和公示服务。公众不需在每个网站之间来回切换，统一由集中的网站引导完成在线办事服务，后台业务流转统一由集群平台控制，提升了各部门之间的协作效率。

3. 以全媒体提供公共服务模式

在建设过程中，充分整合已有信息资源，按照"一网一端"的方式实现全媒体的统一展现与发布。其中，"一网"分为 PC 端和自适应版，"一端"即 App 客户端。自适应版可以通过自动识别手机和平板电脑来调整展示内容和样式表，用户可通过多渠道、多终端的方式浏览信息和查看办事进展，给公众带来较好的浏览体验。全媒体信息资源库建设可以按照统一的数据标准，为网站系统提供数据支撑，满足公众对信息资源的查询和检索需求。

综上所述，门户网站应遵循国家和各省（自治区、直辖市）电子政务的相关标准和规范，要求设计理念始终处于行业领先地位。采用的产品均为拥有国际领先的网站建设与数据管理技术，全部采用自主知识产权的程序代码。

模块二十二　人民监督员选任信息管理系统

一、系统理解

人民监督员选任信息管理系统是指司法行政机关运用信息化手段,记录和量化人民监督员的选任和培训工作,运用科学的管理办法和考核方式,构建科学的人民监督员选任工作机制,实现人民监督员选任工作的规范化和标准化,保障和促进人民监督员行使监督权,发挥人民监督员的监督作用的系统。

系统通过数据采集、多维度分析等信息化手段,为人民监督员选任工作提供信息化支撑,规范人民监督员选任和管理工作,完善人民监督员制度,建立人民监督员信息库和培训考核机制,全面提升人民监督员选任工作的管理能力和执行效率。

人民监督员选任信息管理系统应用范围为省(自治区、直辖市)、市两级司法局,以及人民检察院的相关工作人员。

二、功能描述

实现人民监督员报名人员或推荐人员的信息管理,司法行政机关对所有人员进行审查筛选功能,提出拟任人选,并将人选名单推送至互联网进行公示。对初任人民监督员的培训情况进行登记与管理,并将司法行政机关制定的培训课程推送至司法外网供人民监督员查看。将检察院对人民监督员的履职情况、考核信息录入综合系统,方便司法行政机构及时予以掌握,对不认真履职的人民监督员进行劝诫。将有违反保密规定、妨碍案件公正处理等不适合继续任职情况的人民监督员统计归类出来,由司法行政机关免除其履职的权力,并将免职信息推送至互联网进行公示。与检察院进行信息共享,信息库按照省(自治区、直辖市)、市级或分布辖区进行分类汇总,信息库内容包括人民监督员的基本信息、培训信息、考核信息、履职信息等。对人民监督员因参加监督评议工作产生的报酬、案件监督补助以及交通、就餐等费用统一进行严格管理。

模块二十三　人民陪审员信息管理系统

一、系统理解

人民陪审员信息管理系统是司法行政系统与法院系统协同管理人民陪审员的平台，为人民陪审员的选任和业务指导提供信息化管理平台。以信息化手段提高司法行政机关和法院对人民陪审员的管理服务水平，充分发挥人民陪审员的审判辅助力量。

《中华人民共和国人民陪审员法》规定了人民陪审员由司法行政机关选任、人大常委会任命、法院使用的工作机制，这有利于实现人民陪审员选用分离，加强监督制约，进一步丰富和完善了人民陪审员制度的运行机制，确保了人民陪审员制度的公信力和权威性。

二、系统目标及功能

对人民陪审员随机抽取，记录人民陪审员履职情况。推送信息记录留痕，人员数据科学管理，数据综合统计。模块化权限分配，自定义字典维护，提供操作日志。司法行政机构、公安、人民法院、人大相关工作人员依据权限和职能进行系统操作，实现多部门人员协同管理。能够与户证系统对接或手工导入候选人员，能够按要求设定初步筛选条件达标人员，通过两次随机抽选的方式产生。可通过网上推荐和申报申请方式产生，通过这种方式产生的人民陪审员数量不得超过人民陪审员名额数的三分之一。以短信、网站、走访等方式对随机抽选人员进行意愿确认并记录。案件信息创建包括录入和导入，可对人民陪审员进行随机抽取，可自定义抽取人数及人民陪审员特长。建立人民陪审员数据库，记录人民陪审员履职信息，可进行数据导入导出及多重关键词查询检索。按月统计人民陪审员出庭次数及人民陪审员学历、年龄、特长，人民陪审员个人出庭情况及结算统计，实施统计数据导出。

模块二十四　安置帮教信息管理系统

一、系统理解

安置帮教工作，是在各级政府领导下，依靠各有关部门和社会力量对刑满释放人员进行的一种非强制性的引导、扶助、教育和管理活动。安置帮教信息管理系统的主要功能是对服刑人进行衔接管理、安置管理等帮教工作。其中刑满释放人员需要进行五年的安置帮教，解矫人员需要进行三年的安置帮教。

监狱人员刑满释放后以及社区服刑人员矫正期满后，都需要进行安置帮教工作。建成有智慧监狱平台和智慧矫正平台的，可将其刑满释放人员和社区服刑人员数据从平台人员信息管理系统中直接转入安置帮教信息管理系统，通过数据共享可减少各级录入人员数据录入的工作量；未建成智慧监狱和智慧矫正平台的，需要以批量导入或手工录入方式导入相关数据，以进入安置帮教系统。

二、功能模块

实施信息采集，预留与社区服刑人员信息管理系统的接口，对社区服刑人员已经期满解除的可以进行人员信息的实时同步。预留与数据交换和共享平台的接口，通过数据交换和共享平台预留与中央综治委全国刑释解教人员信息管理系统（网络版）的接口，实现数据实时同步，避免基层司法工作人员同一系统的数据重复录入；通过数据交换和共享平台预留与监狱部门的接口，实时获取刑满释放人员信息。

系统中刑满释放人员信息可根据户籍所在地自动分配到司法所（如果司法所不详，则分配到所在区县），进行信息核实，能够对刑满释放人员和解除矫正人员的基本信息、狱中表现以及详细安置帮教信息进行查询和导出。对县（市、区）社矫单位及基层司法所接收刑释解教人员个人信息进行核实并登记，根据公安部门回馈的信息，区县级社矫局（司法局）可以查看公安部门回执，同时确认是否衔接。实现公安部门对比功能，由区县级以上司法单位提交公安部门协助核实刑满释放人员信息。根据公安部门回馈的信息，区县级社矫局（司法局）可以查看公安部门回执，同时确认是否衔接。实现日常管理、公告管理、舆论宣传、突发事件处理、回访记录、重点监控，以及服刑人员管理、安置帮教人员管理、报表统计、系统设置和移动端应用功能。

安置帮教系统的功能模块如表 5-3 所示。

表 5-3 安置帮教系统的功能模块

系统	功能模块	功能点
安置帮教	信息采集	信息收集
		信息核实
		信息查询与导出
	安置帮教衔接	接受登记
		公安部门对比
		确认衔接
		检查回执
	日常工作管理	公告管理
		安帮宣传
		突发事件处置
		回访记录
		重点监控
	杂志管理	投稿邮箱
		杂志编辑
		模板管理
	人员信息管理	服刑人员管理
		安置帮教人员管理
	报表统计	安置帮教情况表
		未成年子女帮扶情况表
		安置帮教统计表
		下级核查统计表
		监狱核查统计
		核查情况统计表
		服刑表现及回执表
		数据分析表
	系统设置	账户管理
		权限管理
		日志管理

任务六

建设智慧政务党务管理平台

◆ 学习导读

任务理解：

智慧政务党务管理平台是一种基于现代信息技术的综合性管理平台，主要用于政府和党组织的各类管理工作。该平台通过整合政务党务管理的各类资源和信息，实现了政务党务管理的一体化和信息化，提高了工作效率和管理水平。智慧政务党务管理平台可以包括多种功能模块，如办公管理、人事管理、财务管理、会议管理、信息发布、政务公开、警务督察、党建管理、共青团管理等，同时还可以提供数据分析和决策支持等高级功能。该平台可以帮助司法行政机关和党组织更好地服务公务人员和人民群众，提高工作效率和管理水平，推进数字化转型和智慧化发展。

学习目标：

（1）思政目标：通过规范智慧政务党务管理平台建设，深入开展法治教育、纪律教育，引导学生学思践悟习近平全面依法治国新理念新思想新战略，牢固树立法治观念。

（2）素质目标：文武兼备、追求卓越。

（3）知识目标：掌握政务管理和党务管理的功能和流程。

（4）能力目标：会看图、懂架构、知风险、写方案。

模块一　司法行政机关政务公开系统

一、系统理解

司法行政机关政务公开系统建立的主要目的是实现各级司法行政机关内行政事项的公开透明化，但是部分事项的受理权力不在本级司法局，所以系统将开放数据接口，接受各市州各级司法局系统的数据。政务公开系统应结合司法行政门户网站、12348法律服务网同步设计、同步建设、同步使用。

以建设服务型政府为目标，结合省（自治区、直辖市）级信用体系建设，依据申请公开政府信息要求，以加强对行政权力网上监察为重点，固化行政事项办理流程，强化行政监察和动态监察，逐步建立各级司法行政管理体制和司法权力运行机制，实现网上政务公开、监察监控等功能，优化办事流程。

系统使用范围包括省（自治区、直辖市）级司法厅（局）、各市司法局、各区县司法局、监狱局等。

二、功能描述

（一）栏目分类

1. 动态

主要包括机关要闻、政法要闻、图片新闻、通告公示、论坛交流、领导分工、司法行政简报、部门发布、视频新闻、行政立法、规划指导、行政复议、法律事务、法律研究等。

2. 公开

主要包括信息公开指南、信息公开目录、信息公开年报、依申请公开、信息公开监督机制、部门信息、计划规划、人事信息、财政资金、政府采购、三公经费、统计数据、规范文件、政策法规、行政权力、权责清单、行政处罚和行业处分通报等。

司法行政政务公开目录结构图如图 6-1 所示。

```
司法行政政务公开目录
├── 司法行政机构概况
│   ├── 领导介绍
│   ├── 办公厅(室)职责
│   ├── 政治部职责
│   ├── 法治调研局(处)职责
│   ├── 法治督察局(处)职责
│   ├── 立法局(处)职责
│   ├── 机关党委职责
│   ├── 行政复议与应诉局(处)职责
│   ├── 行政执法协调监督局(处)职责
│   ├── 普法与依法治理局(处)职责
│   ├── 依法治国(省)办秘书处职责
│   ├── 人民参与和促进法治局(处)职责
│   ├── 公共法律服务管理局(处)职责
│   ├── 法律职业资格管理局(处)职责
│   ├── 监狱管理局职责
│   ├── 社区矫正管理局职责
│   ├── 戒毒管理局职责
│   ├── 律师工作局(处)职责
│   ├── 国际合作局(处)职责
│   ├── 装备财务保障局(处)职责
│   └── 离退休干部局(处)职责
├── 司法行政政策法规
│   ├── 国际公约
│   ├── 法律
│   ├── 行政法规
│   ├── 部门规章
│   └── 规范性文件
├── 司法行政业务
│   ├── 监狱管理
│   ├── 戒毒管理
│   ├── 法制宣传
│   ├── 律师工作指导
│   ├── 公证工作指导
│   ├── 基层法律服务工作指导
│   ├── 法律援助工作监督管理
│   ├── 人民调解工作指导
│   ├── 安置帮教工作指导
│   ├── 社区矫正试点工作指导
│   ├── 国家司法考试
│   ├── 司法鉴定管理
│   ├── 司法协助
│   └── 司法外事
├── 工作动态
│   ├── 公务员招考
│   ├── 部门会议信息
│   ├── 通知公告公示
│   └── 日常工作动态
└── 决策信息
    ├── 规划信息
    ├── 总结计划
    ├── 公开征集事项
    └── 统计数据
```

图 6-1 司法行政政务公开目录结构图

3. 服务

主要包括政务服务网、办事公示、12348法律服务网、法规规章查询类、草案意见征集类、监督备案类、行政复议类、政府法制信息报送系统、便民服务等。

4. 互动

主要包括厅（局）长信箱、咨询投诉、在线沟通、在线访谈、来信公示、回应关切、问卷调查、民意征集等。

5. 专题

主要包括历史专题、当前专题、党建专题等。

（二）性能要求

根据数据量及访问量的分析，以及参考同等规划的政务公开系统运行现状，主要性能指标估算如下。

1. 稳定性指标

确保厅（局）门户网站系统全天候稳定运行，能够应对日常普查、安全扫描。

应保证每天24小时、全年无休、访问稳定。

2. 吞吐量指标

可实现同时在线用户数≥10000、并发用户数≥600，并且支持软件、硬件模式的负载配置。

3. 数据量指标

系统支持存储容量大于等于4T，系统支持单次增量备份数据量大于等于2G，系统数据单次备份时间小于等于7天。

4. 信息服务指标

系统查询响应时间≤3秒，系统查询时间≤8秒。

模块二　人员机构综合信息管理系统

一、系统理解

人员机构综合信息管理系统能够使各业务系统干部人事信息进行深度整合和协同共享，以满足各业务系统对不同业务条线、不同类别人员信息的需求。实现各业务系统运行中相关人员岗位职责变更、业务工作绩效、群众满意度评价结果的归类收集、分析研判、查询报告及记录回填，支持业务系统干部人事相关信息的生成及再运用。人员机构综合信息管理系统是"智慧法治"整体设计的核心组成部门，其人员、机构信息供"智慧法治"体系中所有业务软件使用，实现了人员、机构数据源头的唯一及数据的高度共享。

二、系统组成

1. 机构管理

管理司法行政机构及其内设部门信息，包含省（自治区、直辖市）级司法厅（局）、市州司法局、县（市、区）司法局、乡镇（街道）司法所信息。

由人事部门工作人员对信息进行新增、修改、删除等操作时，需提出申请，提交给领导进行审核。人事部门领导审核通过后，基本信息进入干部人事信息库。

2. 人员管理

对司法行政机构人员的基本信息进行管理，人员管理包含省（自治区、直辖市）级司法厅（局）、市州司法局、县（市、区）司法局、乡镇（街道）司法所所属人员的信息。

由人事部门工作人员进行信息的新增、修改、删除操作时，需提出申请，提交领导进行审核。人事部门领导审核通过后，基本信息进入干部人事信息库。

3. 岗位管理

管理机关及司法行政机构人员的岗位信息，包含省（自治区、直辖市）级司法厅（局）、市州司法局、县（市、区）司法局、乡镇（街道）司法所所属人员的岗位信息。

由人事部门工作人员进行岗位的新增、修改、删除操作时，需提出申请，提交领导进行审核。人事部门领导审核通过后，岗位信息进入干部人事信息库。

4. 机关直属单位信息管理

将省（自治区、直辖市）级、市级、县级司法厅（局）下属的机关直属单位的机构信息及人员信息纳入干部人事管理平台进行统计与管理。

（1）机构信息：管理各级机关直属单位的机构信息，包含省（自治区、直辖市）级司法厅（局）、市级司法局、县级司法局下属的机关直属单位信息。由该直属机构下的人事部门工作人员进行信息的新增、修改、删除操作时，需提出申请，提交领导进行审核。人事部门领导审核通过后，基本信息进入干部人事信息库。

（2）人员信息：管理各级机关直属单位的人员信息。由管理该直属机构的人事部门工作人员进行人员信息的新增、修改、删除操作时，需提出申请，提交领导审核。人事部门领导审核通过后，基本信息进入干部人事信息库。

5. 监狱系统信息管理

将监狱管理局机关及监狱单位的机构信息和人员信息纳入干部人事管理平台进行管理与统计。

（1）机构信息：管理监狱管理局机关、省属监狱单位、省直属其他单位相关信息。由各级机构人事部门工作人员进行机构信息的新增、修改、删除操作时需提出申请，提交给领导进行审核。人事部门领导审核通过后，基本信息进入干部人事信息库。

（2）人员信息：管理监狱管理局机关人员、各监狱单位人员信息，包含公务员（警察）信息、公务员（非警察）信息、工人信息。由各机构单位人事工作人员进行人员信息的新增、修改、删除操作时，需提出申请，提交领导进行审核。人事部门领导审核通过后，基本信息进入干部人事信息库。

6. 戒毒系统信息管理

将戒毒管理局机关及戒毒单位的机构信息和人员信息纳入干部人事管理平台进行管理与统计。

（1）机构信息：管理戒毒管理局机关、强制隔离戒毒所机构信息。由各级机构人事部门工作人员进行机构信息的新增、修改、删除操作时，需提出申请，提交领导进行审核。人事部门领导审核通过后，基本信息进入干部人事信息库。

（2）人员信息：管理戒毒管理局机关人员、强制隔离戒毒所机构人员信息，包含公务员（警察）信息、公务员（非警察）信息、工人信息。由各机构单位人事工作人员进行机构人员信息的新增、修改、删除操作时，需提出申请，提交领导进行审核。人事部门领导审核通过后，基本信息进入干部人事信息库。

7. 基层工作信息管理

将人民调解组织、人民调解员信息从人民调解系统同步到干部人事信息库中，并补录相关信息。

将安置帮教社工信息从安置帮教系统同步到干部人事信息库中，并补录相关信息。

将基层法律服务机构及人员信息从基层法律服务系统同步到干部人事信息库中，并补录相关信息。

各类信息的维护，在各自的业务系统中进行，干部人事管理平台负责定期将各业务系统中的信息同步更新至库中。人员其他数据从本系统补录。

（1）人民调解组织信息：将人民调解系统中调解组织的机构信息纳入干部人事信息库并补录相关信息。

（2）人民调解员信息：将人民调解系统中人民调解员信息导入干部人事信息库，并补录相关信息。人民调解员的基本信息从人民调解业务系统导入，本系统不需要对调解员进行新增、修改或删除的维护操作，但需要提供操作人员对除了从人民调解业务系统导入过来的字段以外的其他信息的补录功能，由人民调解业务系统维护人员提出对人员信息补录（新增、修改、删除）的申请，提交分管领导审核，审核通过后，补录信息进入干部人事信息库，并记录补录查询与历史回溯。

（3）安置帮教工作者信息：将安置帮教系统中安置帮教工作者、专职社工信息导入干部人事信息库，并补录相关信息。安置帮教工作者、专职社工信息从安置帮教业务系统导入，本系统不需要人员进行新增或删除的维护操作，但需要操作人员对除了从安置帮教业务系统导入过来的字段以外的其他信息进行补录，由安置帮教业务系统维护人员提出对人员信息补录（新增、修改、删除）的申请，提交分管领导审核，审核通过后的补录信息进入干部人事信息库，并记录补录查询与历史回溯。

（4）基层法律服务所信息：管理各级基层法律服务所信息。由各级司法行政机构下的人事部门工作人员进行机构的新增、修改、删除操作时，需提出申请，提交领导进行审核。人事部门领导审核通过后，基本信息进入干部人事信息库。

（5）基层法律服务人员信息：管理基层法律服务所所属基层法律服务人员信息。由各级人事部门工作人员进行基层法律服务人员信息的新增、修改、删除操作时，需提出申请，提交领导审核。人事部门领导审核通过后，基本信息进入干部人事信息库。

8. 司法鉴定信息管理

将司法鉴定机构及人员信息从司法鉴定系统同步到干部人事信息库中，并补录相关信息。各类信息的维护在各自的业务系统中进行，干部人事管理平台负责定期将各业务系统中的信息同步更新至信息库中。人员其他数据在系统中补录。

（1）司法鉴定机构信息：将司法鉴定系统中司法鉴定机构信息导入干部人事信息库进行统计与查看。

（2）司法鉴定人员信息：将司法鉴定系统中司法鉴定人员信息导入干部人事信息库，并补录相关信息后进行统计与查看。司法鉴定人员的基本信息从司法鉴定系统导入，本系统不需要对司法鉴定人员进行新增或删除的维护操作，但需要提供操作人员对除了从司法鉴定业务系统导入过来的字段以外的其他信息的修改维护功能。

由司法鉴定系统维护人员提出对人员信息补录（新增、修改、删除）的申请，提交分管领导审核，审核通过后的补录信息进入干部人事信息库，并记录补录查询与历史回溯。

9. 律师信息管理

将律师事务所以及律师的信息从律师综合管理系统同步到干部人事信息库中，并补录相关信息。各类信息的维护在各自的业务系统中进行，干部人事管理平台负责定期将律管业务系统中的信息同步更新到信息库中。人员其他数据从本系统中补录。

（1）律师事务所信息：将律师综合管理系统中律师事务所信息导入干部人事信息库，并补录相关信息后进行统计与查看。

（2）律师信息：将律师综合管理系统中律师信息导入干部人事信息库，并补录相关信息后进行统计与查看。律师的基本信息从律师业务系统导入，本系统不需要对律师进行新增或删除的维护操作，但需要提供操作人员对除了从律师业务系统导入过来的字段以外的其他信息的修改维护功能。由律师业务系统维护人员提供信息补录（新增、修改、删除）的申请，提交给分管领导审核，通过审核的补录信息进入干部人事信息库，并记录补录查询与历史回溯。

10. 公证信息管理

将公证机构及公证员的相关信息从公证综合管理系统同步到干部人事信息库中并补录相关信息。各类信息的维护，在各自的业务系统中进行，干部人事管理平台负责定期将公证管理业务系统中的信息同步更新到信息库中，其他数据从本系统录入。

（1）公证机构信息：将公证综合管理系统中公证机构信息导入干部人事信息库，进行统计与查看。

（2）公证员信息：将公证综合管理系统中公证员及公证辅助人员信息导入干部人事信息库，进行统计与查看。公证人员的基本信息从公证业务系统导入，本系统不需要对公证人员进行新增或删除的维护操作，但需要提供操作人员对除了从公证业务系统导入过来的字段以外的其他信息的修改维护功能。由公证业务系统维护人员提供对人员信息补录（新增、修改、删除）的申请，提交分管领导进行审核，通过审核的补录信息进入干部人事信息库，并记录补录查询与历史回溯。

11. 社区矫正信息管理

将社区矫正机构及工作人员的相关信息从社区矫正管理系统同步到干部人事信息库中。各类信息的维护，在各自的业务系统中进行，干部人事管理平台负责定期将社区矫正业务系统中的信息同步更新到信息库中。人员其他数据从本系统补录。

（1）社区矫正机构信息：将社区矫正管理系统中的机构信息纳入干部人事信息库，并补录相关信息后进行统计与查看。各级人事部门只能查看本级和所属下级的社区矫正机构信息，无法查看上级信息。

（2）社区矫正工作人员信息：将社区矫正管理系统中的人员信息导入干部人事管理平台进行统计与查看。社区矫正执法人员、社区矫正社会工作者基本信息从社区矫正业务系统导入，本系统不需要对社区矫正执法人员、社区矫正社会工作者进行新增或删除的维护操作，但需要提供操作人员对除了从社区矫正业务系统导入过来的字段以外的其他信息的修改维护功能。

由社区矫正管理系统维护人员对人员信息进行补录（新增、修改、删除）时，需提出申请，提交分管领导审核。通过审核的补录信息进入干部人事信息库，并记录补录查询与历史回溯。

12. 统计分析

包括业务输出、机构编制情况分析、人员年龄结构分析、党员情况分析、党组织情况分析、人员类别结构分析、专业结构分析、学历学位结构分析、奖惩情况分析、职级及任现职级时间分析、培训情况分析、出国（境）情况分析、满意度评价分析、诚信情况分析等。

模块三　工会管理系统

工会管理系统分为司法行政工会管理系统和机关工会管理系统。

司法行政工会管理系统要求根据系统工会要求直接与省（自治区、直辖市）级总工会系统对接。

机关工会管理系统对工会会员服务展示页面与机关门户网站统一设计、统一建设、统一使用。

机关工会管理系统是一个集网站、数据管理、查询、统计于一体的综合信息管理系统，可实现新闻发布和在线交流平台建设，实现工会管理工作数字化，降低人工管理的工作量和复杂程度，提高工会会员管理的效率。

通过利用现有的数据资源，以人为管理对象，把各种业务数据转化为互相关联的信息，能对存放于人力资源等部门的会员信息电子表格批量导入系统数据库，并可进行差错检查，极大地减少系统数据的录入时间，降低出错概率。

系统功能要求如下。

1. 单位、人员管理模块

包括部门管理、用户管理、个人账户管理等。

2. 网站内容管理模块

包括文章管理、栏目管理、投稿管理、荣誉室管理、工会概况管理、主席信箱管理等。

3. 会员信息管理模块

包括会员管理、奖励管理、小组管理、协会管理、操作申请管理、会员操作管理、工会会员批量导入、工会会员统计汇总等。

4. 济困信息管理模块

包括济困费管理、济困申请管理、济困统计汇总等。

5. 系统管理模块

包括基本选项管理、首页图片新闻管理、首页滚动通知管理、工会简介管理、友情链接管理、网站导航管理等。

模块四　警务管理与警务督察系统

警务管理与警务督察系统依托信息网络，开展网上督察与警衔管理、警衔培训管理及警务保障工作业务，打破传统的工作模式，提升警务工作效能，保障工作和队伍建设。

系统使用范围为省（自治区、直辖市）级司法厅（局）警务处、厅（局）直属机构和监狱戒毒单位政治部及全体司法行政系统人民警察。

系统功能要求如下。

（一）警务管理

系统主要提供对司法行政人民警察的基本信息及警衔、培训、各种考核信息和督察信息等进行综合管理的功能，具体内容如下。

1. 基础档案管理

建立民警基础档案库，用于管理与民警信息相关的基础数据，同时建立起数据共享与数据获取权限控制机制，确保数据共享的有效性与安全性。

其中基础档案信息包括基本信息、个人简历、职务职级、警衔情况、学历学位、年度考核情况、教育培训、奖惩情况、技术职称等。

数据共享主要与人员机构综合信息管理系统、政务公开系统、智慧监狱平台、智慧戒毒平台等进行对接。

2. 单位变动信息

当民警发生单位变动时，系统提供相应的管理功能，具体包括系统内调动、系统内借调、系统外调入调出等情况。不同情况需根据业务需求处理相应的业务，实时更新民警基础档案库相应的单位或状态，确保数据的统一。

3. 民警花名册

民警花名册主要提供民警档案管理员查阅或导出打印相关民警信息，其中信息字段要求可自定义选择，采取勾选方式提供自定义查询。查询成功后，提供导出和打印功能。

4. 人民警察警衔管理

警衔信息管理系统提供警衔管理、警察单位调动管理、警察处分管理、奖励管理等功能，并能实时更新及生成警衔情况统计年报表，能够对到期警衔晋升信息进行预警提示。

5. 警衔培训管理

警衔培训管理提供警衔培训动态预警，用户权限开放给司法警官警衔培训机构，系统根据警衔培训计划、班次、人数、类别自动预警需要进行培训的人员。经本单位政治部审核后，将培训计划发送给需参与培训的民警，经民警确认后列入培训计划，将培训时间、地点、班次、考勤、课程、作业、成绩、考核内容和结果自动推送给参训民警。民警和政治部相关人员可查阅历次培训信息，可按年、班次、考核等次、单位、衔级、个人进行查询、统计，可视化展示并导出 Excel 报表。

6. 人民警察岗位练兵考核管理

主要包括岗位练兵、考核评比、考核公示等。

7. 警务保障管理

主要包括抚恤优待、意外保险、警用品及个人警务用品发放、警车、警车驾驶员等方面的管理。

（二）在线警务督察

网上督察，利用远程视频、虚拟地图、定位系统、警务通系统联动，将执勤民警的执法执勤、窗口服务、内部管理等方面信息汇集到"司法云"数据中心。通过调阅、查看相关信息，实现对民警日常出警、值守、巡逻、重大活动、突发事件的到岗到位、警车使用管理等工作进行监督检查。

实现系统内基层监管场所视频监控与回放系统直连，省（自治区、直辖市）级司法厅（局）督察总队可在操作应用系统上对监管场所的网上警务进行督察。

1. 民警值班管理系统

警察值班管理系统包含值班角色设置、班次设置、地点设置、假期设置、自动排班、手动排班、排班查询、排班统计等模块。

2. 民警考勤管理系统

民警考勤管理系统包含请假休假管理、考勤登记、考勤统计、考勤规则设置等模块。该系统与智能警务终端考勤管理模块关联。

模块五　党建综合管理系统

党建综合管理系统主要用于加强司法行政党员教育管理工作和律师队伍党员思想政治建设。

党建综合管理系统以"全面从严治党"为核心，从党风、党务、党纪和律师党建四个方面着手，打造集宣传教育、纪律巡视、效能监察、组织管理、党务督办于一体的全面党建信息化管理平台，助力构建"阳光明亮、活力充沛、效能优异、廉洁自律"的党建新格局。

系统功能要求如下。

1. 党务管理

包括组织管理、党员档案、干部管理、党员发展、党务督办、制度建设、党费管理、组织生活等。

2. 党风治理

包括宣传教育、投稿管理、警示教育、问卷调查、主体责任、绩效考核、网上党校、党建论坛等。

3. 党纪监督

开设"通报曝光""党纪法规""工作之窗""党纪法规"等栏目。功能包括纪律审查、效能监察、巡视管理、监督责任等。

4. 律师党建

充分运用现代网络信息技术，依托律师管理系统，省（自治区、直辖市）律师行业协会建立统一的律师党建信息网络管理体系，全面、动态、实时掌握律师党建状况，有针对性地指导各市律师行业党委、省（自治区、直辖市）直各所采取措施，管理本协会下所有律师事务所及其律师的党建关系，包括所支部管理、律师党建组织管理等。

5. 移动党建

移动党建实现掌上支部，为党员提供了互动平台，同时提供微党课、微考试、微投票等轻应用，自动推送党建信息和党务工作提醒，随时随地开展党务工作。

6. 党员情况分析

系统支持就人力资源库中的各类人员通过机构、人员类别、性别、民族、年龄、文化程度、职务级别等多个维度，对党员在队伍中的占比，与上年同期比较，与上月末人数增比情况进行多角度的分析，并输出图表。

7. 党组织情况分析

系统支持就人力资源库中的各类组织机构按照区域、党组织的类别（党委、党组、机关党委、党总支、党支部、联合支部）占比及党组织覆盖率等，对党组织情况进行分析，并输出图表。

模块六　主体责任综合管理系统

主体责任综合管理系统建设于电子政务外网，应用服务和数据库均建设于电子政务外网。主体责任综合管理系统对党委落实全面从严治党主体责任，承担的组织领导、健全机制、作风建设、防治腐败、教育管理、支持保障和正己范人工作进行全流程管理。系统根据任务分工细化责任内容，定期向上级党委和纪委报告主体责任落实情况，做到集体领导不松手、"一把手"尽责不甩手、班子成员履责齐上手，实现厅（局）党委主体责任数字化管理。

系统用户包含司法行政机关、监狱局、戒毒局、警官学院及律协党委等从事党务工作的人员。

系统功能要求如下。

1. 纪实管理

(1) 干部选用、任用过程中的材料和文档的收集与存储,包括计划、公告、考评、公示、考核等。

(2) 群众投诉、来信、来访过程材料、文档收集存储,包括来源、签批、办理、反馈、满意度等。

(3) 权力监督与制约,包括权力清单、制度、"三重一大"会议纪要、督察记录等。

(4) 违纪违法查办记录,包括信息来源、违纪违法记录、调查记录、处分记录、反馈记录、公示公告等。

(5) 党委主要负责人召开(参与)组织生活会、听取意见、批评与自我批评会议纪要、廉政承诺书、家庭助廉承诺书等。

(6) 定期向上级党委和纪委报告主体责任落实情况文件。

2. 督办管理

督办管理包括日常收发文,与 OA 系统对接,实现日常文件的督办工作,特别是上级领导和本级主要领导要求纳入主体责任督办的文件,能够自动督办、自动预警、自动催办等。对落实不力、延期、滞后的数据进行自动统计,形成周报和月报,能够打印和导出。

3. 工作约谈

管理工作约谈相关信息,如约谈人员、地点、参与人、事件、相关材料、录音、录像和约谈记录等。系统对重点人员信息进行保密处理。

模块七　离退休人员信息管理系统

离退休人员信息管理系统是以离退休人员信息管理为主,集查询、统计、管理、互动于一体的综合管理系统,可实现微信、短信发布通知等。

该系统使用范围为离退休部门的工作人员及离退休人员。

系统功能要求如下。

1. 资料管理

包括离退休人员基本信息、离退休人员工作简历、离退休人员待遇变化情况、离退休人员家庭成员情况，以及为离退休人员建立健康档案等。

此模块主要偏重于离退休人员的基本信息和健康信息的维护、管理。为离退休人员工作提供数据支撑和决策。

2. 工作记录

最常用的如针对离退休人员的学习教育活动、文体活动、外出参观活动以及对离退休人员的走访、慰问、关怀等。

此模块主要针对离退休人员工作的记录、汇总和台账，为离退休人员和离退休部门的工作人员提供离退休人员工作的统计、分析及回顾。

3. 信息查询

信息查询主要包括个人信息查询、离退休人员工作记录查询及组合查询等功能。

此模块主要方便离退休人员及相关工作人员查询各类数据。

4. 报表统计

主要包括离退休人员按年龄、职位、政治面貌、性别、民族等条件生成的统计图表，以及按人员信息和基本情况生成的统计报表。

此模块主要根据各级离退休人员服务工作的要求，定制统计报表，方便统计与汇报。

模块八　纪检监察管理系统

纪检监察管理系统主要用于推进纪检监察工作的信息化建设，提高工作质量和效率，进一步规范纪检监察工作管理。

通过建设纪检监察管理系统，可以准确、及时、客观地反映各级领导干部廉洁从政、执行党风廉政建设责任制以及因违纪违法被处分的情况，可以方便地进行数据查阅、统计和归档，能有效提高纪检监察机关的工作效率。

系统功能要求如下。

1. 纪检监察信息模块

（1）主要功能包括新闻消息、系统公告、纪检监察工作动态、访客留言、纪检监察工作入门等。

（2）主要内容包括纪检监察组织建设工作、党风廉政建设工作、纪检监察信访工作、案件检查工作、违纪错误的认定与处理、纪检监察公文写作、招投标工作操作实务，以及党纪政纪条规、常用法律法规查询等。

2. 纪检监察工作管理模块

主要包括党风廉政建设工作管理、案件检查工作管理、效能监察工作管理、组织业务建设工作管理、办公室工作管理、成员单位通讯录、谈话室软硬件设计、监听室软硬件设计、谈话业务管理、候谈室设计等。

3. 现代化纪委谈话系统建设

需要满足以下功能需求。

（1）系统应支持嵌入式架构，能够满足全年无休、每天 24 小时连续稳定运行。

（2）系统应支持 1080P 全高清网络摄像机进行前端图像采集，满足现代化谈话系统建设要求，同时能够对监控室实现智能录像，为谈话监控、远程监控提供充分必要条件。

（3）中心控制功能。支持同步录音录像软件、谈话客户端、指挥客户端、远程指挥中心实现远程控制。

（4）时间、温湿度叠加功能。系统应支持采集谈话室里的实时温度、湿度进行动态叠加，叠加的温度、湿度信息可根据实际需求进行调节，并将温度、湿度信息直接叠加到录像文件中进行刻录。

（5）片头叠加刻录功能。系统支持采用视频叠加内嵌式文字预处理技术，可将案件编号、案件名称、谈话人员、谈话地点、谈话对象、真迹签名等有关信息动态叠加到视频中，进行证据合成刻录，案件叠加信息时间和位置可根据实际需要进行动态调节。

（6）画面合成功能。系统应支持多路高清 1080P 网络摄像机接入，支持 2 路、3 路画面合成输出，支持合成画面自定义位置功能，小画面位置可调大小；支持主画面和小画面快速切换，支持接入的任意摄像机的画面合成，合成画面支持 720P 或 1080P 分辨率。

（7）刻录断电保护功能。系统应支持刻录过程中突然断电，保证同步录音录像资料不会丢失。

（8）合成画面的双光盘同步刻录功能。系统应支持合成画面的双光盘同步刻录，光盘中的刻录媒体图像，分辨率不低于1920×1080P。谈话中途更换新光盘，可以识别上一张光盘停止的时间点，在新光盘中继续刻录。

（9）光盘刻录集成播放器功能。系统应支持光盘放入电脑光驱，能自动使用播放器播放录像。支持光盘录像播放、停止、暂停、快进、拖拽和慢进等功能，在光盘录音录像资料的前30秒（时间可调整）会显示案卷的相关信息，具体包括案卷信息、谈话对象、谈话人、谈话时间、第几张光盘等。光盘录像支持重点标记检索功能和时间进度显示功能。

（10）光盘刻录容错功能。系统应支持光盘刻录过程中的刻录容量、刻录情况等状态实时显示。光盘刻录完毕自动校验，以保证光盘的内容的完整性和准确性。光盘刻录出错后，放入新的光盘自动重刻。

（11）光盘刻录加密功能。为防止光盘随意外带，系统在刻录光盘的时候进行加密处理，在打开光盘的时候需要输入密码才能查看录音录像资料。

（12）数字水印加密。系统应支持数字水印技术，防止录像文件被非法篡改，在使用专用播放器进行播放时，有录像是否被篡改的提示。

（13）电子笔录功能。系统应支持笔录创建、笔录管理、笔录打印功能，以及常用语维护、笔录模板、水印防修改、真迹签名叠加等，并支持笔录导出等功能。

（14）文字图像联动。谈话所生成的电子笔录与同步录音录像生成的视听资料在时间轨迹上同步关联，支持问与答的录像关联和重点标记。

（15）案件文件管理功能。包括案件归档、案件查询、调阅等。

（16）日志管理功能。系统应支持详细日志查询，包括设备、案卷、笔录、被谈话人员、谈话室、用户、案卷级别等。

纪检监察管理系统由单位纪检组进行统一配置管理使用。

模块九　共青团综合管理系统

共青团综合管理系统建立的主要目的是加强基层组织建设，提高共青团综合管理水平。

通过共青团综合管理系统中的资料传送交流、信息查询、报表统计功能，可以自动完成各级团组织间各种管理信息、统计报表的自动生成、传输与汇总，大幅提高各部门本身的工作效率，提高信息上报与下达的速度。

该系统由省级司法厅（局）团委进行统一授权配置使用。

该系统包括通用工具、系统数据、基本情况、思想教育、组织建设、日常管理、档案管理、统计报表、资料汇编、帮助等模块。系统中各管理功能模块既可单机独立运行，也可在各级团组织的网络平台上联网交互运行。

系统功能要求如下。

1. 账号管理

登录账号由共青团综合管理处统一制定并发放，下级团组织获得账号后可进行密码修改及对个人详细信息进行补充等。

共青团综合管理处可根据实际工作需求，在分配一个操作管理员的基础上新增本级团委的其他操作管理员，以便进行综合管理。

2. 团组织管理

系统支持基层团组织基本信息填报及组织类别展示功能，各级团委可规整分类，使各组织在组织树的展示中更加有序、清晰。各级团委组织可依据实际需要自行设定分类。

3. 公文流转

满足司法宣传团委内部公文管理电子化，包括收文、发文、签报、督办、建议、提案等办公业务的完全无纸化管理。在实现收发文的基础上可灵活设定各种公文办理流程，自动进行流程跟踪、催办、查办，并可归类存档、全文检索，最终实现"文档一体化"。

4. 通知通告

可通过系统进行内部系统公告发送，发送内容包括发布人、部门、标题、内容等。公告由部门工作人员起草，经由部门领导审核后，推送至管理员后台，管理员对审核通过内容进行统一发布管理。

5. 信息发布

管理人员在信息发布界面发布思想教育工作要点、各专项活动工作要求等。司法厅（局）相关人员可对发布内容进行查看和下载。

6. 工作情况报送

各单位将各项思想教育工作开展情况实时上报，管理人员对上报情况进行查阅和批示。

7. 数据汇总

建立数据汇总管理机制，生成年度思想教育报表。统计分析各团支部思想教育工作进展和成果。

8. 共青团档案管理

相关档案信息包括基本信息、个人简历、职务职级、团籍情况、所属支部、学历学位、年度考核情况、教育培训、奖惩情况、技术职称、家庭情况、社会关系等。

模块十 组织宣传管理系统

组织宣传管理系统对涉及司法行政各单位和个人的网络信息进行监控、分析。根据关键词，采集各类数字化媒体和社交平台文章的相关数据，进行智能分析，生成分析报告和预警报告等，实现从信息的获取、分析到服务的全过程管理，支持海量数据分析、处理能力，最终实现对舆情信息的综合分析服务。

对系统精神文明创建工作进行部署、指导、考核和总结。对于司法行政单位参与省（自治区、直辖市）级文明单位申报评选情况，以及届中测评、届终复查、新增、递补等数据信息，系统提供相应的管理、统计、汇总功能。

对各地各单位记功表彰申请进行审查、考核。

完成部级、省（自治区、直辖市）委组织部干部调训工作任务，组织直属单位干部培训，以及新录用公务员的培训等。开展主题教育活动，加强基层党组织建设，协调组织开展好民主生活会，做好党费收缴管理工作。

该系统用户范围包括司法行政各级机构和全体职工。

系统功能要求如下。

1. 基础档案管理

基础档案将与警务管理系统数据共享，用于管理单位各类职工及民警相关的所有基础数据，同时需建立起数据共享与数据获取权限控制机制，确保数据共享的有效性与安全性。其中基础档案信息包括基本信息、个人简历、职务职级、警衔情况、党籍情况、学历学位、年度考核情况、教育培训、奖惩情况、技术职称、家庭情况、社会关系等。

2. 干部培训

包括干部培训计划发布、信息报送、教育培训日常管理、线下考试管理人才库管理、师资库管理等。

3. 信息发布

组织宣传处管理人员在本模块发布评先推优的相关通知等信息，包含评选要求、报送资料内容格式、报送时间等。

司法厅相关人员可在信息发布页面对发布内容进行查看和下载。

4. 信息报送

职工通过系统上传自己的评先推优材料。

5. 申报资料审核归档

接受职工的申报材料，统一编档管理。审核人员登录系统，对申报的职工进行评审，并记录评审结果。

6. 表彰数据汇总

表彰分为集体立功和个人立功。表彰数据每年生成汇总记录，可以导出 Excel 格式，同时生成电子档案保存。

（1）集体立功，指单位受系统内部批准授予、司法厅（局）批准授予或系统外国家批准授予、省（自治区、直辖市）部批准授予、地市批准授予相关单位奖励，奖励类型一般包括一等功、二等功、三等功，系统提供相应的管理功能，并可进行相应的统计汇总。

（2）个人立功，指受系统内部、司法厅（局）批准授予的一级英模、二级英模、一等功、二等功、三等功、部级劳模、部级先进工作者、嘉奖、其他表彰等，或系统外授予的全国劳模先进工作者、省（自治区、直辖市）部劳模先进工作者、其他省（自治区、直辖市）部级以上表彰等表彰信息，系统提供相应的管理功能，并可进行相应的统计汇总。

7. 精神文明建设

组织宣传处管理人员在信息发布界面发布精神文明创建工作要点、各专项活动工作要求等。司法厅（局）各单位可对发布内容进行查看和下载。

8. 工作情况汇报

各单位将各项精神文明建设开展情况实时上报，组织宣传处管理人员对上报情况进行查阅和批示。审核通过之后，该单位即可成为精神文明创建单位。创建成功之后，必须实时上报文明建设情况。

9. 数据汇总

建立数据汇总管理机制，生成年度精神文明建设报表。

10. 文明单位申报

建立文明单位中期考核系统和创建申报系统。

模块十一　舆情采集与分析系统

司法行政系统在尊重舆论监督的同时，需要进一步强化舆情监测及研判的专业、精细的特点，通过舆情定制化系统建设，加强各级司法行政机构舆情应对、研判和处置的能力，全面、及时、精准地把握舆情态势，有效处理负面舆情"软着陆"。司法行政队伍要在舆论中塑造良好形象，彰显司法权威与社会公信力。

舆情系统能将网上舆情监测平台、智能分析研判系统、专报辅助决策服务与多级用户联动管理结合起来，形成"三位一体"的定制产品体系。可将舆情爆发相关的语义网进行全网覆盖采集，并在网页端提供舆情监测、预警中心、智能搜索、专题监控、舆情简报、定向监测等功能。

系统的建设旨在解决舆情系统信息化建设的相对滞后，借助本系统的建设，可最大限度满足司法行政系统对于舆情监测、引导的需求，提升舆情工作的效率（系统功能同样适用于意识形态工作的监测、分析、引导）。

系统功能要求如下。

1. "三位一体"的全套系统解决

定制化舆情指挥平台、网络监测系统、移动端预警平台,将网上舆情监测平台、智能分析研判系统、专报辅助决策服务与多级用户联动管理结合起来,形成"三位一体"的定制产品体系。舆情指挥平台应用于指挥中心,当重大舆情事件发生时,在指挥中心可实时了解舆情态势。

移动端预警平台,通过司法行政体系的层级管理,对各个业务部门与各直属机关的权限进行管制,最大限度节省人力、物力,打破各部门、各层级之间的壁垒,对舆情数据实现跨级一键转发、一键申报。

2. 舆情监测

司法行政数据采集,采取不限制关键词的舆情监测方案,能够最大限度地满足司法舆情工作的宽度与广度。针对主流媒体、微博、论坛、微信公众号、搜索引擎进行全方位采集,对于早期负面数据、司法较相关数据以及具有苗头性的舆情信息能全面掌握。

3. 网上巡查系统

对省(自治区、直辖市)内各级司法行政单位微信公众号、官方微博、各官方网站及客户端的历史数据与最新数据进行全方位掌控,定期对此类新闻进行巡查,有效定位涉敏信息,一键推送给相关主管单位。

4. 智能报告服务

提供智能定制报告开发,包括舆情简报、舆情日报、事件专报与意识形态报告等,报告一键生成、一键导出转发。

5. 机器预警

采用数据计算实现重复数据的聚合过滤,减轻舆情工作人员的数据查看压力。针对设定的预警阈值,实现数据一分钟以内的层级预警。省(自治区、直辖市)级司法厅(局)可对各层级的权限进行管控,保证数据的安全有效。

模块十二　司法行政在线学习及考试系统

依托司法行政在线学习及考试系统这样一个平台，充分发挥各类优质培训资源优势，加快培训工作现代化、信息化的步伐，推动培训网络体系和管理机制的健全和完善，构建以实体培训为基础、网络培训为重要手段的司法行政工作人员终身学习体系。

系统功能由系统管理、在线培训、在线考试、培训管理、资源中心、调查管理、在线交流、统计分析等模块组成。

系统功能要求如下。

1. 系统管理

包括账户管理、系统配置、目标学分、消息通知等（主要供系统管理员和教育培训岗管理人员使用）。

2. 在线培训

包括必修课、选修课、学分管理等。

3. 在线考试

包括题库管理、试卷管理、考试管理、在线考试、自我练习、成绩管理等。

4. 培训管理

包括线下考试管理、人才库管理、师资库管理等。

5. 资源中心

资源中心可分门别类地提供各种教材、课件和多媒体资料，方便学员下载使用，资源分类可无限分层管理。提供公共知识和业务知识的网络阅读，同时可与期刊网、高校图书馆、公共图书馆或图书销售部门连接，方便学员查询资料，接收最新的学习信息。

6. 调查管理

包括问卷调查、结果统计等。

7. 在线交流

通过在线交流模块，以社区论坛的形式，为学员提供学习、经验交流和解答疑问的平台，促进学员之间的沟通与交流。可选择责任心强的人才库成员兼任社区论坛管理员，负责论坛的日常维护和难题解答等事务，发挥专业人才的作用，提高在线交流的质量。

8. 统计分析

包括考试数据汇总、学员学习档案等。

通过采集在线培训、在线考试和培训管理等各方面数据进行关联查询和统计分析，方便领导了解单位学习培训和考试情况及员工个人情况，以分析员工掌握知识的薄弱环节，从而对组织内员工的整体素质水平进行评估和分析，为提高组织管理水平、增强培训效果、加强知识管理的力度和效能提供数据依据。

模块十三　司法行政 OA 系统

司法行政 OA 系统是管理各级司法行政机构的工作平台，通过对各级司法行政机构的组织机构模块的建设，并与人员机构综合管理系统对接，实现将司法行政公文流转工作整体纳入智能化、信息化、数据化管理，进一步提升各级司法行政机构的信息化管理水平。

用户范围为省（自治区、直辖市）级司法厅（局）及其直属机构（单位）全体工作人员，省（自治区、直辖市）、市、县、乡司法行政机关办公室机要员。

特别说明：根据我国司法行政机构的人事和财务管理采用属地原则，建议各级司法行政机构与本级政府 OA 系统融合，便于与本级政府公文来往。部、省（自治区）、市、县四级（直辖市为部、市、区三级）司法行政机构的业务指导由部级或省（自治区、直辖市）级建设 OA 系统后，分配用户给各级司法行政机构机要部门使用。

系统功能要求如下。

1. 办公门户设计

个人专属决策门户，集中展示个人邮件、新闻、任务、通知的重要文件和信息，包括重要文件、财务预决算、感兴趣的运行数据、专项资金申报执行情况、活动日程安排提醒、分管处（科）室工作等信息资源、交办任务落实情况等，为个人宏观决策和日常工作提供灵活方便的信息聚合服务平台。

2. 公文管理系统

实现内部公文管理电子化，包括收文、发文、签报、督办、网上信访、政务信息、建议提案等办公业务的完全无纸化管理。在实现收发文的基础上可灵活设定各种公文办理流程，自动进行流程跟踪、催办、查办，并可归类存档、全文检索，最终实现"文档一体化"，实现OA系统在线归档。

3. 发文管理系统

包括发文成文、发文编号、发文查询、发文汇总、发文监控、发文存档、发文打印、文件收回等。

4. 收文管理系统

包括收文登记、收文打印、收文查询、收文统计、收文监控、收文归档、收文回收站等。

5. 工作流程管理

工作流程是用来实现工作任务进程间协调及协作的方法和技术。工作流程管理帮助用户实现传统手工办理流程的电子化运作。在功能方面主要侧重于两个方面：一是对业务过程自动化的实现，使文档、信息或者任务按照一定的过程规则进行流转，实现组织成员间的协同工作以达到业务的整体目标；二是通过工作流程管理使用户的工作流程透明化、自动化，管理层可以全面把握各种工作的执行情况，了解和分析任务的状态，从而全面掌握组织的运行情况。通过图形化的流程设置、灵活的智能表单创建以及智能的流程逻辑判断，用户可以快速实现各类复杂的业务流程定制，实现跨部门、跨单位、多人员、多任务协同工作。

6. 信息发布系统

建立信息资料库，办公平台信息自动进入资源库保存，对政策法规、工作总结、要点、简报、会议纪要、专题文档、领导讲话、学习资料、录音、视频、照片等信息，按处（科）室单位或业务进行分类存放，提供资料库空间，可按权限查询、调用、共享。

具体功能包括栏目管理、信息审批、信息编辑、信息安全、信息查看、信息管理、信息置顶、信息附件、信息统计、信息查询、信息维护、全文检索等。

7. 即时通信系统

短信、微信作为即时提醒工具，应用越来越普遍，系统可以将文件审批、会议通知等重要信息及待批待办事宜提醒等通过短信或微信的方式发送到相关人员的手机上，使办公更加迅速，大大提高办理效率。短信和微信需具备灵活的管理功能，能够管理短信和微信的使用人范围及短信和微信功能的应用模块，能够统计短信和微信的发送条数。

8. 个人办公系统

个人办公系统提供了多种办公套件供用户使用，用户可以进行个人设置、日程管理、创建工作计划/任务、进行工作汇报等。

9. 综合办公系统

包括会议管理、车辆管理、政务信息报送、接待管理、出差管理、请假审批、财务报销、值班管理等。

10. 邮件功能

内部邮件系统具有主送、抄送、群发、撤回等功能，可与系统用户组织结构相结合，用户无须单独记忆同事的邮件地址，可快速选择收件人，可以直接给群组以及部门发送消息；支持内部邮件撤回功能；采用全面的空间管理机制，可以有效管理系统所占用的资源；可查询消息接收情况；可以与其他功能结合，实现消息提醒。

11. 移动办公平台

移动办公有短信、移动 App、钉钉和微信等模式。

支持网上视频通话和多人视频通信功能。在安全性方面，系统通过自动记录设备 ID 的方式来匹配下次登录终端 ID，进行身份认证。具有 PushMail 功能，可进行内容提醒。

需要满足如下功能：系统提供基于智能手机的移动办公接入功能，让用户在智能手机上即可完成公文审批、邮件收发、通知浏览等操作，实现无所不在、无时不在的移动办公。

OA 办公系统架构如图 6-2 所示。

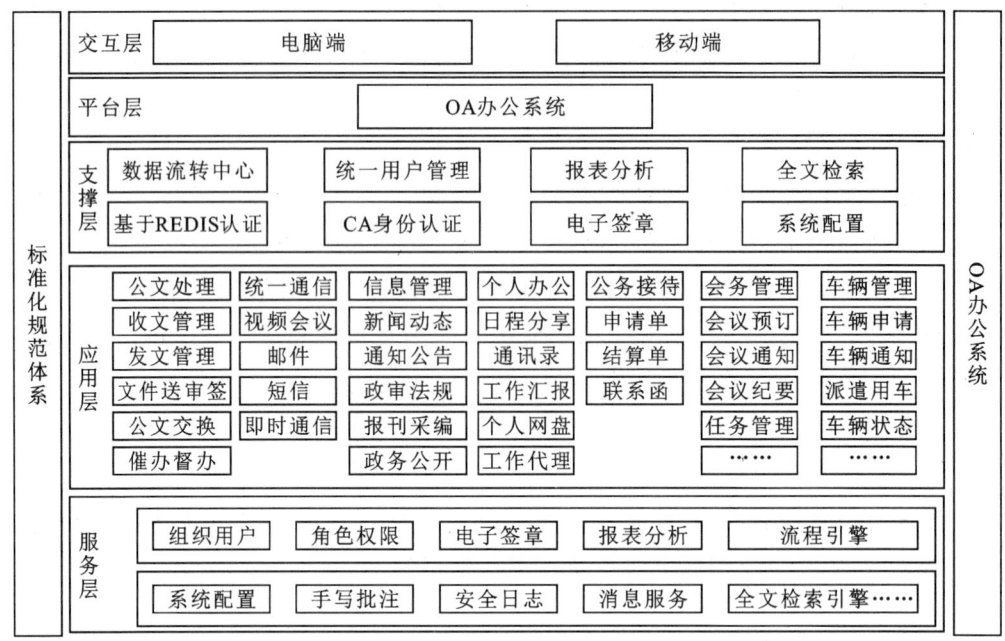

图 6-2 OA 办公系统架构

模块十四 财务装备系统

财务装备系统将装备管理、预算执行、政府采购、工资查询、统计分析等系统进行整合，并与司法行政工作管理平台进行有机融合。

按照功能模块划分，系统包含财务装备部门使用的预算执行、政府采购、财务信息、资产信息、工资查询等模块，还有各级司法行政机关、监狱、戒毒单位相关人员使用的装备管理模块。

系统功能要求如下。

1. 预算管理模块

预算管理模块主要是通过预算编制、预算执行、经费审批、财务分析、绩效考核等，规范司法行政机关部门预算的编制、审核、批复过程。相关要求如下。

（1）实时反映预算执行进度，检查监督预算执行情况，实现预算控制支出。

（2）实现所有经费支出审批网上运行，支出与预算对应，强化预算执行管理。

(3) 通过预算、支出与日常财务数据维护，采用数据比对、图形显示等多种统计分析方式，实现在预算执行率、经费支出结构等方面与上一年度同期进行比对，从而提供财务分析基础数据。

(4) 将项目编制管理和绩效管理融入预算编制、预算执行过程，并以此检验各部门绩效管理成效。

预算执行流程如图 6-3 所示。

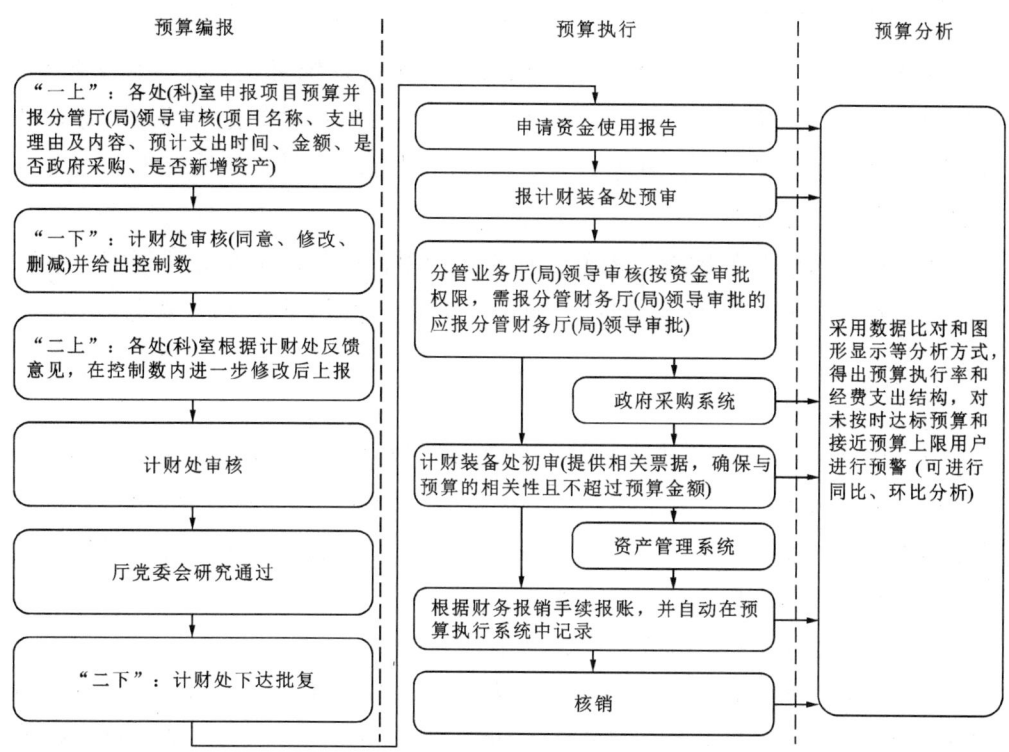

图 6-3 预算执行流程

2. 政府采购模块

政府采购模块通过采购申请、采购审批、采购审计、采购实施、采购验收，以及重大采购活动全过程公开、公示等内容，规范厅（局）机关资产配置和政府采购行为。相关要求如下。

(1) 实现采购申请与部门预算衔接，控制无预算的采购行为。

(2) 采购审批与预算执行 OA 公文流转衔接。

(3) 资产配置应与厅（局）机关资产管理系统衔接，并通过系统资产配备情况与省（自治区、直辖市）有关配备标准的比对，实现超规模、超规格配备办公设备及家具预警控制功能。

（4）采购实施能够按照《政府采购管理办法》的程序、方式制定采购流程，从而控制采购过程中的不规范行为，防止腐败现象发生。

（5）实现采购启动、审议、终止、复议、变更等程序设定，解决采购及议事过程中，参与采购部门之间分工协作、制约效率的矛盾，使机关政府采购工作既不流于形式，也不因多部门参与而相互制约、影响工作效率。

3. 装备管理模块

装备管理模块要求能够将货品与机构人员实现系统对接，完善民警信息、调整功能结构、归类组合内容、优化统计项目、增加基层单位使用端口等，进行民警信息与人事警务信息共享，实现服装计划管理与服装配发管理及服装生产发放的全信息化管理。

实现对警用服装的购置、配发、预算、计划、型号、库存等的管理。系统同时提供各时间段、各种类型服装的购置、发放等的报表查询统计功能。

4. 财务信息模块

财务信息模块主要通过基层单位年度部门决算报表和部级、省（自治区、直辖市）级司法厅（局）要求填制的有关报表，为省（自治区、直辖市）、市管理层提供及时、准确、真实的经费收支、固定资产、机构人员、基本建设、专项资金等基础数据资料。相关要求如下。

（1）实现录入汇总、报表查询、统计上报功能。

（2）要求按照财政部门决算报表式样制定，部级和省（自治区、直辖市）级司法厅（局）专用报表数据主要采集部门决算报表数据，部门决算报表中无法采集的信息，可通过增设填制报表完成。

（3）实现将基层财务决算数据转换为部级要求的上报报表格式和导出的上报数据格式。

（4）实现与内网门户、外网门户对接，实现预决算信息公开。

5. 资产管理模块

资产管理模块结构如图 6-4 所示。

各处（科）室填报资产申报计划如图 6-5 所示。

6. 工资查询

实现各类工资、福利、报账的在线查询与进度跟踪，可实现钉钉、微信或短信的实时提醒。

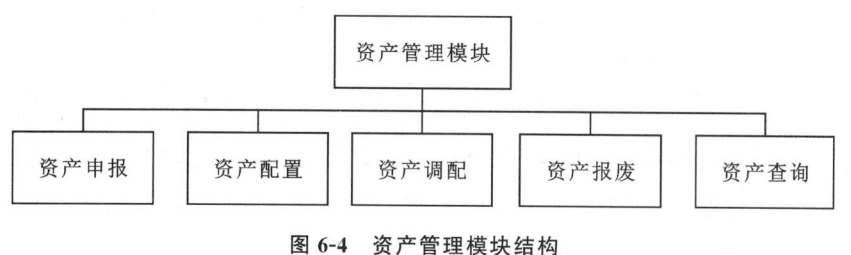

图 6-4 资产管理模块结构

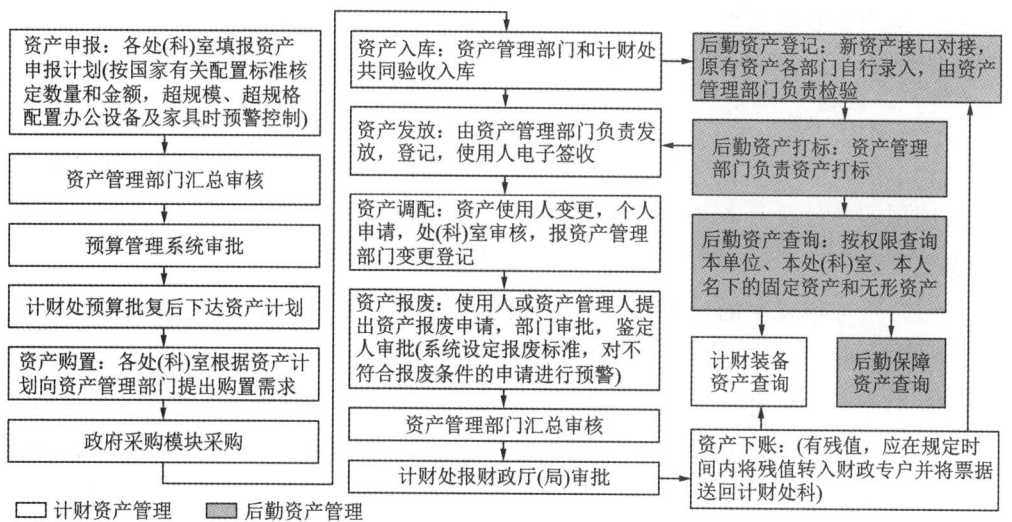

图 6-5 各处（科）室填报资产申报计划

模块十五　OA 后勤保障系统

司法行政机关 OA 后勤保障系统包括车辆管理系统、装备管理系统、门禁考勤系统等，各系统要求统一规划。将车辆管理系统、装备管理系统、预算执行系统、政府采购系统、资产信息系统等进行统一设计和开发，并与司法行政管理平台进行有机融合。

横向集成、纵向贯通、运转协调、服务高效的司法行政机关后勤保障信息化工作平台的具体目标如下。

（1）后勤保障应实现与财务装备系统的流程互通，实现预算执行、政府采购、后勤服务计划、资产入库、资产报废等全流程信息化管理。

（2）建立信息资源和应用系统全流程网上运转工作模式，实现网上办事、网上审批、执行监督、信息统计、查询打印、在线咨询等功能，为相关人员提供统一规范、简便易用、一体化的操作界面，为群众和基层提供更直接、更快捷、更便利的一站式服务。

根据司法行政机关后勤工作现状、模式、特性及司法行政机关后勤保障管理要求，把现有与后勤相关的信息统计系统，按照类别、属性划分，通过归类、整合、新建、升级，实现管理模块的集成，要求界面设计清晰明了，模块归类科学合理，使用操作简便易懂。

系统功能要求如下。

1. 资产信息模块

资产信息模块主要反映省（自治区、直辖市）、市、县、乡（镇）司法行政机关使用的办公及业务用房、通用设备、专用设备、图书档案、家具等。相关要求如下。

（1）财务报表中的固定资产不仅能反映单位以财政性资金购置的资产，同时能全面反映司法行政机关实际使用的资产装备状况，如政府调剂安排、租赁、过渡性的办公及业务用房，资产所有权在乡镇、司法所在使用的设备、家具等。

（2）与"财务资产管理"的固定资产、装备管理对接，构成完整、全面的司法行政机关资产装备资料。

此模块可设置省（自治区、直辖市）、市、县（区）三级应用，乡（镇）司法所的资产情况统计由县司法局统一登记，数据录入划分为两个部分：一是县（区）司法局本级，二是乡（镇）司法所。

资产信息模块在 OA 后勤保障系统中建设。资产信息模块常用功能界面如图 6-6 所示。

图 6-6　资产信息模块常用功能界面

2. 后勤服务模块

后勤服务模块主要由车辆管理、食堂服务、就餐人员预报、物业管理等系统集成。相关要求如下。

（1）车辆管理系统要求参照省（自治区、直辖市）级机关车辆管理系统，对已经开发使用的软件进行升级、整合、完善。

（2）食堂服务系统要求增设机关食堂接待的申请、审批程序，食堂一周的菜谱、就餐人数预报系统、月度盈亏公示、食品采购渠道公示及食堂与职工互动交流窗口。

（3）就餐人员预报系统统计机关职工就餐人数，加上每天固定上班就餐的其他人员，为食堂提供较为准确的就餐人数。

（4）物业管理系统实施物业管理网络化、人员管理信息化、设备管理智能化、重点部位常态化的管理模式，在办公楼及附楼的物业管理上应充分体现智能化管理水平，增效节能，逐步减少干部人事成本。

模块十六　绩效考核系统

司法行政机关运用信息化手段，记录和量化机关工作部门和人员的实际工作和效果，植入科学的管理办法和考核公式，构建科学的机关绩效考核系统。考核重点围绕当年度省（自治区、直辖市）级司法厅（局）、处（科）室重点工作以及处（科）室的主要职能、工作任务，以履行工作职责和完成目标任务情况为主要依据，全面考核"德、能、勤、绩、廉"五个方面，着重考核工作实绩。为此，拟采取"周记、月考、季评、年终总结"相结合的方式，对各项绩效通过信息化手段在绩效考核系统中进行考核评价。

对处（科）室和机关人员实施精细、准确、快捷的考核，全面提升处（科）室和机关人员的执行能力和执行效率。

该系统使用范围为司法行政机关各处（科）室及所有工作人员。

系统功能要求如下。

1. 处（科）室考核

包括处（科）室年度项目计划接收与指派、工作月度考评与审定、管理工作季度考评与审定、半年度创新创优项目申报与审定、满意度年度测评、年度综合考评及等次评定、工作检查与督办等。

2. 人员考核

包括个人任务接收、工作纪实登记、工作进度更新、上报与审定、考勤、月度考评、年度考核、工作检查与督办、年度综合考评等。

模块十七　信访管理系统

信访管理系统一般不独立建设，需要与当地政府的阳光信访平台对接。若自建系统，则功能要求如下。

1. 信访登记

登记信访人信息和信访内容。

2. 信访受理

根据登记的信访事项的内容及相关规定做出是否受理的决定。

3. 信访办理

对登记的信访事项中有权处理的事项，经行政机关调查核实，应当按照有关法律法规、规章及其他有关规定做出处理并答复信访人。

4. 信访转送交办

根据登记的信访事项转送和交办相关负责单位和人员。

5. 督查督办

对信访事项登记、立项、审核、归档等流程进行督查督办。

6. 复查复核

提供复查复核事项登记、受理、告知、指定受理机关、审查等功能。

7. 统计分析

提供以多种方式展现报表数据等功能。

8. 信访查询

提供信访事项的查询等功能。

9. 信访评价

对信访事项办理过程和结果进行满意度评价。

10. 信访事项受理办理格式文书要求

按照上级（一般为省（自治区、直辖市）级）主管部门要求，在系统中创建统一的表单模板，包括信访事项受理告知单、信访事项不予受理告知单、信访事项不再受理告知单、信访事项答复意见书、信访事项答复意见书送达回证、信访事项转送告知单、信访事项转办函、信访事项转办单、信访事项交办单、信访事项督办单、复查（复核）信访文书、信访事项办理（结）情况报告、重要信访事项审结单、信访事项处理结果反馈单、信访事项办理情况审核报告、信访事项调查报告、送达委托书、送达回执等。

11. 数据交换

包括基本要求、司法行政内部数据交换、司法行政外部数据交换等。

模块十八　信息报送系统

司法行政系统日常工作中经常出现要求收集各类数据，如各单位信息化建设基层情况、业务系统数量、信息化投资金额等，或者半年总结、全年总结、表彰时需要各横向单位和下级单位提交的材料，如各单位先进个人基本材料、各单位文明创建典型案例等。这些信息报送如果采用纸质材料则效率较低，如果用电子邮件、微信、QQ报送则不便长期保存和历史回溯。因此，各单位需要建设信息报送系统。

各业务处（科）室向下或向横向单位收集统计数据、意见时可使用该系统。系统功能要求如下。

（1）对要收集的内容，自助编辑字段名、字段类型、字段长度等常用字段属性，可以是单选、复选、文本框填写，有必填项、选填项区分。可设置填报起止时间，到期自动开放填报功能，过期不得填报，也可再次放开填报时间等项目。

（2）数据收集发起人，可在全系统中勾选接收人，向 OA 系统发送表格，点击打开后可填报并提交。也可生成超链接或二维码插入通知文件，在移动端可点开链接或扫描二维码进行填报。

（3）数据填报人在 OA 系统中可直接打开表格进行填报。数据填报人以点击超链接或扫描二维码方式进入填报系统时，需要以统一发放的登入码进入填报表才能填写并提交。

（4）无论通过什么途径进行填报，系统会自动记录填报人所属处（科）室、地市、县市、司法所及个人姓名。每一处（科）室、地市、县市、司法所只能有一个人填报（此功能为可勾选项）。若出现同一处（科）室、地市、县市、司法所多人填报，则系统弹出提示对话框，提示已锁定，已由本单位第一个填报人（显示单位、部门、姓名）填报，其他人员不得填报。

（5）所有报送信息除填报人外，需要有审核人审核并加盖电子签章。

（6）后台可以看到填表单位、填表人、审核人，以及哪些已填、哪些未填。

（7）数据收集发起人可修改填报数据，但需要有日志记录。信息报送人可随时查看所填数据。

（8）填写页面应有数据收集发起人的联系方式，以便联系沟通、解答问题。

模块十九　人民满意度评价系统

人民满意度评价系统主要采集司法部和省（自治区、直辖市）、市、县司法行政机关、乡镇司法所门户网站对本地、本级司法行政工作整体履职评价，以及司法行政机关具体工作业务的评价数据。系统采集相关数据主要通过三大平台：网络平台、热线电话、实体平台。

系统用于为司法部与省、市、县司法行政机关、乡镇司法所门户网站"人民群众满意度评价"系统数据交互提供文档依据。要求明确数据交互模式，实现对接口功能、报文格式及接口内容进行详细描述。

系统功能要求如下。

1. 工作业务满意度评价

包括网络平台、热线平台、实体平台上的评价。

2. 机关履职满意度评价

（1）一级指标：系统要求记录唯一编码、姓名、联系电话、被评价单位、行政区划名称、行政区划、一级指标、数据来源、评价时间、评价渠道、数据状态、创建者、创建时间、修改者、修改时间等。

（2）二级指标：系统要求记录唯一编码、姓名、联系电话、被评价单位、行政区划名称、行政区划、工作业务类型、评价渠道、数据来源、评价时间、数据状态、创建者、创建时间、修改者、修改时间等。

3. 工作业务类型

工作业务类型包括证明事项清理投诉监督、留言咨询、律师案件委托、公证预约、人民调解预约、人民调解申请、司法鉴定委托、投诉举报、公证申请、法律援助申请等。

4. 满意度

司法部的满意度分为三级：满意、基本满意、不满意。各地政府对司法行政单位履职满意度一般分为五级：非常满意、比较满意、基本满意、不满意、非常不满意。为满足司法部和各级政府对满意度的要求，采取五级向三级映射的方式：非常满意、比较满意→满意；基本满意→基本满意；不满意、非常不满意→不满意。

5. 评价渠道

包括网站、App、微信、小程序等。

模块二十　视频会议系统

一、网络平台要求

视频会议系统是司法行政系统利用网络技术、通信技术实现的全国性音视频通信系统，用于解决传统会议系统不能开到基层，不能将重要会议同步到区县、司法所、监狱和戒毒所的问题。

未建专网或仅建涉密专网的省（自治区、直辖市），要依托国家电子政务外网运行视频会议系统。已建非涉密专网且不是依托国家电子政务外网的省（自治区、直辖市），可暂用现有网络运行视频会议系统，但要抓紧接入电子政务外网。

各省（自治区、直辖市）司法厅（局）及监狱管理局、戒毒管理局网络原则上分别通过国家电子政务外网上联司法部。

多媒体视频会议系统，旨在通过计算机网络，采用图形图像和情报信息处理技术，实现会议室范围内的信息互通和资源共享。该系统应用先进的计算机网络、多媒体通信和图形图像显示技术，以计算机信息系统为核心，以有线/无线通信为介质，集图形图像显示、计算机网络传输、计算机辅助决策、集中控制等多种系统于一身。

司法指挥中心视频巡查（点名）系统如图 6-7 所示。

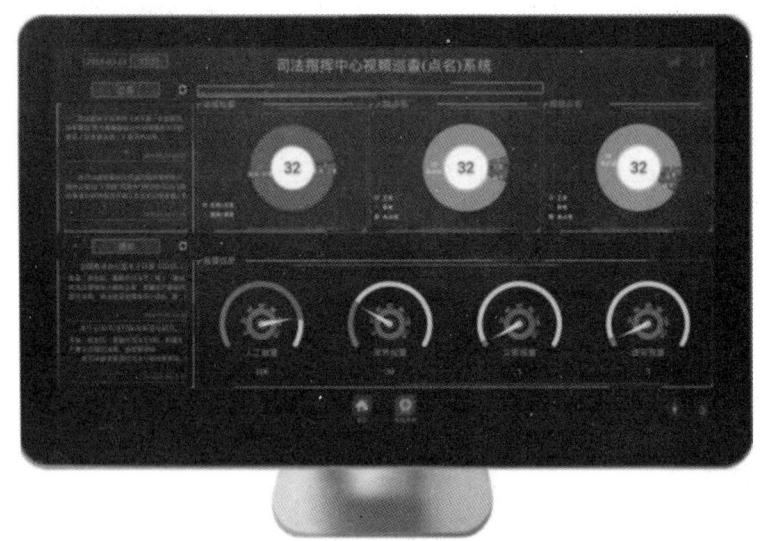

图 6-7　司法指挥中心视频巡查（点名）系统

二、行政视频会议（视频点名）系统

行政视频会议（视频点名）系统包括会议扩声系统、视频显示系统、电视会议系统等。

1. 会议扩声系统

会议扩声系统由前端拾音器、信号处理切换设备、功率放大设备及扩声扬声器等组成。

2. 视频显示系统

视频显示系统由前端采集设备、视频控制设备、会场显示设备等组成，具有灵活的组合方式。视频显示系统还可接入闭路电视、录像机、电视会议、计算机、本地会场等信号。

3. 电视会议系统

电视会议系统由高清会议摄像头、会议室远程视频会议终端、电视会议统中心控制设备等组成。

行政视频会议（视频点名）系统架构如图 6-8 所示。

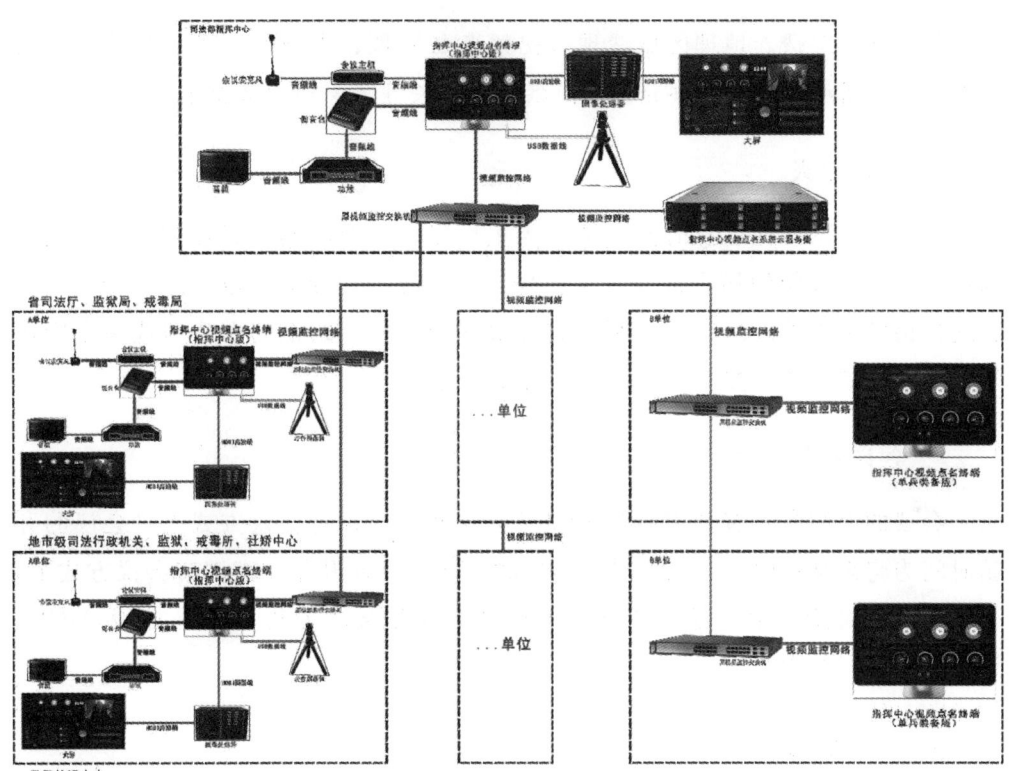

图 6-8　行政视频会议（视频点名）系统架构

三、系统功能

1. 会议功能

通过监狱（戒毒）专网，可灵活召开多方会议，各会场可根据情况，以不同速率灵活接入会议。

可以提供 VGA/HDMI 和双视频流的数据会议解决方案，可以提供全网范围内的高质量的数据会议，满足远程培训和资料共享等应用。

设备基于 Web 方式管理，各个会场只要经过授权都可以登录设备进行会议的配置管理，自主召开会议。

可以提供先进的电话接口功能，普通电话/移动电话的语音可以混入电视会议，将电视会议延伸至每一个普通电话和移动电话终端。

采用高安全可靠性设计，支持加密及多级权限管理等安全机制，保证用户会议的安全。

2. 点名功能

包括网络穿透、地理区域展现、视频点名展现、零报告展现、突发事件报告展现、设备巡查展现、多路视频点名、语音关键字识别和操控等。

3. 工作方式

任意会场可以在任意时间申请成为主会场，主会场同时只存在一个，主会场可实现控制视频切换、批准发言会场、从系统中切断分会场、结束会议、远程遥控摄像头等功能。会议控制方式可根据会议性质的不同而分别选择主席控制、语音控制、导演控制和演讲人控制等方式。

4. 会议的组织方式

会议的组织方式有预定会议和即时会议两种。预定会议方式下，会议的开始时间为将来某一时刻，当该时刻到达时，会议自动开始。在即时会议方式下，会议从当前时刻马上开始。会议组织包含选择公共能力集、选择主/从 MCU、设置会议时间等内容。

5. 显示方式

采用双监视器和画中画功能，各会场可同时显示本会场图像、其他会场图像或静止图像。

全部会场的画面可依次显示，由主会场进行操作。当主会场切换各会场画面进行轮换广播时，不中断发言会场的声音。

6. 实时添加滚动字幕

用户可根据需要输入字幕信息，并向各会场广播。对字幕的字体、大小、颜色、滚动时间间隔等均可方便地进行设置及更改。

7. 发言方式

除主会场与发言会场可对话外,还允许其他会场插话。任何会场均有权请求发言,申请发言的信号在主席会场的显示屏上显示,由主席决定是否允许其发言。

8. 摄像机控制

主会场可遥控操作参加会议的全部受控摄像机的动作,调整画面内容和清晰度。能控制摄像机摇摆、倾斜、变焦、聚焦等动作。

9. 切换方式

一般当主持人允许某会场发言或点名某会场发言时,图像和声音将自动切换到该会场。

10. 其他功能

在会议期间,任一会场可以静音(其他会场听不到该会场的声音)或哑音(听不到其他会场的声音)。任何会场加入或退出会议时,各终端控制台有显示并发出提示音。

四、视频会议系统连接的分类及要求

(一)分类

1. 部、省(自治区、直辖市)连接

各省(自治区、直辖市)级司法厅(局)沿用视频终端与部级视频会议系统连接,采用视频终端背靠背的方式上传、转发音视频信号。各省(自治区、直辖市)监狱管理局、戒毒管理局视频会议系统原则上参照司法厅(局)模式直连部级;如需调整上联方式,则由各省(自治区、直辖市)司法厅(局)与监狱管理局、戒毒管理局研究后,报部信息中心(科信办)确定。

2. 省(自治区、直辖市)内连接

各省(自治区、直辖市)级司法厅(局)通过 MCU 设备向下连接;地市司法局可通过 MCU 设备向上连接;区县司法局均采用视频终端方式接入。各省

（自治区、直辖市）级监狱管理局、戒毒管理局会议系统通过 MCU 设备向下连接。司法厅（局）与监狱管理局、戒毒管理局互联互通，要在安全可控的前提下，确保信息互传和视频会议召开。

（二）要求

1. 带宽要求

要求保障高清 1080P 流畅视频效果，每个县分会场网络带宽不低于 10Mbps，地市会场网络带宽不低于 30Mbps，省（自治区、直辖市）级会场网络带宽不低于 50Mbps。省（自治区、直辖市）监狱管理局、戒毒管理局到监狱、戒毒所网络带宽不低于 50Mbps。

2. 设备配备要求

视频会议系统是一项事关全国的基础性应用。为保证全国司法行政视频会议系统稳定运行，应选择技术先进、性能稳定的设备且设备品牌、选型要保持统一性。同时，设备实行专网专用，不得临时借用，也不得与其他平台共用设备。为保障国家安全有关要求，视频设备应选择国产主流品牌。

模块二十一　协同办公系统

协同办公系统的核心是一体化智能平台，是系统与系统之间信息传输的纽带。政务服务平台接合相关数据传输，负责实现平台与司法行政各业务系统之间的数据交换及本单位系统与外单位系统之间的数据交换。同时实现各系统之间数据传输和实时监控，具有对数据传输过程中出现的异常及时报警的功能。

协同办公系统需根据一体化智能平台的建设规划内容，实现多条线、多业务的信息共享，实现信息在平台内部、平台之间的共享及交换，需要在省（自治区、直辖市）级、市级两级平台建立数据共享交换机制，完成省（自治区、直辖市）级、市级两级政务服务平台建设任务，完成外网各业务系统与内网各业务系统数据交换接口的开发任务，完成各业务系统之间的数据交换接口设计开发任务，完成与司法、公安、检察、法院、监狱、戒毒等系统的数据交换接口的开发任务。同时，为达到防范风险的目的，需实现各系统之间数据传输的实时监控,以及对数据传输过程中出现异常及时报警的功能。并按照标准规范要求,预留与其他系统进行数据交换的接口。

系统功能要求如下。

(1) 具备数据交换标准规范和管理制度。建立平台运行所需的数据交换标准规范和管理制度,以指导、规范平台建设,支撑平台的长期、健康、稳定运行。

(2) 具备统一的数据交换监控管理平台,为一体化智能平台各系统提供运行保障。包括日志查看、性能监测、访问审计、异常报警等功能。

(3) 提供横向各业务系统的数据抽取、转换、处理功能,纵向提取省(自治区、直辖市)级、市级、县级、乡级数据,同时交换其他平台数据,通过信息共享机制和服务模式为省(自治区、直辖市)级业务系统、地市业务平台、县乡业务平台提供数据和服务。

(4) 提供多种异构系统集成的数据适配服务,实现多种系统接入和数据采集、数据更新机制。提供可靠的消息队列服务,针对分布式网络中的应用,具备数据采集的可靠传输功能。

(5) 实现数据质量控制,完成数据抽取、数据转换、数据加载等。

(6) 数据的共享利用需建立完善的安全保障服务机制。提供对数据共享服务的注册、授权、安全访问控制、数据加解密、运行管理监控等功能。

(7) 数据协同中心的安全纳入一体化智能平台安全体系。要做到数据采集和共享区分不同网段,同时对数据建立访问授权、审计、加解密,以及数据访问签名功能。

(8) 省(自治区、直辖市)级数据中心的数据应用纳入一体化智能平台。地市可调用省(自治区、直辖市)级数据中心的数据和服务,并实现统一管理,对数据和服务的管理实施授权管理模式。

模块二十二　电子监察系统

电子监察系统对各业务系统、服务系统自身运行状态、运行效能、用户使用绩效和用户反馈意见进行监察和管理。

对司法行政权力网上运行情况进行全流程、全业务、全覆盖的监察监控,所有行政权力事项一律在行政权力运行平台操作,通过全程监控、预警纠错、督查督办、投诉处理、统计分析等多种方式对权力运行情况进行实时、全程监控。

运行效能监察是指对各业务系统业务量、业务范围进行监察,对业务所需的软硬件资源进行分析和预警。

用户使用绩效监察是指收集分析业务用户对所操作软件系统的使用热度、业务处理效率等进行监察。

系统的目标是结合系统应用实际,对各项功能、绩效等进行自动监控、报警、统计、分析的拓展。

系统需要实现以下功能。

1. 全程监控

对业务系统办理事项网上运行的真实性、即时性、规范性等方面进行全过程实时监察监控。

2. 预警纠错

对业务系统运行过程中的各种异常和疑似异常情况进行分类分析和预警提醒。

3. 督查督办

对监测部门督查督办工作进行规范办理和统一管理。

4. 投诉处理

对反映软件系统应用方面投诉件进行规范办理和归档管理。

5. 统计分析

按照统一标准设置软件系统运行、预警纠错、督查督办、投诉处理、绩效考核等反映网上运行情况的各类统计报表。

6. 绩效评估

引入加权机制,综合考虑办件量和提前办结率等因素,对个人、部门的行政效能进行考核排名,并对业务效能发展的趋势进行预测。

7. 监察日志

对软件系统网上运行和监察工作情况进行自动分析和日志记录。

8. 电子监察人员库

建立以监测机构和监测工作人员为核心的基础数据库。

9. 事项查看

对软件系统详细情况可直观监察监控,为软件系统运行的合法性、有效性提供参考标准和比对依据。

10. 系统集成

在现有运行平台软硬件环境基础上,实现电子监察系统与行政权力运行相关系统、执法监督系统等数据实时共享,能够向相关部门自动报送监察数据。

模块二十三 私有云存储系统

以"司法云"大数据中心为依托,建立面向司法行政机关全体工作人员的私有云存储系统,用于日常工作中产生的文字、图片、语音、视频等数据的云上同步备份功能。可实现台式机、笔记本、智能手机等同步备份。

系统功能要求如下。

1. 全平台自动同步

想要随时随地通过任意设备访问自己的文件,仅需在每个设备上安装客户端并登录同一账号,私有云会自动将指定文件夹同步到所有设备中,并且在任何一个设备中创建、修改文件,也会实时同步到其他设备。

即使其他电脑处于关机或无网络连接状态也不影响系统同步,私有云会在连接网络后立即将文件同步到最新状态。

2. 邀请伙伴同步

可以邀请伙伴与自己同步同一个文件夹,伙伴可以将该同步文件夹实时同步到自己的电脑,也可通过网页访问,轻松实现文档统一管理、协同办公和集中备份的需求,无须再用U盘、QQ、邮箱的方式传递文件。

3. 一键 URL 分享

使用私有云，可以一键获得文件或文件夹的分享链接（URL），将它发送给伙伴，他们即可通过该链接下载文件、文件夹，或直接在线浏览。

4. 加密备份

为保证数据安全，使用 AES 加密技术和冗余备份技术，保证数据高度隐私，且永不丢失，即便电脑损坏，仍可从云存储中找回。

5. 文件时光机

私有云会保存所有文件的每一个历史版本，这些版本按照时间依次排列。可以通过网页将任何一个文件恢复到指定的时间。

使用文件时光机，无须在修改文件时为不同版本起不同的文件名，而是在一个文件里放心编辑。私有云能保存所有历史记录，通过文件时光机，可以找回误删除的文件。

模块二十四 智能印章管理系统

智能印章管理系统借助计算机，采用光机电一体化技术，通过机器管理印章，实现人章分离和有效监控盖章过程，并对盖章痕迹进行强制采集，从而保证实物印章的安全使用。

将实物印章交给机器管理，杜绝由人直接保管和使用印章所存在的道德风险，管理部门可以实时控制文件盖章，也可事后审核各机构的盖章文件信息。系统自动对盖章记录强制性采集，存档以便事后审计，有效规避下级机构的违规操作。印章详细记录所有系统操作人员的操作行为轨迹，形成完备的用印过程记录，可以有效弥补传统印章管理方式很难做到对用印情况实现真实、完整记录的缺陷。

系统功能要求如下。

（1）将印章存放、保管于印控仪内，实现人章分离，在管理及使用过程中接触不到印章，避免出现道德风险。

（2）支持多枚印章，用印文件在外，设备显示盖章中心点位置，机器自动加盖印章。

（3）盖章用印前后会强制性自动对用印文件、用印场景、用印人拍照进行存储，形成日志，责任分清，可定期整理查询等。

（4）印章管理系统根据预先的权限设置，可以采用"用户名＋密码/指纹识别"登录系统进行用印，用印数据可同步存储至服务器。

（5）机器采用"机械锁＋电子锁"同时控制，开门取放章需要领导同时授权等。采用侧弹式印油盒，添加印油方便，接触不到印章。

（6）盖章力度可设定，盖章位置精准且盖章印迹清晰，避免用印模糊不清现象。

任务七

建设"智慧法治"移动应用平台

◆ 学习导读

任务理解：

移动互联技术和智能终端的普及使"智慧法治"建设由传统的网络应用延伸到移动终端。"智慧法治"移动应用平台是一种基于移动互联技术的软件平台，是支撑智能移动终端使用的软件仓库，它可以为移动设备提供各种应用程序和服务。移动应用平台通常包括应用程序商店、应用程序开发工具、应用程序分发和推广、用户数据分析等。

应用程序商店是移动应用平台的核心组成部分，它是一个在线的应用程序市场，用户可以在这里下载和安装各种应用程序。应用程序开发工具是为开发人员提供的开发工具集，它可以帮助开发人员快速开发出高质量的移动应用程序。应用程序分发和推广是为应用程序开发者提供的推广和分发服务，它可以帮助开发者将应用程序推广到更广泛的用户群体中。用户数据分析是为应用程序开发者提供的数据分析服务，它可以帮助开发者了解用户行为和需求，优化应用程序的功能和用户体验。

移动应用在监狱、戒毒、矫正、办案、审批和公共法律服务领域已广泛使用,其可以快速、可靠地为用户提供便捷的服务。随着移动终端种类和功能的不断丰富,智能眼镜、智能头盔、智能手表、智能皮带和脑机接口将丰富到移动应用中,移动应用将逐步取代PC应用,成为未来信息技术的发展方向。

学习目标:

(1)思政目标:通过"智慧法治"移动应用平台学习,强调系统观念、守正创新,引导读者培养精益求精的大国工匠精神,激发读者科技报国的家国情怀和使命担当。

(2)素质目标:文武兼备、追求卓越。

(3)知识目标:掌握移动设备应满足的条件和移动端软件功能需求。

(4)能力目标:会看图、懂架构、知风险、写方案。

模块一　司法行政系统移动应用系统体系框架

一、司法厅（局）移动政务体系框架

司法厅（局）移动政务体系框架适用于司法体系内除监狱和戒毒外的其他相关单位。

司法厅（局）移动政务体系框架包括终端设备层、网络支撑层和移动应用层，其中终端设备层又包括通用执法终端和专用执法终端。

在法律与标准规范和安全保障体系下，通用执法终端支持执法模式和非执法模式，在国家电子政务外网和互联网中，支持司法行政移动应用。

专用执法终端应支持执法模式，在国家电子政务外网中，支持司法行政移动应用。司法厅（局）移动政务体系框架如图 7-1 所示。

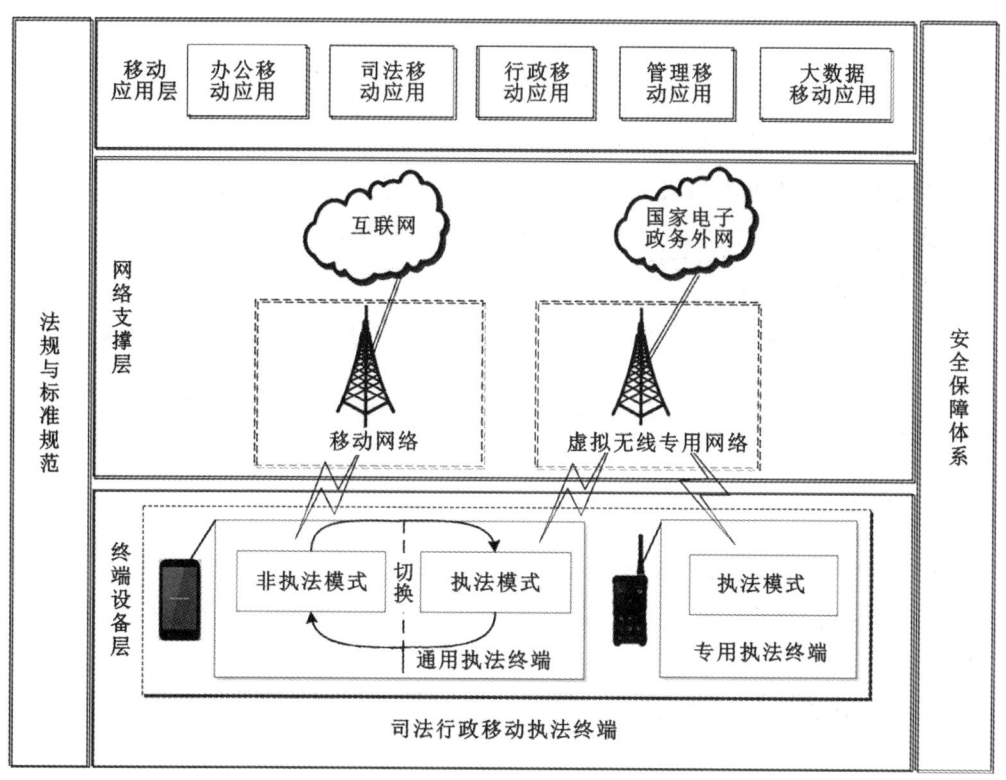

图 7-1　司法厅（局）移动政务体系框架

1. 终端设备层

终端设备层由司法行政移动执法终端组成，通用执法终端具有执法模式和非执法模式，并能够互相切换；专用执法终端具有执法模式。

2. 网络支撑层

网络支撑层为司法行政移动执法终端提供网络支撑服务。在非执法模式下，通用执法终端由移动网络连接到互联网；在执法模式下，司法行政移动执法终端由虚拟无线专用网络连接到国家电子政务外网。

3. 移动应用层

移动应用层支持司法行政移动执法终端的移动应用，包括办公移动应用、司法移动应用、行政移动应用、管理移动应用和大数据移动应用等。

二、监狱、戒毒系统移动执法体系框架

监狱、戒毒系统移动执法体系框架适用于司法体系内监狱和戒毒所等单位。

监狱、戒毒系统移动执法体系框架包括终端设备层、网络支撑层和移动应用层，其中终端设备层又包括通用执法终端和专用执法终端。

在法律、标准规范和安全保障体系下，通用执法终端支持执法模式和非执法模式，执法模式在国家电子政务外网或监狱/戒毒内网工作，非执法模式在互联网工作，应符合 SF/T0028—2018 的规定。

专用执法终端应支持执法模式，在国家电子政务外网或监狱/戒毒内网工作。

监狱、戒毒系统移动执法体系框架如图 7-2 所示。

1. 终端设备层

终端设备层由监狱、戒毒系统移动执法终端组成，通用执法终端具有执法模式和非执法模式两种模式，并能够互相切换；专用执法终端应支持执法模式。

监狱、戒毒系统移动执法终端应列入监狱和戒毒警用装备。

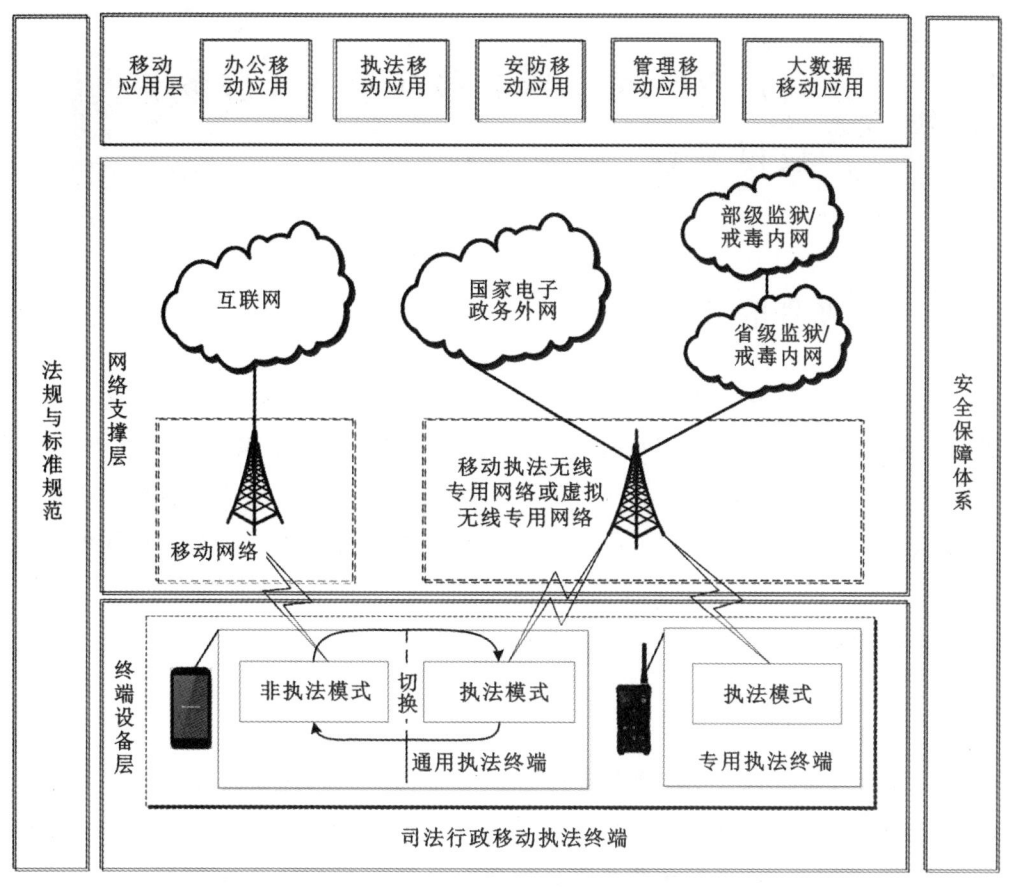

图 7-2　监狱、戒毒系统移动执法体系框架

2. 网络支撑层

网络支撑层为监狱、戒毒系统移动执法终端提供网络支撑服务。在非执法模式下，通用执法终端由移动网络连接到互联网；在执法模式下，监狱、戒毒系统移动执法终端由虚拟无线专用网络或移动执法无线专用网络连接到监狱/戒毒业务内网，也可由虚拟无线专用网络或移动执法无线专用网络连接到国家电子政务外网。

3. 移动应用层

移动应用层支持监狱、戒毒系统移动执法终端的移动应用，包括办公移动应用、司法移动应用、行政移动应用、管理移动应用和大数据移动应用等。

模块二　司法厅（局、所）移动政务（服务）应用平台

一、系统理解

司法移动平台主要是司法行政移动接入及应用系统的建设，是司法行政业务系统的无线延伸，以公用移动通信网络为通道，以便于携带的手机为终端，在保障安全的前提下，实现多业务信息的移动办公，使司法信息能够覆盖所有移动通信网络通达的地方，实现司法行政所有非涉密业务系统实时在线的综合查询和业务处理。

司法行政移动平台主要包含以下三个部分。

1. 移动终端支撑平台

针对各业务移动端软件在互联网建立综合的移动终端支撑平台，实现手机终端 App 的实时数据接收与传输。各业务系统将移动终端支撑平台需要的基础数据通过互联网与电子政务外网的安全接口同步至移动终端支撑平台，用于支持各业务手机终端 App 的正常使用。

同时，移动终端支撑平台还需实现针对各业务 App 的统一用户管理和统一权限管理，根据用户的工作职能分配相应的 App 权限。对于负责多个业务的工作人员，可同时安装并使用多个 App（建设司法行政移动支撑平台前的 App 应用继续使用独立 App，新建系统使用统一 App 接口登入）。同时，平台能够提供司法行政其他移动业务及 GIS 相关应用的数据支撑服务。

2. 移动应用入驻手机终端 App

手机终端 App 包含司法行政所有移动应用入驻，如立法议案、执法监督、人民调解、安置帮教、律师管理、法律援助、公证管理、司法鉴定、社区矫正、行政审批、法律职业资格考试、法律热线、预约探视等。要考虑面向业务工作人员的移动应用和面向公众的移动应用平台，如钉钉、微信、支付宝城市生活等。手机终端 App 应支持移动、联通、电信等多家运营商，安卓（Android）、苹果系统（iOS）等多种系统软件。

3. 司法微应用（微信、钉钉、QQ）软件

各单位根据自身信息化建设和当地政府统一要求，可结合微信公众号、钉钉、QQ、支付宝城市生活或微信小程序进行开发，功能上与终端 App 功能一致。

二、功能描述

立法议案、执法监督、人民调解、安置帮教、法律援助、律师管理、公证管理、司法鉴定、社区矫正、行政审批、法律职业资格考试、预约探视移动终端需实现以下功能。

（一）工作人员移动端

包括业务办理、信息传送、工作提醒、在线学习、信息发布、网上咨询等功能。

（二）公众用户移动端

包括信息浏览、信息分享、网上办事、信息查询、投诉反馈、定位引导等功能。

模块三　监狱系统警务通平台

一、建设目标

监狱系统警务通平台应对接监狱综合信息网、智能安防管控平台、应急指挥平台、数据中心和综合业务管理大平台等，实现数据资源整合和共享，深化科技应用与工作相结合，通过网络、移动终端、SIM/UIM 卡、监狱民警用户的一体化捆绑，满足监所对语音通信、移动执法、协同办公和安全保密的严格要求，既发挥既有资源的作用，又充分挖掘新一代信息技术潜能。

二、建设规模

监狱系统警务通平台建设规模应覆盖监狱系统各单位，满足所有民警移动业务和应用支撑需求。

三、建设内容

监狱移动虚拟专网链路租用、购买安全加密移动通信服务、外出移动安全管控终端安全加密通信服务、服刑人员使用移动终端安全加密通信服务、移动终端管理平台（MDM）、移动应用管理平台（MAM）、临时门禁刷卡切换设备、门禁对接系统、基本应用等。

四、功能要求

包括监狱移动虚拟专网链路租用、警务通安全加密通信服务、外出移动安全管控终端安全加密通信服务、服刑人员使用移动终端安全加密通信服务、移动终端管理平台、移动应用管理平台、临时门禁刷卡切换设备、门禁对接系统、巡视点名、交接班、证据采集、通话白名单、一键报警、短号通信、集群通信、通讯录和群组等。

模块四　戒毒系统警务通平台

一、警务通终端系统

在现代智慧戒毒信息化建设中，做到安全、高效移动办公是必然趋势。可靠的警务通方案是移动警务的基石，让干警用上安全的警务通，在监管区（工作/执勤模式）下进行便捷的工作交流和通信，集成门禁系统、一键报警及应急指挥等工作相关的功能，同时在非监管区（非工作模式下）和正常手机一样访问互联网应用、任意通话等，保证监管区内工作数据不能带出监管区外。

警务通移动终端采用双系统终端，分为生活系统和工作系统。

警务通移动终端架构如图 7-3 所示。

生活系统用于平时日常使用，工作系统用于处理各种公务。工作系统相对于生活系统有更严格的外设管控、更严格的权限管理、更严格的应用安装策略以及更高级别的数据安全保障。

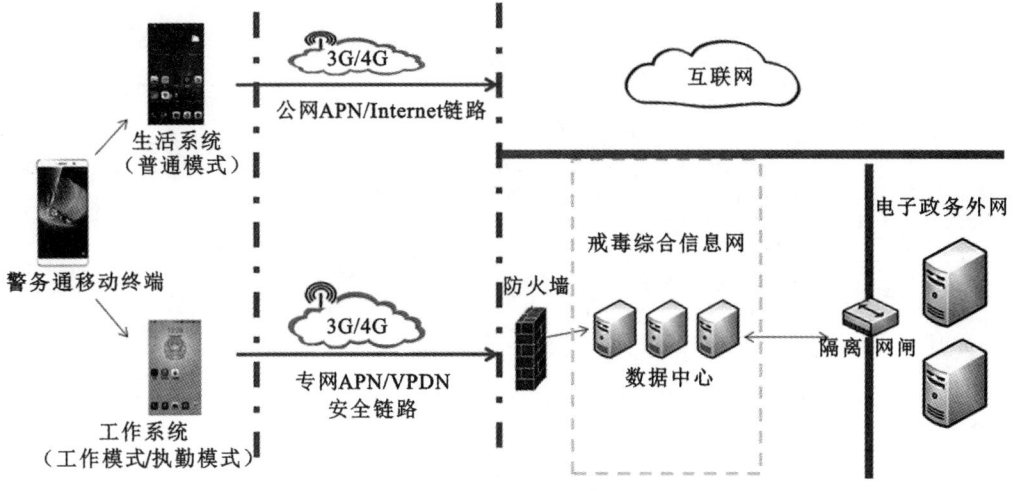

图 7-3 警务通移动终端架构

二、警务通工作模式要求

移动办公执法平台以戒毒综合信息网为基础,利用移动终端作为运作平台,结合实际工作,本着提高工作效率、为基层一线干警日常工作以及领导决策提供服务的主导思想,利用先进的计算机信息化技术设计研发而成。主要建立互联互通的移动办公执法平台,以各科室业务应用系统的数据为信息来源,针对基层一线干警,使基层一线干警能够在工作收押单位随时随地对所管人员进行管理和处理日常工作事务,主要包括行政办公和执法管理两大模块。其中,行政办公模块包括消息提醒、收文审批、发文审批、个人信息;执法管理模块包括所政管理、教育管理和生活卫生管理。

(一)警务通终端模式

终端在双系统的基础上划分为三种模式:普通模式、工作模式和执勤模式。普通模式和工作模式通过功能按钮一键切换;工作模式和执勤模式通过 NFC 刷卡切换。

警务通移动终端应用模式示意图如图 7-4 所示。

(二)普通模式

普通模式在生活系统中实现。在普通模式下,终端对通话不做任何控制,可以呼叫/接听任意普通号码和短号,包括国际长途;终端对短信、彩信不做任何控制,可以发送/接收/查看任意号码的短信、彩信;终端对上网不做任何控制,可以任意下载安装使用带有联网功能的 App。

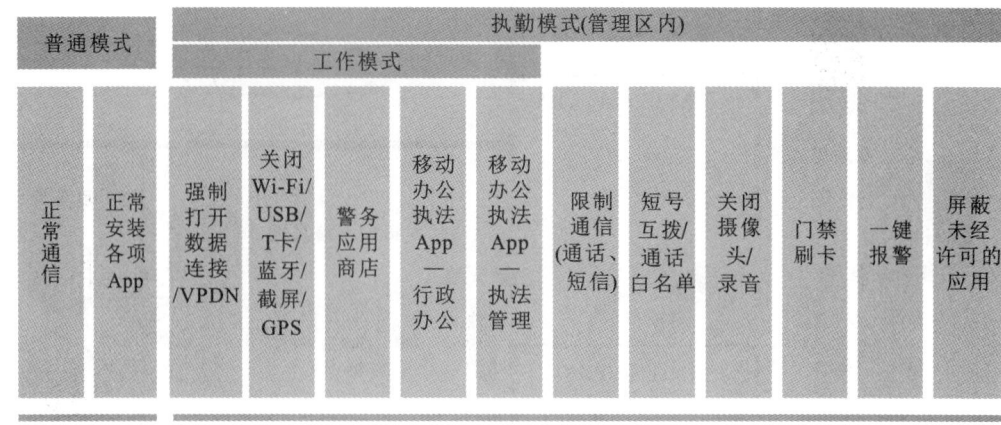

图 7-4 警务通移动终端应用模式示意图

（三）工作模式

工作模式在工作系统中实现。在工作模式下，相对于普通模式，终端增加如下限制：强制打开数据连接；通过 VPDN 连接专网；关闭 Wi-Fi/USB/T 卡/蓝牙/截屏/GPS；工作模式下的应用仅能通过警务应用商店下载、安装、使用。

（四）执勤模式

执勤模式在工作系统中实现。在执勤模式下，相对于工作模式，终端增加如下限制：限制通话，只能拨打、接听全省（自治区、直辖市）戒毒所警务通号码和对应的白名单号码；限制短信，只能发送、接收全省（自治区、直辖市）戒毒所警务通号码和对应的白名单号码的短信；关闭摄像头、录音功能；启用一键报警功能；屏蔽未经许可的应用；启用 NFC 模拟门禁卡功能；仅能通过刷卡切换回工作模式。

（五）模式切换

（1）普通模式与工作模式一键切换终端对普通模式与工作模式的切换没有限制，民警通过点击功能按钮可在普通模式和工作模式间自由切换。切换至工作模式后，相对于普通模式，终端增加如下限制：强制打开数据连接；通过 VPDN 连接专网；关闭 Wi-Fi/USB/T 卡/蓝牙/截屏/GPS；工作模式下的应用仅能通过警务应用商店下载、安装、使用；启用 NFC 模拟门禁卡功能。

（2）工作模式与执勤模式之间只能通过刷卡切换。当民警需要进入管理区，在 A 门外刷切换到执勤模式的 NFC 标签，将终端切换至执勤模式。切换后，相对于普通模式，终端增加如下限制：强制打开数据连接；通过 VPDN 连接专网；关闭 Wi-Fi/USB/T 卡/蓝牙/截屏/GPS；工作模式下的应用仅能通过警务应用商店下载、安装、使用；启用 NFC 模拟门禁卡功能；切换至执勤模式后，民警再用终端的模拟门禁卡依次刷开 A 门、辊闸、B 门进入管理区。

工作模式切换为执勤模式刷卡切换流程示意图如图 7-5 所示。

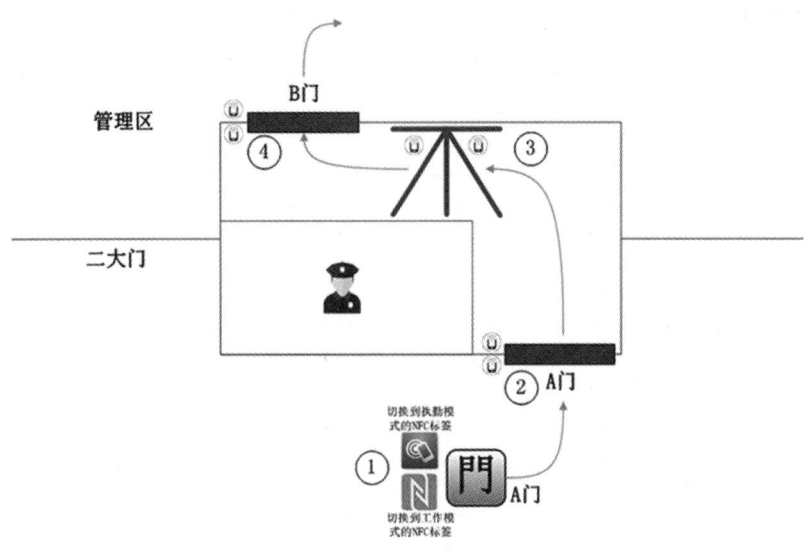

图 7-5　工作模式切换为执勤模式刷卡切换流程示意图

当民警需要从管理区出来时，使用终端的模拟门禁卡依次刷开 B 门、辊闸、A 门，出来后再在 A 门外刷切换至工作模式的 NFC 标签，将终端切换至工作模式，解除对终端的限制。

执勤模式切换为工作模式刷卡切换流程示意图如图 7-6 所示。

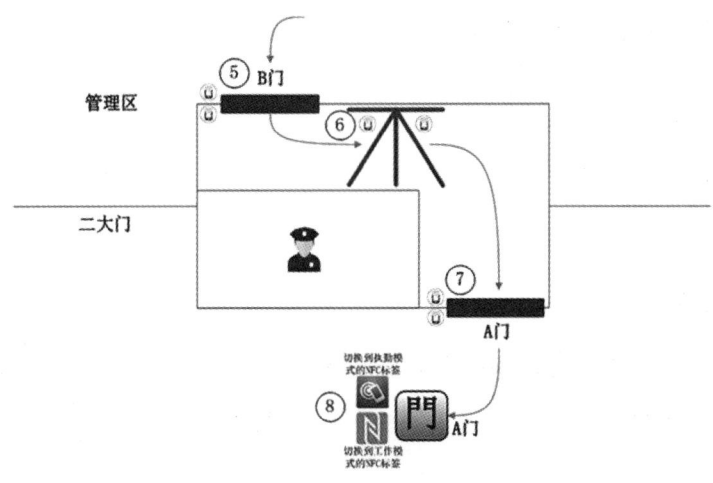

图 7-6　执勤模式切换为工作模式刷卡切换流程示意图

三、警务通业务功能要求

移动办公执法平台主要包括基础管理系统和移动办公执法 App。
基础管理系统包括基础设置、行政办公管理、执法信息管理。
移动办公执法 App 包括系统登录、行政办公和执法管理。
警务通办公执法平台功能架构图如图 7-7 所示。

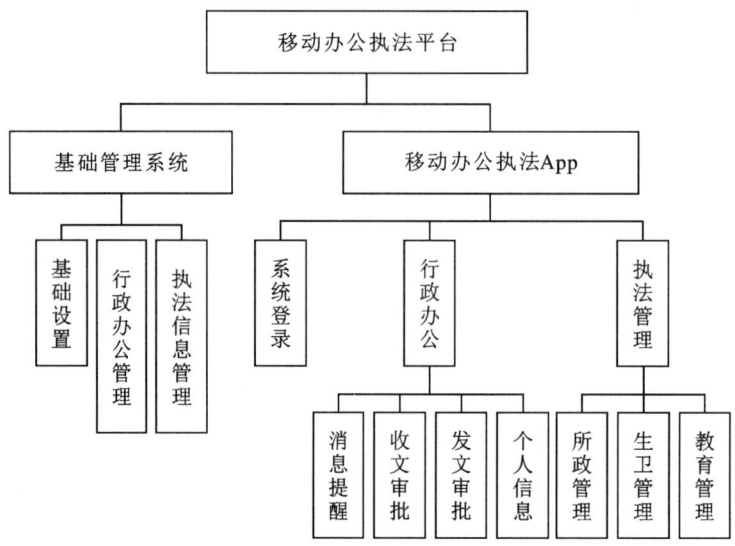

图 7-7　警务通办公执法平台功能架构图

（一）基础管理系统

具体功能模块设计内容如下。

1. 基础设置

基础设置实现系统单位组织架构、用户管理、权限管理等系统基础功能的设置管理。

2. 行政办公管理

行政办公管理实现为移动办公执法 App 提供应用交互服务，同时作为消息网关负责与行政办公系统的业务交互，实现业务的实时推送与管理功能。

3. 执法信息管理

执法信息管理实现为移动办公执法 App 提供应用交互服务，同时作为消息网关负责与戒毒人员管理相关系统、生卫管理相关系统和教育管理相关系统的业务交互，实现业务的实时推送与管理功能。

（二）移动办公执法 App

具体功能模块设计内容如下。

1. 系统登录

系统登录采取与平台统一登录机制，实现账户共享登录，同时支持用户登录记忆功能，如未出现长时间不登录的情况，再次点击 App 后，便可进行自动登录。

2. 行政办公

行政办公包括消息提醒、收文审批、发文审批、个人信息。

3. 执法管理

执法管理包括所政管理、生卫管理、教育管理。

模块五　智慧矫正移动应用平台

智慧矫正移动应用平台是社区矫正一体化平台的移动化扩展，纵向贯通部、省（自治区、直辖市）、市、县、乡五级，横向联通法院、检察院、公安和相关部门，融合大数据分析、人工智能、移动互联和物联网等技术，集成社区矫正各项智慧化融合应用，具备社区矫正全业务、全流程和全时段智能化统一运作管理功能。

利用电子政务外网和互联网及相关先进技术，将省（自治区、直辖市）级社区矫正一体化平台延伸到移动端，由社矫工作人员和社工、社矫对象以及社会力量参与人员等使用，实现移动式管理和服务的应用。

移动终端包括社矫工作人员和社工使用的通用执法终端或专用执法终端，以及社矫对象和社会力量参与人员使用的具备无线上网功能的智能手机和平板电脑等。

一、基本要求

社区矫正移动应用应为省（自治区、直辖市）级社区矫正一体化平台的移动端入口，是一体化平台功能在移动端的延伸，展现形式应包括App和小程序等。社区矫正移动应用业务办理、业务审批和数据采集应符合SF/T0015—2021的要求。社区矫正移动应用应符合SF/T0049—2019对移动应用的各项技术要求。社区矫正移动应用应支持通过专用VPN/APN访问通道连接与互联网隔离的业务网，具备安全性和保密性。

二、功能分类

社区矫正移动应用为省（自治区、直辖市）级社区矫正一体化平台的移动端入口，应依托省（自治区、直辖市）级社区矫正一体化平台的基础业务、定位监管、远程教育和远程帮扶等模块，为社矫工作人员和社工、社矫对象及社会力量参与人员（矫正小组成员、志愿者等）提供应用服务。

（1）社矫工作人员和社工移动应用功能应包括定位、调查评估、矫正衔接、实地核查、社区服务组织实施、教育学习组织实施、适应性帮扶组织实施和解除矫正等业务办理功能，以及业务审批功能等。

（2）社矫对象移动应用功能应包括电子定位、日常报告、社区服务、教育学习和适应性帮扶等。

（3）社会力量参与人员（矫正小组成员、志愿者等）移动应用功能应包括社区服务信息查询、教育学习信息查询和适应性帮扶信息查询等。

（4）社区矫正移动应用应从架构安全、移动终端安全、服务端安全、网络安全、数据安全、传输安全和身份鉴别等方面全面考虑安全要求，符合国家及行业相关标准规范，应采用国密算法确保安全性。

社区矫正移动应用功能分类如图7-8所示。

三、社矫工作人员和社工端功能

1. 定位

实现以下功能：社矫工作人员和社工定位、社矫对象定位监控、异常报警提醒、远程处置、应符合SF/T0016的要求。

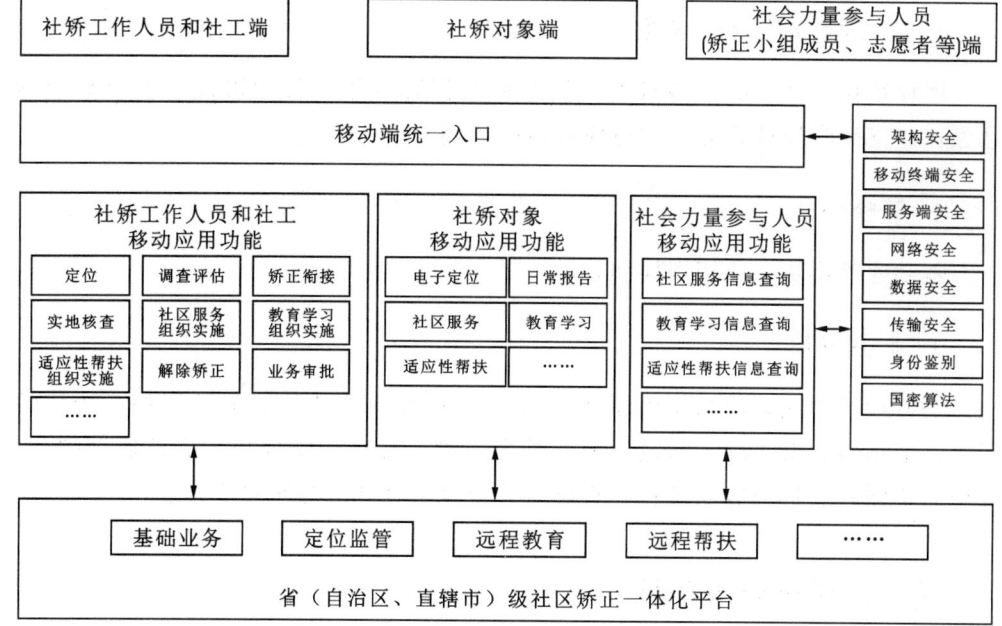

图 7-8 社区矫正移动应用功能分类

2. 调查评估

实现以下功能：身份核验、定位拍照、语音转写。

3. 矫正衔接

实现以下功能：身份核验、语音转写、图像文字识别。

4. 实地核查

实现以下功能：身份核验、语音转写、定位拍照。

5. 社区服务组织实施

实现以下功能：身份核验、在线报名、签到签退。

6. 教育学习组织实施

依远程教育模块，应支持查看所管辖范围内的社矫对象教育学习情况（包括远程自助教育、个别教育和集中教育等）、当月教育学习完成情况以及历史月份教育学习完成情况等。

7. 适应性帮扶组织实施

远程帮扶模块，应支持查看、发布社会保障政策、技能培训和就业需求信息等，并支持受理社矫对象的适应性帮扶申请。

8. 解除矫正

基础业务模块，应实现移动办理。

9. 业务审批

基础业务模块，应采用电子签章方式，实现调查评估、奖惩考核、居住地变更、请销假、禁止进入特定区域、警告审批、提请治安处罚、提请撤销缓刑、提请撤销假释、提请收监执行和提请减刑审核等在线业务审批工作。

四、社矫对象端功能

1. 电子定位

定位监管模块，应能通过北斗、GPS、基站和 Wi-Fi 等方式实现社矫对象的定位信息上报。技术性能应符合 SF/T0016—2021 的要求。

2. 日常报告

基础业务模块，社矫对象可通过移动应用实现日常报告，提交文字（可通过语音转写）或语音汇报材料。

3. 社区服务

基础业务模块，社矫对象可通过移动应用实现社区服务在线报名和签到签退功能。

4. 教育学习

远程教育模块，社矫对象可通过移动应用实现在线远程教育学习和互动答题功能等，且可通过人脸识别及活体检测技术，确保社矫对象按要求进行在线远程教育学习。

5. 适应性帮扶

远程帮扶模块，社矫对象可通过移动应用查看适应性帮扶信息，并支持在线申请等。

五、社会力量参与人员端功能

1. 社区服务信息查询

基础业务模块，可支持查看社矫对象参加社区服务报名情况和签到签退信息等。

2. 教育学习信息查询

远程教育模块，可支持查看社矫对象教育学习情况（包括远程自助教育、个别教育和集中教育等）、当月教育学习完成情况以及历史月份教育学习完成情况等。

3. 适应性帮扶信息查询

远程帮扶模块，可查看社会保障、技能培训、就业需求等信息，可支持查看社矫对象适应性帮扶信息等。

六、应用安全要求

1. 数据安全

客户端数据应进行存储加密，此外应通过无缓存阅读、移动端防截屏、电子水印和文档操作审计等技术确保客户端文档数据安全。

2. 传输安全

应通过采用安全传输协议、输入转义、数字签名、令牌和设置会话超时策略以及控制会话并发等技术确保系统传输安全。

3. 身份鉴别

应基于移动电话号码等真实身份信息对用户进行鉴别，避免敏感信息暴露，进行身份鉴别失败处理，设置口令设定与找回策略等，确保对用户进行有效的身份鉴别。

4. 国密算法

宜采用国家密码局认定的国产商用密码算法（包括 SM4 对称加密算法，SM2 椭圆曲线非对称加密算法，SM3 杂凑算法等），保护数据的机密性、完整性和不可抵赖性。

任务八

建设智能安防平台

◆ 学习导读

任务理解：

监狱智能安防平台是一种基于物联网技术和人工智能技术的智能化监狱管理系统。该系统通过安装在监狱内外的视频监控、周界报警、脉冲电网、智能门禁、电子巡更、工具管理、定位感知等设备和传感器，实时收集监狱内外的各种数据信息，如犯人的活动轨迹、监狱设施的运行状态、监狱周边环境的变化等。通过事件触发、数据分析和处理，实现对监狱内外的安全风险进行实时监测和预警，提高监狱管理的效率和安全性，减少监狱管理的人力成本和管理风险。

学习目标：

（1）思政目标：对安防平台的学习增强职业责任感，培养遵纪守法、爱岗敬业、无私奉献、诚实守信、开拓创新的职业品格和行为，培养精益求精的大国工匠精神。

（2）素质目标：文武兼备、追求卓越。

（3）知识目标：掌握安防平台的智能应用。

（4）能力目标：会看图、懂架构、知风险、选设备。

模块一　监狱（戒毒所）智能安防管理平台

监狱（戒毒所）智能安防管理平台是以监狱（戒毒所）管理数据库和服刑（戒毒）人员数据库为基础，分别建设监狱（戒毒所）视频监控、门禁控制、周界防范、电子巡更、综合报警、监舍对讲、数字广播、智能侦测等各种安全防护系统，各个子系统独立运行，通过系统接口与智能安防管理平台进行通信，在智能安防管理平台上进行信息集成和功能集成，实现各系统之间的互联互控及信息融合与共享。通过信息集成、功能集成和联动控制，实现监狱（戒毒所）一体化的安全防范。

一、功能设计

（一）安防管理

智能安防管理平台应具备与服刑（戒毒）人员信息库、警察职工信息库、监所管理信息库的接入能力，通过后台数据共享，可以在安防管理平台实现服刑（戒毒）人员、警察等信息查询和显示。通过开放的安防管理平台开发接口，与狱（所）政应用系统对接，实现资源共享。

（二）远程监控

省（自治区、直辖市）级监狱（戒毒）管理局指挥中心可对全省（自治区、直辖市）监狱（戒毒所）的图像通过全省（自治区、直辖市）GIS数字孪生电子地图监狱（戒毒所）机构分布图或监控点目录树导航逐级进行显示或分组轮巡，各监狱（戒毒所）指挥中心可对内部各监控点图像通过GIS数字孪生平台逐级进行显示或分组轮巡。可以任意调阅监控图像、报警信息等，并且在必要的时候也可调用现场语音。

（三）录像调阅回放

主要用于监视视频录像的查询、播放和下载功能。

（四）监听与对讲

对重要的场所及亲情会见通话语音，可进行监听及调阅实时视频，系统中包括音视频数据的同步存储及历史记录的搜索、语音识别和自然语义理解等。

（五）门禁监控

重点监视门禁出入口和门禁系统刷卡通过情况，含读卡器、持卡人、刷卡时间等。

（六）电网监控

电网监控与 GIS 数字孪生电子地图集成在一起，可以从 GIS 数字孪生电子地图上直观地看到电网设备信息，高压电网安装在监狱（戒毒所）围墙上。在 GIS 数字孪生电子地图上，双击电网图标即可进行电网重点监控。

（七）监所广播

用来进行监狱（戒毒所）相关区域的广播播放和控制。支持终端音量的调节控制、广播的实时播放控制、广播预案的编辑管理、广播预案的播放控制和直接喊话广播。

（八）监控巡查

根据实际监管要求，对重点区域监控图像手动点击监控点进行巡查。系统提供两种方式进行监控图像巡查：根据各监控点树形目录选择监控图像巡查；通过在监狱（戒毒所）GIS 数字孪生电子地图上标注监控点，进行监控图像巡查。

（九）设备状态

包括设备的开关状态及运行状态。通过 GIS 数字孪生平台可以查看设备（门禁、电网、报警）当前的开关状态（开/关）及设备当前的运行状态（正常/故障）。在 GIS 数字孪生地图上以不同的颜色标示，让相关人员直观地获知当前设备的各种状态，以便及时对安全漏洞做好防范。

（十）设备巡检

根据不同人员管理不同区域设备，对各类设备的巡检情况（设备名称、巡检时间、正常/非正常、巡检人员等）进行登记与上报处理。

（十一）联动报警

联动报警发生时，联动本地摄像机开始录像并记录声音；平台弹出相关界面，通过GIS数字孪生平台展示报警点位置，在总控或分控电视墙显示当地视频图像。报警方式包括门禁报警、手动报警、围墙周界自动报警、电网报警。

（十二）警戒具管理

警戒具管理是一种用于管理警戒具（例如警棍、警绳、手铐、盾牌、防弹衣等）的软硬件系统。该系统可以帮助警戒具使用部门有效地管理和跟踪警戒具的使用情况，以确保这些工具被正确地使用和维护。通过使用警戒具管理系统，可以更好地管理警戒具库存、跟踪警戒具的分配和回收、记录维护历史和检查警戒具的状态等。该系统可以提高效率和准确性，有助于保护警察和公众的安全。

二、接口规范

智能安防平台和各子系统的数据交换是通过接口设计来实现的。对于各子系统的通信接口和协议，采用通信集中管理方式，即通过前置转换程序将各平台和子系统的通信接口都统一标准，不同子系统只需对其通信协议和数据格式编程，即可方便地集成到安防平台中。

三、集成管理

监狱（戒毒所）智能安防管理平台集成监狱（戒毒所）建设的音视频监控系统、门禁控制系统、周界防范系统、电子巡更系统、综合报警系统、监舍对讲系统、数字广播系统、智能侦测系统、移动监控接入系统等。系统允许监狱（戒毒所）综合信息网上的任一工作站通过一致的软件界面对各子系统设备的运行数据和运行状态进行高性能的实时监测、采集、整理、分析和储存。同时，使用者可根据权限设置在GIS数字孪生电子地图上实现对设备的操作管理，实现对各监狱（戒毒所）运行状态的实时情况掌握。当有异常发生时，可通过弹出窗口、声光报警、短信、电话等手段通知相关人员。

（一）视频监控接入

监狱（戒毒所）视频监控系统因为建设时间不同，存在模拟、数字和模数结合等多种系统同时存在的特点，根据监狱（戒毒）管理局的要求，系统考虑到以后 1080P/4K 数字监控的发展需要，同时兼容现有模拟或数字标清设备。

系统设立二级控制中心，一级控制中心设立在省（自治区、直辖市）级监狱（戒毒）管理局应急指挥中心，二级控制中心设立在各监狱（戒毒所）应急指挥中心。省（自治区、直辖市）级监狱（戒毒）管理局通过视频专网可随时调阅录像，实时查看任意区域的监控视频并有更高的控制和指挥权限。

监区分控中心、监狱（戒毒所）应急指挥中心，以及省（自治区、直辖市）级监狱（戒毒）管理局应急指挥中心等各级管理人员可以在权限范围内查看前端图像并对前端图像采集设备进行操控。

监控图像根据要求进行可靠的存储，各级管理人员可以在权限范围内方便地调用、查询。

（二）门禁控制接入

根据各监狱（戒毒所）的实际需求，规划在各监狱（戒毒所）应急指挥中心设置门禁系统管理中心。当门禁系统发出非法进入报警时，智能安防管理平台软件能自动跳出报警信息，工作人员也可马上通过闭路电视监看报警点的情况、显示 GIS 数字孪生电子地图、预案分析，并组织人员及时处理，系统会将信号自动上传到应急指挥中心服务器上，同时通过安保集成管理软件拨打相关人员的电话，并将报警记录保存下来。

（三）车辆管理系统

车辆管理系统包括在线登记、联网审批、流程控制、查询功能、实时统计、维护管理等。能够对进出监狱（戒毒所）AB门及分监区内的外来车辆、外来人员及干警数量进行实时统计和核对。维护管理功能包括监狱（戒毒所）领导维护、干警资料维护、审批流程维护、设备参数维护、操作员维护、用户权限分配等。

（四）周界防范接入

为防止监狱（戒毒所）的服刑（戒毒）人员通过围墙越界，各监狱（戒毒所）已设置周界防范系统，来帮助民警和武警及时发现可疑情况，防止出现重大的逃逸事故。

当周界系统发出非法进入报警时，智能安防管理平台能自动跳出报警信息，工作人员也可马上通过闭路电视监看报警点的情况、显示GIS数字孪生电子地图、预案分析，并组织人员及时处理。系统会将信号自动上传到应急指挥中心服务器上，同时通过安保集成管理软件拨打相关人员的电话，并将报警记录保存下来。

（五）紧急报警接入

各监狱（戒毒所）为了保证人员安全，建立紧急报警系统。在建筑物重要地点和区域布设报警装置，一旦接到人员的报警信息，则系统会自动检测到入侵事件并及时向有关人员报警，同时启动电视监视系统，对入侵现场进行录像。

系统控制中心规划设于各个监狱（戒毒所）应急指挥中心，扩展模块的信号接收端口与相应的探测器连接，实现探测器与主机的通信。报警主机可即时接收探测器的报警及状态信息，管理人员通过管理工作站或主机配置的键盘对系统进行维护管理。系统具有声光报警功能，以GIS数字孪生电子地图方式显示报警点，并通过接口直接联动视频监控系统矩阵，实现联动控制。

（六）监舍对讲接入

监狱（戒毒）管理局和各监狱（戒毒所）通过平台可以实现对每个区域以及监舍的点对点和点对多的对讲，也能对系统内的任意一个监听点进行监听。当通过监狱（戒毒所）对讲系统发生报警信号时，智能安防管理平台软件能自动跳出报警信息，工作人员也可马上通过监控显示屏查看报警点的情况、显示GIS数字孪生电子地图、预案分析，并组织人员及时处理，系统会将信号自动上传到应急指挥中心服务器上，同时通过安防集成管理软件拨打相关人员的电话，并将报警记录保存下来。当前端没有及时处理报警信号时，监狱（戒毒所）中心值班室和省（自治区、直辖市）级监狱（戒毒）管理局能及时进行接管处理突发事件。

（七）综合报警接入

在人员发生紧急情况时按下按钮，系统自动将报警信息上传至报警主机，通过主机联动控制喇叭或警灯现场报警，阻吓非法入侵人员，同时将警情通过各种传输媒介远距离传输到智能安防管理平台及指挥中心，使指挥中心迅速、及时指挥处置现场的各类突发事件，最大限度地保护现场人员的安全，具有发现、控制和打击的重要作用。

（八）电子巡更接入

为了确保监狱（戒毒所）建设和监控的万无一失，杜绝可能存在漏检漏报以及监控的死角，需要电子巡更系统把守另一道防线，科学、客观、实时地对巡查情况进行监督，消除事故隐患，也为巡检人员的考勤管理提供可靠的依据。

针对各监狱（戒毒所）的实际情况，综合管理平台支持使用在线式巡更系统。在线式巡更系统可以及时传送数据到平台软件，在平台软件的 GIS 数字孪生电子地图上可以清晰地看到巡更人员的巡查情况。

（九）智能侦测接入

系统设计多种视频智能分析技术，如视频行为分析技术、自动跟踪技术、无缝自动跟踪技术等，对监狱（戒毒所）周界、监舍、禁闭室、AB 门、值班室等区域进行视频智能分析侦测。

（十）移动押解监控接入

应急指挥和人员转运车辆也是监狱（戒毒所）监控系统不可缺少的一部分，智能安防管理平台能实时显示车辆的位置和相关的信息，通过点击地图的图标实时查看车辆的视频信息。

在移动视频接入的同时要考虑网络的安全性，前端移动视频设备通过虚拟专用拨号网（VPDN）把现场的信息传输到省（自治区、直辖市）级监狱（戒毒）管理局指挥中心，保证网络安全性。

（十一）物联网应用系统接入

1. 目标定位系统

实时掌握监狱（戒毒所）内各个受控区域服刑（戒毒）人员的详细信息及数目；对干警、监狱（戒毒所）服刑（戒毒）人员的历史行动轨迹进行查询统计；与监狱（戒毒所）内其他智能化子系统（门禁系统、视频监控系统、报警系统、监管改造系统等）联动，实现信息共享；结合 GIS 数字孪生电子地图，各个分控中心区、监狱（戒毒所）领导、指挥中心可以实时了解干警当班情况、警力分布情况；了解各位置服刑（戒毒）人员人数、分布等信息，实现人数统计、电子点名。

2. 劳动物资管理系统

主要通过对劳动工具的种类、数量进行编号，制成条形码信息录入系统，建立劳动工具档案数据库。劳动物资管理系统与监狱（戒毒）集团公司管理系统互联互通。

3. 智能钥匙柜系统

报警提示功能通过软硬件实现对该管理柜存取行为的自动快速跟踪管理，达到全方位监管，遇有异常情况可自动触发报警系统；适时查询功能通过管理电脑值班人员及经授权人员可以适时查询存、取钥匙行为，结合考勤需求实现对工作人员上班行为的管理考核；统计报表功能根据管理者要求可以自动生成所需要的统计报表，包括按人、按时限、按异常情况统计等类型报表。

四、系统联动

智能安防管理平台中各系统均应与应急联动指挥平台联动，实现视频、音频、报警等数据与指挥中心、武警、特警等系统的联动。

五、设备生命周期管理

智能安防管理平台可对各监狱（戒毒所）内部各种安防设备资料与图纸、设备维护与维修记录、易耗品与备件库存进行电子化管理。同时，能够在设备维护检修到期前进行预警，以声音或闪烁提示，并给出实施地点、所需的准备工作信息，自动生成设备维护检修单。当系统设备出现异常情况和故障时，系统可立即调出相应位置的布防图，显示报警设备、位置和状态等，并以多种形式（如声音、颜色、闪烁等）进行报警，同时提示相应的处理方法。

六、用户权限管理

智能安防管理平台应具有用户权限管理功能，实现对安防平台用户集中式的账户管理、授权管理，为不同级别的人员赋予不同的操作权限，防止系统信息泄露和被非授权人员干扰。

七、日志管理

系统提供完备的历史日志记录，以便用户进行查询。系统日志分为用户日志、设备日志、告警日志三种。主要功能如下。

（1）支持通过不同的字段查询相应日志信息，具体字段包括名称、类型、时间段；具体字段视不同的日志类型而定。

（2）支持用户对指定的日志条目以文本的方式导出保存。

（3）可查询所有用户的权限、状态、操作的历史记录。

模块二　视频监控智能行为分析选用

智能视频监控已成为周界防范产品的"合作伙伴"，智能视频分析技术通过对视频信号进行处理、分析及内容理解，提取视野范围内运动个体的运动特征，通过将运动特征与一定预设规则的比较，让计算机自动"理解"视频内容，当发现满足一定规则条件的"行为"时，实现智能化自动报警。智能分析检测类型有以下几种。

一、自动目标分类

智能分析系统采用最新视频图像分析识别技术，对画面中的各种物体，包括人的识别、车辆的识别，以及箱、包等各种物体的识别。智能化分析的前提在于，必须准确无误地识别画面中的各个目标，才能进行高准确度的智能化分析。

二、警戒线识别

监控的周边是监狱（戒毒所）重点区域，监控要预估所有不安定因素。利用警戒线检测功能，在围墙四周设置警戒线，有人翻越围墙，马上就能报警，以便及时阻止在押人员逃脱或者外部侵入。

在监狱（戒毒所）围墙上部署此模块，可自动检测运动目标穿越警戒面（称为虚拟线）的行为，围墙越界检测、逆向行驶等，同时在围墙出口检测人员跨线或徘徊现象，系统会及时发出预警信号。

在视频画面中画一条虚拟警戒线，一旦监控视频画面中有人、车辆或者其他物体穿越这条警戒线，周界报警视频智能处理器可以自动发现并产生报警。跨越警戒线又分为单向跨越和双向跨越。单向跨越规定从某一个方向跨越警戒线才产生报警，而从另外一个方向出现跨越行为时不产生报警。当有犯人出现异常行为，穿越警戒线，进入禁区等，智能视频分析系统就会报警通知值班民警。

三、区域看防识别

在监狱（戒毒所）中的一些区域比如操场、劳动场所，会防止服刑犯人进入或者其他外来人员进入，可以设置安全区域识别、检测是否有人、物体或车辆进入预定区域；支持区域范围的自定义设置，可以是任意形状；以设置虚拟区域范围方式进行监测，保护某些不允许服刑犯人进入的禁区；在一定时间内不允许别人进入或者离开；有人、车辆或者物体进入或者离开某一个特定区域，周界报警视频智能处理器会发出进入报警，通知值班民警。

四、消失出现识别

在监狱（戒毒所）中的一些区域比如操场，当有人、车辆或者物体出现在画面中的监狱（戒毒所）中设定的某个区域，会引发进入识别。出现识别与进入识别都是针对画面中的虚拟区域产生的分析识别，两者的区别在于进入识别强调的是物体从外部进入区域；而出现识别强调物体突然出现在特定区域。

消失识别是针对出现识别而言的，当人、车辆或者物体突然从某个特定区域消失，即可产生消失识别。消失识别强调的是物体从特定区域中突然消失了，而离开识别强调的是物体从区域中离开的动作。当出现异常行为，智能视频分析系统就发出报警通知值班民警。

五、逆行识别

在监狱（戒毒所）的通道或者其他关键场所，智能视频分析系统对反向运动的人、物体或车辆进行检测，产生逆行识别。当出现异常行为，智能视频分析系统就发出报警通知，值班民警当即进行报警处置。

六、异常奔跑识别

在监狱（戒毒所）的通道或者其他关键场所检测是否有人员快速运动，产生异常奔跑识别。当出现异常行为，智能视频分析系统就会发出报警，通知值班民警防止犯人逃离。异常奔跑识别可以有效防止突然逃跑、追逐打架等突发事件。

七、遗弃物品识别

在监狱（戒毒所）一些重要生产生活场所，当画面中某人遗弃某物体或者从某车上丢下一物体，都会引发遗弃物品识别。监控人员第一时间发现不明包裹被遗弃，可防止犯人通过一些不正当的手段传递违禁物品。

八、物品丢失识别

在监狱（戒毒所）一些重要生产生活场所，当视频画面中的某个物体被取走，即可产生物品丢失识别。该物体应该存在，却被人偷走，智能化分析系统能够及时捕获这样的异常行为，智能视频分析系统就发出报警，通知值班民警。物品丢失识别特别有利于针对监狱（戒毒所）人员私藏、偷盗一些工具进行危害活动。

九、限制徘徊识别

在监狱（戒毒所）内部一些指定区域或者监狱（戒毒所）外围等其他地方，检测是否有可疑人、物体或车辆在指定区域内长时间停留，当滞留或者徘徊时间超过预设值，系统将报警。智能分析系统则会对该类行为进行分析并报警，监狱（戒毒所）监控中心可以当即联系现场人员进行甄别处置，防止有人勘察监狱（戒毒所）的建筑结构等信息。

十、剧烈运动识别

在监狱（戒毒所）生产生活场所出现打架斗殴等剧烈运动情况，将产生剧烈运动识别，智能分析系统会对该类行为进行分析、报警。当出现异常行为，智能视频分析系统就会发出警报通知值班民警及时处理问题，防止事态进一步扩大，有效加强管理。

十一、人员聚集识别

在监狱（戒毒所）生产生活场所出现一定数量的人员聚集的时候，智能分析系统产生人员聚集警报通知值班民警，监控中心可以当即联系现场人员进行甄别处置，将可能出现的异常情况消灭在萌芽状态，确保监狱（戒毒所）安全、犯人安全。

十二、摔倒识别

在监狱生产生活场所出现人员突然摔倒时，智能分析系统产生人员摔倒警报通知值班民警。监控中心通过现场视频判断发生的事件，可以当即联系现场人员进行甄别处置。

十三、警囚比失衡识别

在监狱（戒毒所）内一般不允许在押人员在无民警带领的情况下自主活动，也不允许只有一名民警监管多名在押人员或只有一名民警审讯犯人。智能分析系统应能够区分民警和在押人员身份并计数，对特定场所或规定情形下警囚比失衡情况及时发出警报提醒民警本人或通知指挥中心进行干预纠正。

十四、攀高识别

在监狱（戒毒所）生产、生活、教育场所的所有攀高动作可能导致越狱、脱逃或影响监管安全的行为时，智能分析系统应能够识别攀高动作和攀越限高线的行为并及时发出警报通知值班民警阻止危险行为。

十五、起身识别

在监狱（戒毒所）生产、生活、教育场所，在押人员睡觉、学习、工作中应处于睡姿或坐姿，若出现起身动作时，智能分析系统应及时发现其起身动作，并以弹出主屏或提示信息方式通知值班民警，注意在押人员的异常举动。

十六、着装识别

在监狱（戒毒所）生产、生活、教育场所，智能分析系统应能通过着装识别民警、在押人员、外协人员等，并将数据与人员管理系统进行比对，当出现异常情况时向指挥中心发出警报。

十七、独处识别

在监狱（戒毒所）生产、生活、教育场所，一般不允许有单个在押人员独自处于无人监管状态，如单个在押人员独自在监狱内行走、劳动、徘徊等。智能分析系统应及时发现，并通过广播、警报系统或警务通，通知民警或指挥中心值班人员及时处置。

十八、睡岗识别

在司法行政机构工作、生产、生活、教育场所的值班值守岗位人员出现伏案或低头瞌睡时，智能分析系统应能及时发现并通过广播或警务通发出提醒信息，防止值班值守人员睡岗。

十九、脱岗识别

在监狱（戒毒所）生产、生活、教育场所的规定位置，一般会安排民警或在押人员从事安全监管或值班值守的固定岗位，若值班值守人员一段时间没有在指定位置出现，智能分析系统应发出警报通知值班民警。值班值守人员返回岗位后，系统应解除警报并记录脱岗时间、时长。

二十、蒙头睡觉识别

在监狱（戒毒所）的宿舍内，为防止意外发生，一般不允许用衣物、毯子或被子蒙住头睡觉，智能分析系统发现有蒙头睡觉的行为，应立即通过监仓广播或警务通向值班民警发出提醒信息，及时纠正错误行为。

二十一、撞墙识别

在监狱（戒毒所）生产、生活、教育场所有在押人员出现撞墙危险动作时，智能分析系统应能够识别撞墙动作并及时发出警报通知值班民警阻止危险行为的继续。

二十二、智能跟踪

在监狱生产生活场所,当主摄像机检测到有可疑情况发生的时候,如监狱服刑人跨越警戒线,进入、离开警戒区域,或在警戒区域徘徊等,主摄像机发送指令控制从摄像机进行云台旋转和镜头缩放,锁定触发报警的目标并对其进行自动跟踪,使目标持续放大以显示在画面中央,这样监狱监控中心可以看到更清晰的目标特征,以利于实时判断和事后对照取证。

二十三、人数统计

监狱宿舍楼出入口是犯人进出的必经通道。在重要通道门口做进出人数统计,比对进入及离开出入通道的具体人数,可以有效辅助民警的日常管理工作。

二十四、图像骤变识别

在监狱安装大量的摄像机,如果有人处于某种目的移动摄像机或者其他情况,智能视频分析系统检测视频图像是否有较大变化,如摄像头被遮挡和大幅度移动使场景发生变化;当发生爆炸等情况,视频的光亮度异常强烈等。智能化分析设备能够自动捕捉这类行为,通知监狱监控中心值班民警及时纠正问题,预防和杜绝恶意破坏等违法行为,并根据现场录像查找原因。

二十五、视频质量诊断

针对监狱安装的大量摄像机,利用视频质量诊断技术来检测监控系统中存在的各种视频常见故障,对于使用过程中出现的故障(雪花、滚屏、模糊、偏色、画面冻结、增益失衡和云台失控等)进行视频质量诊断,有效预防因硬件导致的图像质量问题及所带来的不必要的损失,为视频监控的持续、有效提供坚实的基础。出现视频质量问题,系统诊断后会马上报警,通知监狱监控中心值班民警即时处理问题,打造万无一失的监狱视频监控体系。

任务九

建设应急联动指挥中心

◆ 学习导读

任务理解：

应急联动指挥中心是指在监狱、戒毒所、社区矫正中心或公共法律应急事件发生时，负责对应急事件进行指挥、协调和管理。它的主要职责是收集、分析和发布应急信息，指挥和协调应急资源的调配和使用，以及组织应急救援和恢复工作，形成处置报告，留存应急指挥事件的处置过程记录，总结应急处置经验和改进措施，调整应急处置预案。应急联动指挥中心通常由多个部门和单位组成，包括政府、救援、医疗、安全、消防等。在应急事件发生时，这些部门和单位会通过应急联动指挥中心进行协调和合作，以尽快有效地应对应急事件。

学习目标：

（1）思政目标：通过应急联动指挥中心学习，掌握应急联动指挥中心的核心价值，将其与社会主义核心价值观类比，强化社会主义核心价值观内化为精神追求、外化为自觉行动，培养忠诚、干净、担当的政法职业精神。

（2）素质目标：文武兼备、追求卓越。

（3）知识目标：掌握指挥中心基本功能和应急联动建设目标。

（4）能力目标：能够掌握应急联动指挥中心建设的硬件、软件、设施、设备需求，依据监狱、戒毒、矫正、公共法律服务需求，设计功能适用的指挥中心。

模块一　司法厅（局）指挥中心建设要求

一、应急指挥功能

在处置突发事件时，为各级司法行政机关提供多种方式的通信与信息服务，以实现对各级各类突发事件应急管理的统一协调指挥。同时，依托现场采集的图像、音频、视频、位置等具体信息，实时监测并分析预测事件进展，实现应急数据及时准确、信息资源共享、指挥决策高效。

二、视频执法巡查功能

通过集成在指挥中心的视频监控系统，掌握监狱、戒毒、法律职业资格考试现场、矛盾纠纷调解室、法律服务大厅、社区矫正教育矫治场所等重点场所的实时监控画面，以远程的方式履行执法监督职责，对执法主体实施的执法行为进行监察与督促，并对违法行为予以纠正，维护执法行为的合法性、公正性和严肃性，保障执法对象的合法权益。同时，实时了解监狱、戒毒和社区矫正等监管对象的位置和行为信息，为精准管理、严格执法提供依据。

三、数据分析研判功能

对指挥中心汇聚的大数据进行多维和多角度的分析、研判，全面展现司法行政综合业务统计分析数据、监管对象的监控和管理数据，以及向社会提供的公共服务数据等信息，实现司法行政综合信息的"一站式"查询与展示。利用可视化、智能化的分析软件，深度挖掘数据潜在价值，根据可视化分析和数据挖掘结果做出预测性判断，为各级司法行政机关科学决策提供数据支持和决策依据，提升全系统预测、预警和预防的能力。

四、执法办案协同功能

将司法行政各类管理和服务资源，以及外部单位交换获取的信息进行汇聚和整合，有效打破"信息孤岛"，实现信息资源共享。同时，为各业务条线提供跨部门的办案协同平台，加强各业务条线的联动和部门间工作协同能力，提升司法行政办案的质量和效能。

五、执勤值守功能

实现指挥中心平战结合的执勤值守模式，能够对信息收集、汇总、发布、报送等工作进行科学、有效的管理，实现舆情监控、要情信息的上传下达。实现本级及下级行政区域内发生的紧急重大情况和动态及时感知，预警信息及时发布，确保各类突发信息发现迅速、报告及时、处置果断。同时，实现对下级指挥中心的巡查和督促指导功能，发现和纠正执法、执勤、值守过程中存在的问题，保证下属各级指挥中心的正常有序运转。

六、各级司法行政单位指挥中心建设要求

（一）司法部指挥中心

1. 指挥平台

接收所有司法厅（局）要情信息的上传，并进行舆情监控，可对直属单位重点区域进行日常监管。可接收所有司法厅（局）上报的突发事件，通过音视频等方式对突发事件进行应急指挥。通过指挥中心大屏对监狱、戒毒、社区矫正、行政立法、执法监督、行政复议、行政应诉、律师、公证、司法鉴定、法律援助、法律职业资格考试、人民调解、法律咨询等业务数据统计分析的展示，可实现移动单兵设备到应急事件现场回传音视频信息，向领导提供信息服务。

2. 场所

部级指挥中心大厅各物理子系统包括综合布线系统、通信与网络系统、拾音及扩声系统、视频及电话会议系统、视频采集及显示系统、会场照明系统、集中控制系统、信息记录系统、安防及动力环境监控系统、日常办公系统、供配电系统、防雷接地系统、消防系统、空调及新风系统。

(二) 司法厅（局）指挥中心

1. 指挥平台

指挥平台接收全省（自治区、直辖市）司法局要情信息，并向司法部上传要情信息，对全省（自治区、直辖市）范围舆情进行监控，可对直属单位重点区域进行日常监管。接收全省（自治区、直辖市）上报的突发事件，通过音视频等方式对突发事件进行应急指挥。通过指挥中心大屏对监狱、戒毒、社区矫正、行政立法、执法监督、行政复议、行政应诉、律师、公证、司法鉴定、法律援助、法律职业资格考试、人民调解、法律咨询等业务数据统计分析的展示，可实现移动单兵设备到应急事件现场回传音视频信息，向领导提供信息服务。

2. 场所

省（自治区、直辖市）级指挥中心大厅各物理子系统包括综合布线系统、通信与网络系统、拾音及扩声系统、视频及电话会议系统、视频采集及显示系统、会场照明系统、集中控制系统、信息记录系统、安防及动力环境监控系统、日常办公系统、供配电系统、防雷接地系统、消防系统、空调及新风系统。

(三) 地市司法局指挥中心

1. 指挥平台

指挥平台接收区县司法局上报的要情信息，并向司法厅（局）上报要情信息，对全市相关舆情进行监控，可对直属单位重点区域、教育矫治场所、人民调解现场、法律服务场所进行日常监管。接收区县局上报的突发事件，通过指挥中心大屏对戒毒、社区矫正、行政立法、执法监督、行政复议、行政应诉、律师、公证、司法鉴定、法律援助、法律职业资格考试、人民调解、法律咨询等业务数据统计分析的展示，可实现移动单兵设备到应急事件现场回传音视频信息，为科学决策提供信息支撑。

2. 场所

市级指挥中心大厅各物理子系统包括综合布线系统、通信与网络系统、拾音及扩声系统、视频及电话会议系统、视频采集及显示系统、会场照明系统、集中控制系统、信息记录系统、安防及动力环境监控系统、日常办公系统、供配电系统、防雷接地系统、消防系统、空调及新风系统。

（四）区县指挥中心

1. 指挥平台

指挥平台向市司法局上报要情信息，对全区范围内司法行政相关舆情进行监控，可对直属单位重点区域、教育矫治场所、人民调解现场、法律服务等场所进行日常监管，可实现移动单兵设备到应急事件现场回传音视频信息。向市司法局上报突发事件，通过音视频等方式对突发事件进行应急指挥。

2. 场所

区县级场所为指挥室，各物理子系统包括综合布线系统、通信与网络系统、拾音及扩声系统、视频及电话会议系统、视频采集及显示系统、会场照明系统、集中控制系统、信息记录系统、安防及动力环境监控系统、日常办公系统、供配电系统、防雷接地系统、消防系统、空调及新风系统。

模块二　监狱、戒毒应急联动指挥中心建设要求

一、整体架构

监狱、戒毒应急指挥中心组织架构分三级四层，以监狱系统应急指挥中心组织架构为例，如图 9-1 所示。

（一）司法部监狱（戒毒）管理局应急指挥中心

可对全国监狱（戒毒）应急指挥联动系统的运行信息和报警信息实时调看。接收省（自治区、直辖市）监狱（戒毒）管理局应急指挥中心上报的突发事件并为司法行政机关提供多种方式的通信与信息服务，实现对各级各类突发事件应急管理的统一协调指挥。

（二）省（自治区、直辖市）监狱（戒毒）管理局应急指挥中心

可对管辖监狱（戒毒）应急指挥联动系统的运行信息和报警信息实时调看。接收全省（自治区、直辖市）监狱（戒毒）管理局应急指挥中心上报的突发事件

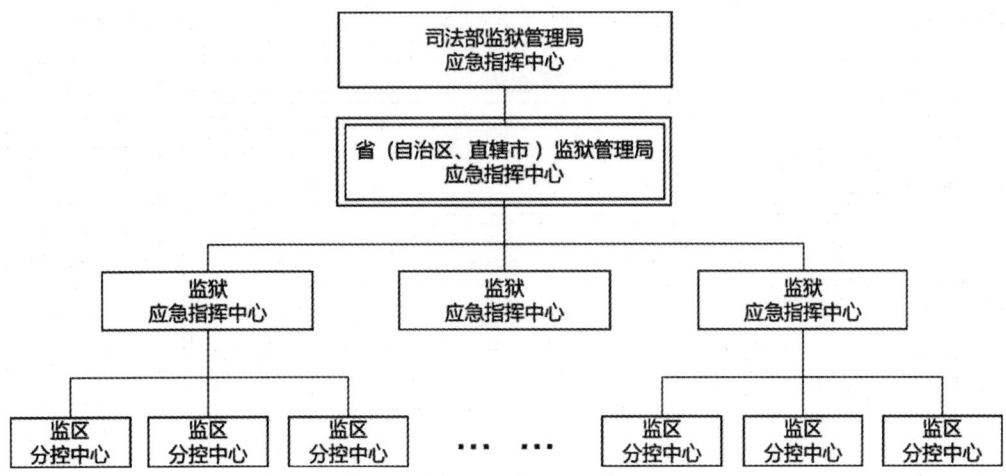

图 9-1　监狱系统应急指挥中心组织架构

并向本地司法厅和司法部监狱（戒毒）管理局应急指挥中心上传，横向与公安、武警、综治等单位的指挥中心信息互通，实现对各级各类突发事件应急管理的统一协调指挥。

（三）监狱（戒毒）应急指挥中心

通过信息汇聚、分析、研判，实现应急指挥中心接警处置、应急处突、决策支持等管理职能。接收报警源、分控中心上报的突发事件并向省（自治区、直辖市）监狱（戒毒）管理局、司法部监狱管理局应急指挥中心上传，横向与公安、武警、综治等单位的指挥中心信息互通，实现对各级各类突发事件应急管理的统一协调指挥。

（四）分控中心

分控中心适用于多监管区监狱，用于周边视频采集点视频信息的数字化接入、集中管理、分发、上传以及本地用户终端的接入，与监狱应急指挥中心联动，实施应急处置工作。

二、应急指挥联动系统

（一）应急指挥联动系统架构

应急指挥联动系统架构由基础平台层、软件应用层、系统管理平台层、监狱（戒毒）信息化平台接口层构成，如图 9-2 所示。

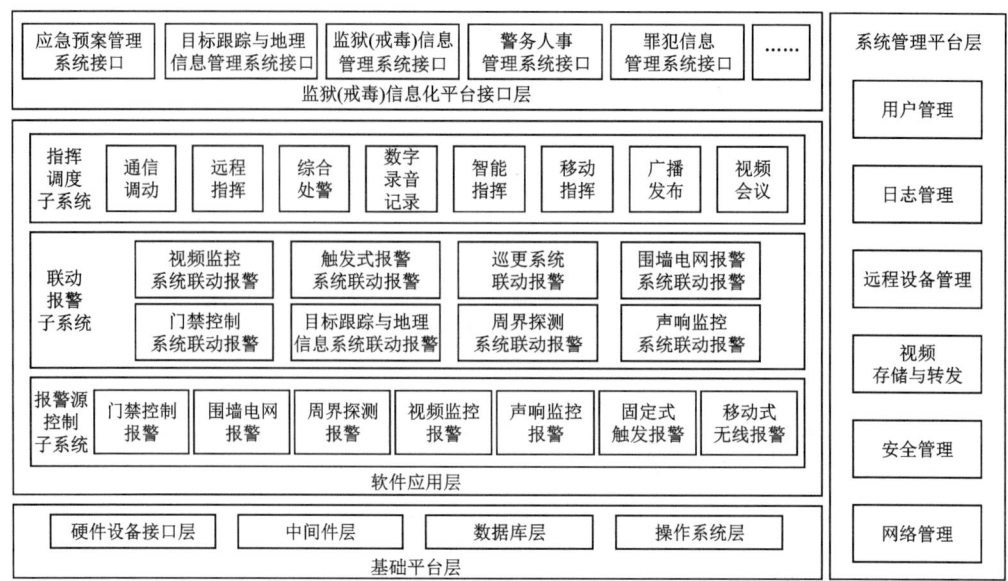

图 9-2 应急指挥联动系统架构

1. 基础平台层

基础平台层应包括操作系统层、数据库层、中间件层、硬件设备接口层。

2. 软件应用层

软件应用层应包括指挥调度子系统、联动报警子系统、报警源控制子系统。

3. 系统管理平台层

系统管理平台层是独立于应用软件的辅助管理层，应包括用户管理、日志管理、远程设备管理、视频存储与转发、安全管理、网络管理等。

4. 监狱（戒毒）信息化平台接口层

监狱（戒毒）信息化平台接口层是应急指挥联动系统与监狱（戒毒）信息化平台内其他相关子系统的接口层，应包括应急预案管理系统接口、目标跟踪与地理信息管理系统接口、监狱（戒毒）信息管理系统接口、警务人事管理系统接口、罪犯信息管理系统接口等。

（二）应急指挥联动系统建设要求

1. 通用要求

应急指挥联动系统运行网络应部署在司法加密网，与外部网络应实行物理隔离，禁止外部网络访问。并且应充分考虑数据使用范围的安全性，网络环境及终端应与互联网隔离。

2. 软件设计

应急指挥联动系统软件设计应符合以下要求：

（1）应基于网络运行，优先采用 B/S 方式的多层架构体系，满足监狱（戒毒）的分布式应用、集中管理的要求；

（2）部分特殊功能应用可采用 C/S 架构；

（3）应采用多用户、多任务操作系统；

（4）系统网络通信协议应采用 TCP/IP 协议；

（5）数据库管理系统应选用国产数据库，具备结构化分析及检索功能；

（6）系统应具有关键硬件冗余设计、软件系统自保护设计、故障自检测与告警设计，以及断电断网异常逃生设计等关键技术。

3. 网络性能

网络性能指标应符合表 9-1 中的要求。

表 9-1 网络性能指标

传输协议类型	丢包率	网络时延	抖动
TCP	≤1/100	≤200 毫秒	≤50 毫秒
UDP	≤1/1000	≤500 毫秒	≤100 毫秒

三、联动报警

监狱（戒毒）联动报警系统是集无线、有线、监狱（戒毒）安防报警、接警、处警于一体的接处警综合联动报警平台。监狱（戒毒）联动报警系统采用二级管理结构：一级为监狱（戒毒）应急指挥中心，二级为分控中心。监狱（戒毒）应急指挥中心的报警平台应包含独立的监狱（戒毒）通信线路（无线、有线）和监狱（戒毒）安防监控报警系统。

（1）在各类报警发生时，应能以最快的速度自动显示报警者所处的地理位置、详细资料、警力分布等情况，以便快速调用警力前往处置。

（2）监狱（戒毒）安防监控系统的各类报警与音视频联动，应能在"报警专用显示器"上实时显示报警现场的视频画面，在电子地图上显示报警点所在位置，便于及时处置狱内突发事件。并能自动启动"报警专用视频服务器"录音录像，用于事后的查询和分析。

（3）应能实时记录报警语音，供以后分析、处理、追踪，数码录音回放应清晰、逼真。

（4）电子地图显示位置应精确，坐标输入方式应简单方便。

（5）电子地图、报警信息、接处警录入、资料管理、录放音以及其他各种功能应集成统一，便于切换操作，有利于指挥调度。

（6）系统应具有较强的可扩展性，应与狱政管理系统无缝链接。

（7）应支持GPS或北斗定位系统，可实现移动目标实时报警与跟踪。

四、指挥调度系统

（一）通信调度系统

1. 有线通信调度系统

有线通信调度系统是监狱（戒毒）指挥调度系统的核心，由有线调度交换系统组成，提供多席位指挥调度、组呼、群呼、热线、电话会议，以及电话、传真、可视图文及数据通信等多种业务功能。基于电信馈电的有线电话具有很强的可靠性，但部署需要布线，基于网络协议的IP电话具有随网部署的灵活性，但网络异常时无法保证基本的语音通信，因此，两者应该融合。在总值班室部署有线调度终端，以保障在任何情况下电话均能正常接听；在应急指挥中心或分控中心等处可以采用网络部署IP调度终端。

2. 无线通信调度系统

以数字无线集群移动通信系统为主，提供多群组的调度功能、短数据信息服务、分组数据服务以及数字化的全双工移动电话服务。为充分利用公众网覆盖面积大、方便对外通信联络的特点，也可部分利用运营商提供的5G公众网络。

3. 对讲调度系统

通过对讲调度系统，集成接入综合调度台，实现集中接入和综合调度。进而实现与预案进行智能化联动配置，实现针对不同预案进行警力的快速调度。

4. 综合通信调度系统

语音系统是常用的沟通手段，应急指挥平台的综合通信系统不仅包含传统的 PSTN、蜂窝电话，同时涵盖 VoIP、呼叫中心等新型语音系统，在实现监狱（戒毒）系统内部沟通的同时，面向公众和相关部门提供信息服务。

（二）智能指挥调度系统

1. 调度智能排队功能

可对呼入的电话进行排队，调度席有排队指示并在座席忙时向用户发送调度座席忙的语音提示，一旦有空闲席位，即将电话接入。

2. 智能调度功能

可实现通话保持、提示音、强插（监听）、三方或多方会议电话、遇忙回叫、无应答回叫、呼叫转移、呼叫转接、呼叫前转、系统缩位拨号、对中继线强插与强拆等功能。

3. 会议电话功能

通过指挥调度座席可以直接召开电话会议，实现单呼、组呼、全呼等功能，并可对会议过程录音、录像。

4. 骚扰电话管理

无须公网设备配合即可对恶意骚扰电话进行锁定，并播放训诫语音，锁定时长可自由设定。

（三）远程指挥调度系统

1. 分组功能

指挥调度中心根据处警要求，对用户和调度台进行分组。指挥调度中心可有许多由若干调度台和无线用户组成的通话组。其中无线用户、通话组和呼叫权限都可独立设置。

2. 直通功能

当在基站没有覆盖的地区或因系统故障难以快速接入时，应使用不受基站和交换机控制的无线频率，直接用移动台进行相互间的通信。

3. 呼叫功能

应具有组呼、自动重发、遇忙排队及回呼、出界指示、连续（信道）更新、新进用户优先、误导防护、通播、系统呼叫、呼叫提示、私线通话、紧急告警/呼叫、多级优先、通话组扫描、优先监测、双模式运行、脱网工作、电话互连等功能。

4. 基于专线的远程 IP 调度台模式

应根据不同的事件进行分组处置，应与监狱应急指挥中心实现实时的数据共享和交换，功能可等同于应急指挥中心或应急指挥中心部分功能。特殊情况下，卫星电话、集群对接、短波电台可作为补充手段。

（四）移动指挥系统

移动指挥终端应方便一线警务人员应急处理突发事件。系统应具有远程移动电脑网络数据通信，视频图像实时采集监控，视频图像远程实时传输，远程移动电话语音通信，有线、无线电话双方或多方通信，有线、无线语音广播，人工、自动实时监控报警，定位跟踪和导航，以及程控调度电话和录音等功能。

配置移动指挥车，应满足移动现场音视频采集、现场通信、现场广播和指挥调度等应急处置需要，应包括移动数据库、移动应用软件及通信设备，能与各级交通应急平台互联互通。

五、视频监控系统

视频监控系统由应急指挥中心、分控中心、分监区监控室、视频传输网络、视频采集节点构成。其中监狱（戒毒所）应急指挥中心，是监狱（戒毒所）内视频监控系统的中心节点。实现监狱（戒毒所）内监控图像实时浏览、录像存储、检索回放、智能报警联动、监控点设备远程控制与管理、用户权限管理，以及网络、日志管理等一系列功能。监狱（戒毒所）应急指挥中心具备对设备告警处理的最高权限。以视频监控子系统总体结构为例，如图 9-3 所示。

1. 基本要求

应符合 GB/T 50395—2007 要求，还应对监狱（戒毒所）内所有重要部位和

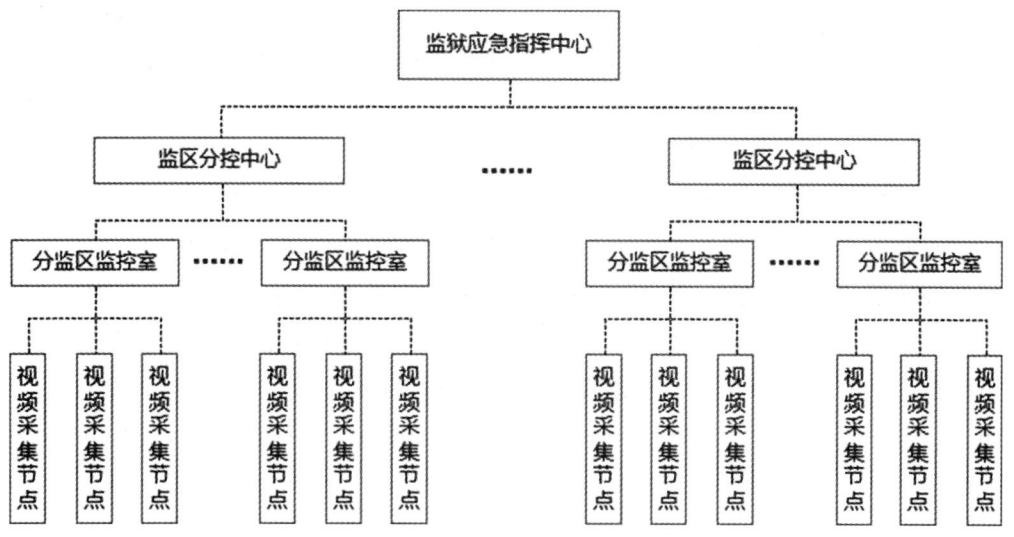

图 9-3 视频监控子系统总体结构

区域进行全覆盖和有效的监控，如大门、中门岗、围墙、禁闭室、会见室、警察值班室、劳动现场、学习现场、监舍走廊、监舍功能房（晾衣间、储物间、吸烟室、理发室、活动室、盥洗室、卫生间）、医院、伙房、狱内超市、监院内主要道路等。

2. 视频图像采集功能

根据监控需要，利用前端视频采集节点，实现对被监视区域图像信息的连续采集。

3. 视频处理功能

视频监控系统应具备以下功能要求：应实现对模拟视频的压缩编码和解码功能；应能根据图像内容变化，采用不同的帧率（1～30 帧/秒）进行传送；可实现对单路视频流传送带宽上限的设定；应实现在视频画面上叠加中文字符的功能；可对码流参数灵活设置，分辨率从 CIF、2CIF 到 4CIF（D1）可调；高清视频图像宜支持 720P、1080P 实时播放；视频编码应具有自动或手动降低图像分辨率或对图像进行减帧处理的功能。

4. 视频实时监视功能

视频监控系统实时监控功能应符合以下要求：支持单画面和多画面模式的切换浏览，并根据需要进行画面缩放操作；用户终端应显示监视图像的时间、地点等信息；应支持多用户同时监视同一路实时视频；应根据用户需求，按相关特性对一组实时视频图像进行同步调用，实现图像组合播放功能；应支持对选定的视频图像进行分组，按照显示顺序、显示时间制订计划，进行分组轮巡；应支持图像抓拍并以图片方式保存；应具有自动弹出报警图像和报警信息提示功能；应支持视频图像屏蔽功能。

5. 视频存储功能

视频存储功能应符合以下要求：可对实时视频信息进行自动连续存储，或根据设定的事件、时间、地点等条件进行存储；应支持集中存储、分散存储、相对集中存储等模式；可根据需要进行减帧存储；可按照不同安全等级，采用不同图像分辨率进行存储。视频监控存储时间应不少于30天，周界、大门、禁闭室、会见室、监区和劳动场所卡口等重点部位监控视频存储时间应不少于90天。

6. 视频回放功能

视频回放功能应符合以下要求：应支持用户根据时间、地点、事件等多种条件进行检索和回放；应支持多用户同时调用和检索历史图像；应支持下载到本地回放历史图像和远程直接回放历史图像的方式；回放历史图像时，可实现播放、倒放、快放、慢放、拖拽和暂停等功能；历史图像可进行逐帧回放；可对多路视频图像进行组合回放、同步回放、变速回放。

7. 云台和镜头控制功能

云台和镜头控制功能应符合以下要求：应支持对云台和镜头的远程实时控制功能；云台控制功能应包括云台转动及速度设置、预置位设置等操作；镜头控制功能应包括对镜头的变倍、调焦、调节光圈，以及对镜头变倍、调焦速度进行设置等功能。

8. 视频分发/转发功能

视频分发/转发功能应符合以下要求：应对多个用户请求的同一路视频数据进行分发/转发；多用户同时调看同一路视频图像时，视频图像只占用一路视频传输带宽上传至视频接入节点；通过分发单元实现系统同节点内多用户同时调看同一路视频图像；通过转发单元实现系统不同视频节点用户同时调看同一路视频图像；应支持多级转发，转发级数不小于四级；当视频分发/转发请求超过系统能力时，系统应对权限较低的用户暂停服务，并及时通知被暂停用户；具备网络自适应能力，可根据网络状态进行自动降帧。

9. 报警功能

应支持对系统内部报警信息的处理,并以文字、声音、图像等方式进行提示,并且在系统中记录存储(包括报警级别、报警类型、报警时间、报警内容等)。

10. 系统联动功能

应具有与周界防护、报警系统、GIS 等外部系统进行联动的功能。

11. 系统管理功能

系统管理应实现配置管理、故障管理、性能管理、安全管理和日志管理等功能。支持 SNMP 网管协议,能实现对服务器、磁盘阵列、视频编(解)码器等设备的集中管理。配置管理实现对管理对象的定义、初始化、控制、鉴别和检测等功能,为系统其他单元提供资源配置的数据,应支持设备的远程配置;故障管理实现故障监测、故障告警、告警处理和信息查询统计等功能;性能管理实现设备性能的监视和分析,监测系统设备的运行情况;监视用户占用资源情况,实现对系统中重要性能参数和数据的测量统计;安全管理应实现数据安全管理、网络安全管理、系统可靠性管理等功能;系统日志应包括运行日志和操作日志,支持日志信息查询和报表制作等功能。

12. 用户管理功能

用户管理应包括对系统用户权限分配、相关业务用户的合法性认证、用户访问权限管理等功能。同时,应收集整理系统用户信息,保留用户登录信息并保存重要用户操作记录,为不同级别的用户设定活动用户时间。用户在登录综合视频监控系统时应通过身份验证,合法用户在进行增加、修改、删除等操作时宜进行进一步的身份验证;应对所有的用户进行统一的唯一标识;应支持对用户、用户组及其权限进行增加、删除、修改和查询;管理用户负责为每个合法用户分配相应的权限。除管理用户外,任何用户不能擅自更改其权限、不能越权操作、不能将其权限转授给其他用户;当同时对视频资源进行调看的用户数超过系统设定的用户数时,高优先级用户可抢占低优先级用户所占用的资源;当网络资源受限时,可根据权限对用户同时调用视频的路数进行限制;对于同一节点内的用户优先级,可根据业务和管理需求进行分配和授权。

13. 电子地图辅助功能

电子地图辅助功能可支持与 GIS 的互联,并支持以下功能:数据维护、地图显示、查询等。

六、门禁控制子系统

（一）门禁控制子系统的组成

监狱（戒毒所）门禁控制子系统一般由监狱（戒毒所）监舍门禁系统、人员通道门禁系统、车辆通道管理系统和办公区门禁系统组成。

门禁控制子系统组成结构如图 9-4 所示。

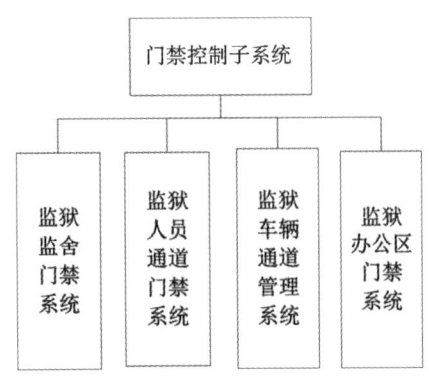

图 9-4　门禁控制子系统组成结构

（二）门禁控制子系统的结构

门禁控制子系统一般由应急指挥中心、分控中心、监控单元、监控模块和传输通道构成。监控模块面向具体的门禁监控对象，完成数据采集和必要的控制功能。一般按照门禁监控对象的类型有不同的监控模块，如门禁控制器。

监控单元一般完成一个物理位置相对独立的监狱（戒毒所、监区）内所有的监控模块的管理工作，个别情况可兼管其他小监狱（戒毒所、监区）的设备。

分控中心是监控单元上一级管理中心，可根据系统结构和物理位置分布在监区设置。

应急指挥中心为适应集中监控、集中维护和集中管理的要求而设置，一般指门禁系统控制中心。

门禁控制子系统由控制器、生物识别设备（包括但不限于人脸识别提取、指静脉、指纹提取等）、读卡器、专用电锁、红外、门磁、开门按钮、智能卡、专用电源和发卡器、管理主机、管理软件等组成。门禁控制子系统通常包括以下四类具体应用。

1. 监狱（戒毒所）人员通道门禁系统

监狱（戒毒所）人员通道门禁系统由门禁控制器、生物识别设备、读卡器、障碍门、专用电锁、门磁、红外、开门按钮、专用电源、智能卡和发卡器、通信管理器、管理主机、管理软件等组成。主要特点为 AB 门互锁联动、防尾随、一键锁死等。

监狱（戒毒所）人员通道门禁系统如图 9-5 所示。

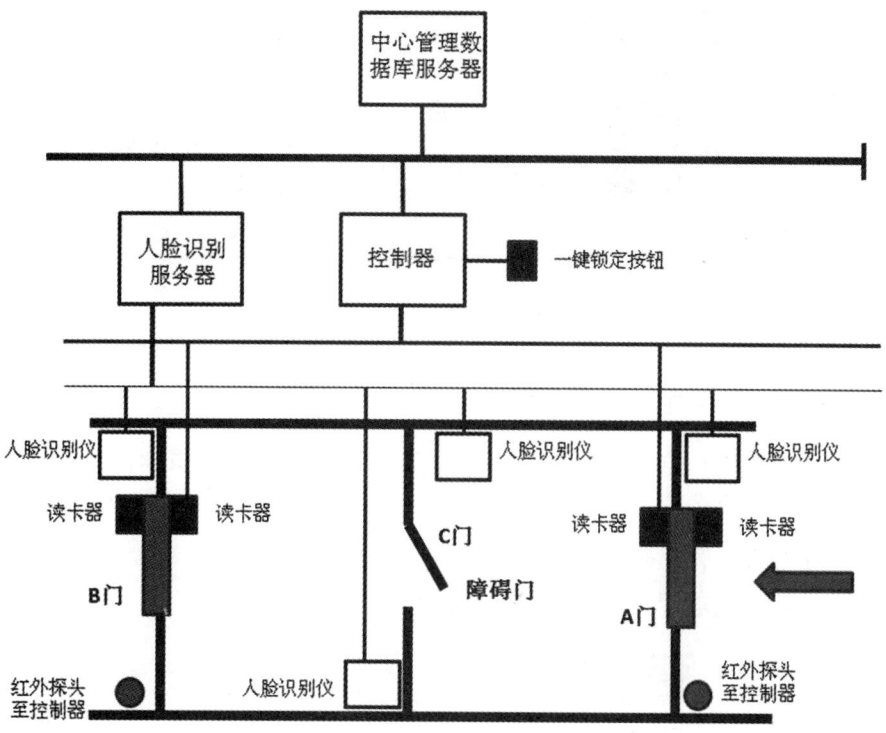

图 9-5　监狱（戒毒所）人员通道门禁系统

2. 监狱（戒毒所）车辆通道管理系统

监狱（戒毒所）车辆通道管理系统由双门门禁控制器、生物识别设备、读卡器、挡车器（升降路障）、数码摄像机、车辆检测服务器（地感）、车牌自动识别仪、活体识别仪、中文显示屏、语音控制板、专用电源、智能卡和发卡器、通信管理器、管理主机、管理软件等组成。主要特点为双门互锁联动、防尾随、车牌自动识别、活体自动探测等。

监狱（戒毒所）车辆通道管理系统如图 9-6 所示。

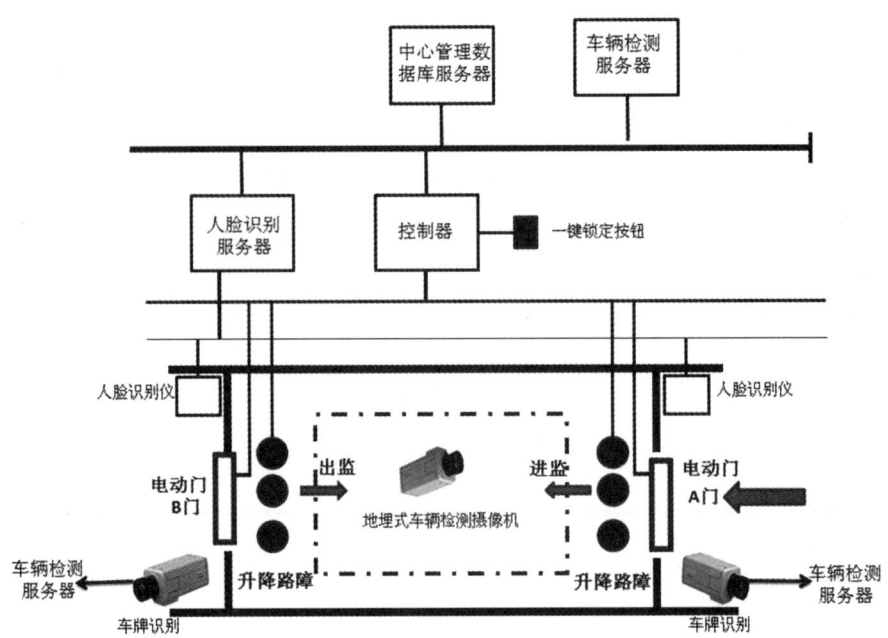

图 9-6 监狱（戒毒所）车辆通道管理系统

3. 监狱（戒毒所）监舍门禁系统

监狱（戒毒所）监舍门禁系统由监舍门禁控制器、生物识别设备或读卡器、监舍专用电锁、门磁、红外、开门按钮、专用电源、智能卡和发卡器、通信管理器、管理主机、管理软件等组成。系统具备一键放行、一键锁死、中心放行等功能。监狱（戒毒所）监舍门禁系统如图 9-7 所示。

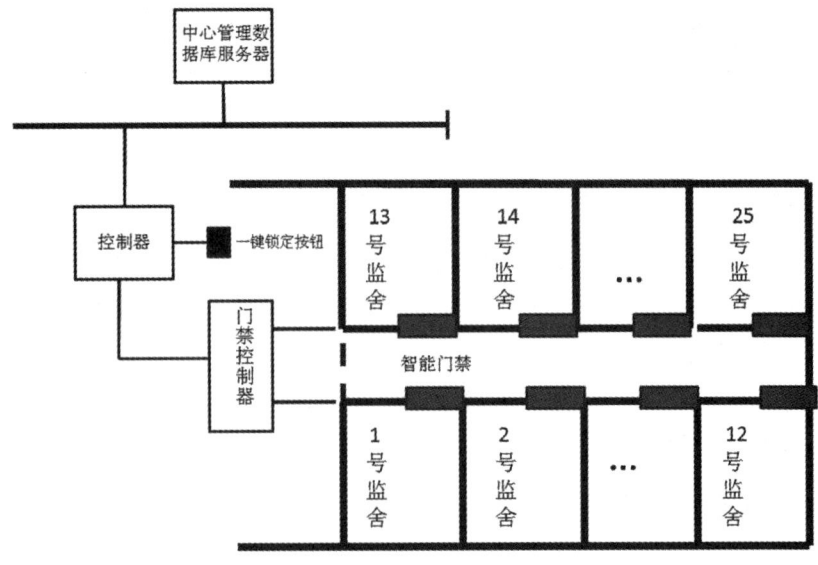

图 9-7 监狱（戒毒所）监舍门禁系统

4. 监狱（戒毒所）办公区门禁系统

监狱（戒毒所）办公区门禁系统由门禁控制器、生物识别设备、读卡器、专用电锁、门磁、红外、开门按钮、专用电源、智能卡和发卡器、通信管理器、管理主机、管理软件等组成。

监狱（戒毒所）办公区门禁系统如图 9-8 所示。

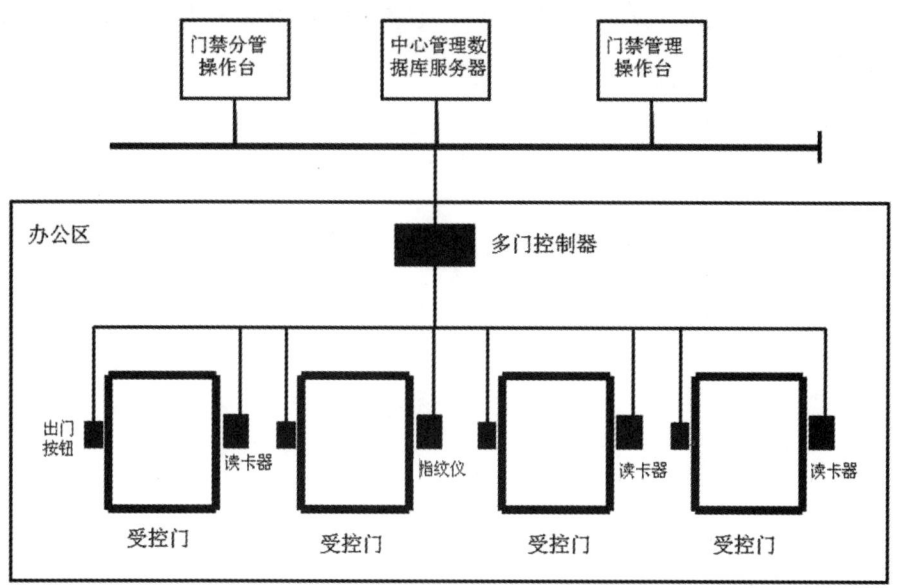

图 9-8　监狱（戒毒所）办公区门禁系统

（三）门禁控制子系统的功能

门禁控制子系统的功能是指对监控范围内分布的各个独立的门状态进行监视和控制，实时监视系统和设备的状态，记录和处理相关数据，及时侦测故障，并作必要的控制操作，适时通知人员处理、报警等功能。应具备根据监狱（戒毒所）应急指挥中心的要求提供相关数据和报表的保存、打印等功能，应实现门禁监控系统的安全防盗、方便管理等要求。主要功能包括门禁管理功能、系统联动功能、系统报警功能。

1. 门禁管理功能

包括权限管理、时段管理、登记注册、刷卡验证、生物识别、人数限制、分区管理集中控制、数据处理、数据保存、数据查询、多门互锁、AB 门防尾随、一键锁死、多卡组合开门等。

2. 系统联动功能

包括消防联动、报警主机联动、监控视频联动等。

3. 系统报警功能

包括超时未关门报警、强行闯入报警、未授权报警、密码输入错误报警、消防报警、胁迫报警、级联门同时打开报警、拆卸报警、车牌比对失败报警、断网报警等。

任务十

建设网络与安全中心

◆ 学习导读

任务理解：

网络与安全中心负责管理和维护网络及信息安全，监控网络流量，检测和防范网络攻击和安全漏洞；管理网络设备和服务器，确保网络和系统的稳定性和安全性；制定和执行网络和信息安全策略，保护司法行政系统的敏感信息和数据；提供安全咨询和培训，提高员工的安全意识和技能；处理和调查安全事件和事故，采取应急措施和风险管理措施。网络与安全中心在"智慧法治"建设中扮演着至关重要的角色，可以帮助"智慧法治"工程保护网络和数据安全，降低安全风险和损失。

学习目标：

（1）思政目标：提高思想道德修养、科学精神、国家安全意识和认知能力，保障网络安全与信息安全，激发学生科技报国的家国情怀和使命担当。

（2）素质目标：文武兼备、追求卓越。

（3）知识目标：掌握司法局、监狱、戒毒所网络架构和安全需求。

（4）能力目标：会看图、懂架构、知风险。

模块一　网络设计概述

司法行政系统网络建设规划应满足现在和将来一段时间信息化建设总体规划和要求，充分考虑网络种类、云架构、数据共享交换、应用服务和网络安全等多重因素。整体规划中应考虑司法部要求的以电子政务外网为基础的司法行政网络要求，各省（自治区、直辖市）因政法工作需要建设的政法专网，重要文件传输的专网和公众使用的互联网。在各地新建"司法云"数据中心的基础上，网络系统的合理设计可以充分利用数据中心资源，通过虚拟化平台和分布式数据中心管理平台，形成逻辑统一的资源池，并通过分布式云数据中心统一管理平台功能对各个业务系统、大数据平台提供统一的基础设施服务。

一、建设目标

司法行政业务、大数据中心、数据交换共享平台、数据灾备中心网络总体建设目标为：借鉴互联网思维及服务理念，建设顺应司法行政发展趋势的动态云网络，实现网络可编程，建立功能模块化、规模可伸缩、资源可调配的网络架构，支持云主机以及对应的网络与安全策略在物理分散的数据中心之间动态迁移。

为保证司法行政业务的正常开展，各级司法行政单位需要接入电子政务外网。

二、需求分析

司法行政网络平台建设需要考虑以下因素。

1. 用户范围

司法行政系统各类软件和应用的用户有：公共法律服务的公众用户；各级司法行政机构的公务人员；调解委员会的调解员；律师、公证员、鉴定人、志愿者；监狱（戒毒）场所的人民警察、在押人员及在押人员家属；社区矫正管理人员和社区服刑人员；安置帮教的工作人员和企业联络人员。

2. 业务范围

司法行政对公众的业务有：法律资源、行政审批、行政复议；司法行政系统内的警衔管理、指挥中心、OA 等；政法业务之间的审前调查、律师阅卷、行政执法督查等；对其他政府机构的协同办公、执法监督、普法宣传等；犯人家属的远程会见、可视亲情电话等。

3. 国家政策与本地规章

按国家相关部门要求，全国性的网络只允许建设互联网、电子政务外网、电子政务内网，以及根据本地政府或相关机构要求建设的各类内部专用业务网（专网）。

互联网（因特网），又称国际网络，指的是网络与网络之间所串联成的庞大网络，这些网络以一组通用的协议相连，形成逻辑上的单一巨大国际网络。

电子政务外网是政府的业务专网，主要运行政务部门面向社会的专业性业务和不需要在内网上运行的业务。电子政务外网和互联网之间逻辑隔离。根据电子政务外网所承载的业务和系统服务类型的不同，在逻辑上，将电子政务外网划分为专用网络区、公用网络区和互联网接入区三个功能域。其中，专用网络区用于实现不同部门或不同业务之间的虚拟专用网（VPN）相互隔离，公用网络区用于实现各部门、各地区互联互通，互联网接入区用于实现各级政务部门面向社会的公共服务需求。

电子政务内网是政府的业务专网，主要用于承载各级政务部门的内部办公、管理、协调、监督和决策等业务信息系统，并实现安全互联互通、资源共享和业务协同。电子政务内网与其他网络物理隔离。

4. 安全要求

司法行政系统主要职责和数据用于为公众提供服务，但并不代表这些数据不需要在安全网络上传输，这些数据涉及个人隐私和未成年人保障。司法行政系统网络建设同样要考虑网络的边界安全、传输安全、应用安全等。

三、网络基础架构

司法行政系统网络拓扑图如图 10-1 所示。

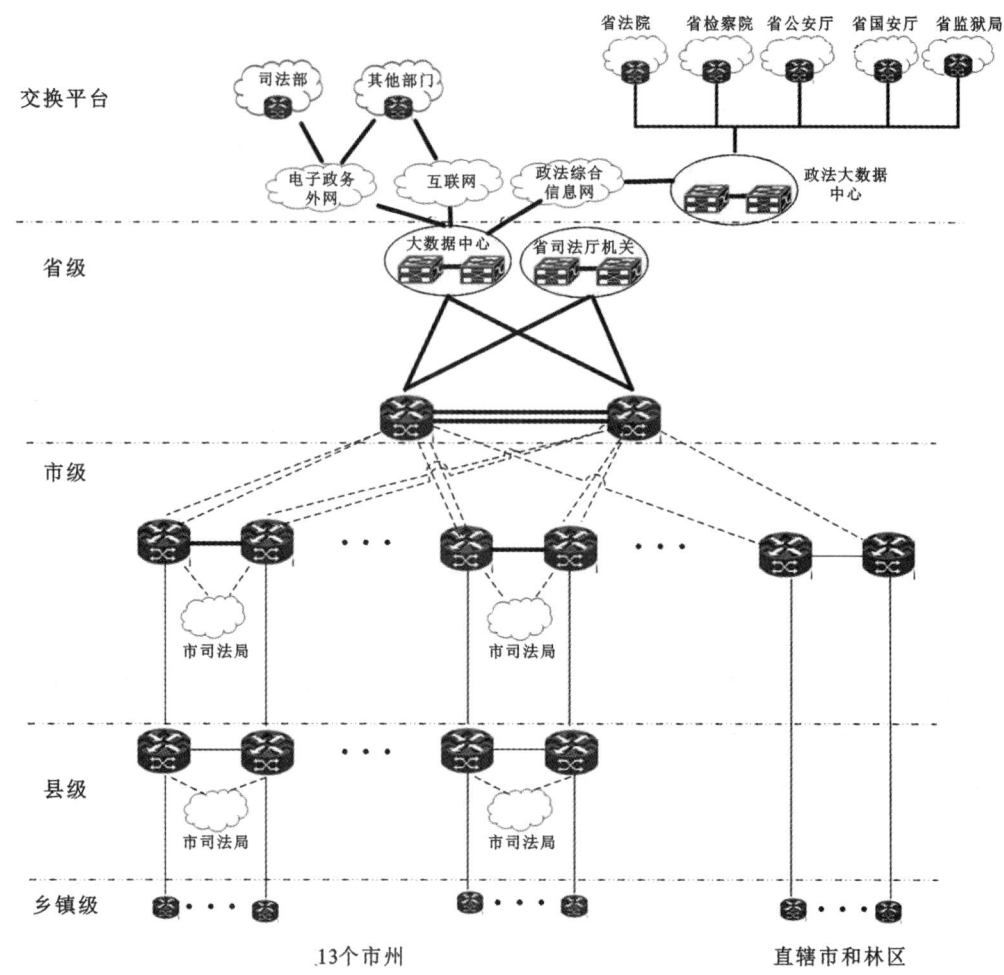

图 10-1 司法行政系统网络拓扑图

司法行政系统需接入的网络系统一般为 4 套，分别为政法专网、电子政务内网、电子政务外网和互联网。不同的网络应用于不同的业务，司法行政业务主要为基于政法专网的政法业务管理系统、政法办公综合管理系统等面向机关单位人员的各应用，以及基于电子政务外网和互联网的全省（自治区、直辖市）司法行政服务为民平台等业务。政法专网、电子政务内网与政务外网及互联网物理隔离，电子政务外网和互联网逻辑隔离。

系统可靠性依靠架构设计来保障，通常包含节点设备冗余与链路可靠性设计。

节点设备冗余：两台核心交换机支持横向虚拟化从而使得网元节点变成一个，在有效实现节点设备冗余的同时简化了网络拓扑，消除了环路，而且易于管理。

链路可靠性：在整网方案中，交换机与交换机互联采用多个物理端口捆绑为一个链路聚合口，在增加链路带宽的同时任意一个端口的震荡均不会影响整网路由的震荡。同时，在单物理端口互联链路中，为了保证链路故障的快速收敛，设备通过端口自适应特性，自动感知链路故障。

司法行政机构在业务上会与其他单位有数据交互，两张网构成一张大网。

司法行政总体网络结构图如图 10-2 所示。

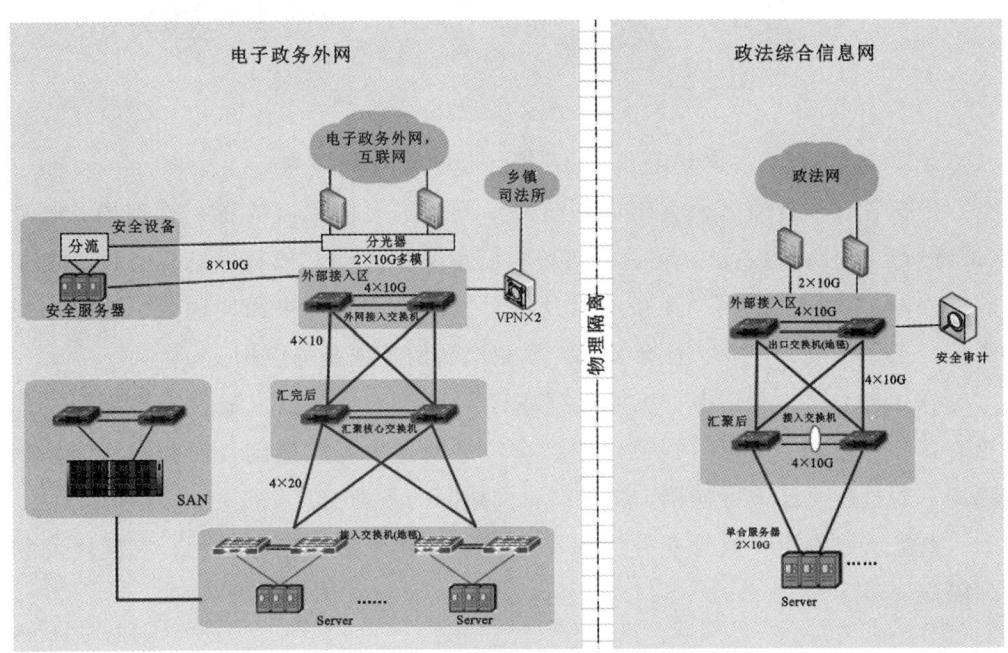

图 10-2　司法行政总体网络结构图

司法行政总体网络结构采用扁平化方式组网。扁平化方式降低了网络结构复杂度，简化了网络拓扑，提高了转发效率。并且具备横、纵向的结构弹性。在数据中心发展扩容时，可以根据需要将合并的核心/汇聚层再分解开，演变到核心、汇聚、接入三层结构。

模块二　智慧监狱（戒毒）网络规划

一、总体网络架构

智慧监狱（戒毒）信息化需要构建至少三张物理隔离的通信网络，即监狱（戒毒）综合信息网、教育改造网、互联网。其中，综合信息网承载监狱（戒毒）综合管理、应急指挥、安防管理等业务，教育改造网承载面向罪犯（戒毒学员）使用的各项应用业务。

监狱（戒毒）网络系统逻辑关系图如图10-3所示。

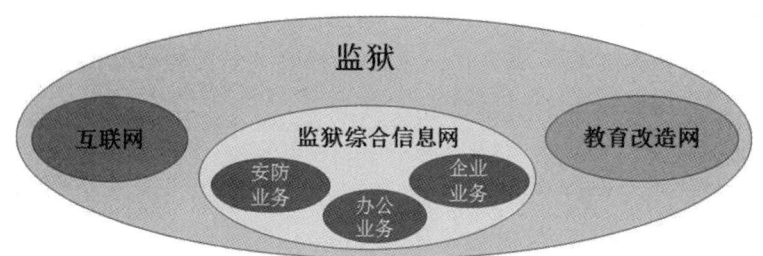

图10-3 监狱（戒毒）网络系统逻辑关系图

依托各省（自治区、直辖市）政法专网，实现监狱（戒毒）管理局、监狱（戒毒所）与公、检、法、司、安等单位信息交换传输，依托综合信息网、电子政务外网、教育改造网、互联网以及信息发布系统，提供面向民警、监狱（戒毒所）工作人员、企业、社会公众、罪犯家属的各项业务应用。

省（自治区、直辖市）级监狱（戒毒）管理局是监狱（戒毒）网络系统的核心，负责汇聚全监狱（戒毒）的综合信息网、教育改造网，两张网络间物理隔离，通过摆渡机进行连接，实现两张网络间的数据交互。

监狱（戒毒所）监管业务综合信息网、教育改造网和互联网，三网之间物理隔离。

二、监管业务综合信息网

监管业务综合信息网是监管的核心应用承载网络，主要承载办公业务、安防业务和企业业务。

监管办公业务主要包括监管办公、财务及各项业务管理系统等业务。监管安防业务主要包括视频监控系统、门禁系统、广播系统、监仓对讲系统、报警系统等安防系统的数据流量。监所企业业务主要包括监所企业生产管理、资产管理、劳动工具管理、安全管理等业务。

在网络架构上，监管业务综合信息网可分为核心层、汇聚层和接入层三个层级。核心层由2台核心交换机组成，负责将监所办公业务、安防业务和企业业务汇聚后，上连至出口路由器，与省（自治区、直辖市）监狱（戒毒）管理局监管业务综合信息网核心路由器互联；汇聚层由监管安防业务汇聚交换机、监所办公业务汇聚交换机及企业业务汇聚交换机组成，安防业务汇聚交换机负责安防接入交换机及安防硬件设备的汇聚，监所办公业务汇聚交换机负责监管内网接入交换机及终端的汇聚，企业业务汇聚交换机负责企业内部接入交换机及终端的接入。

监管业务综合信息网网络拓扑图如图 10-4 所示。

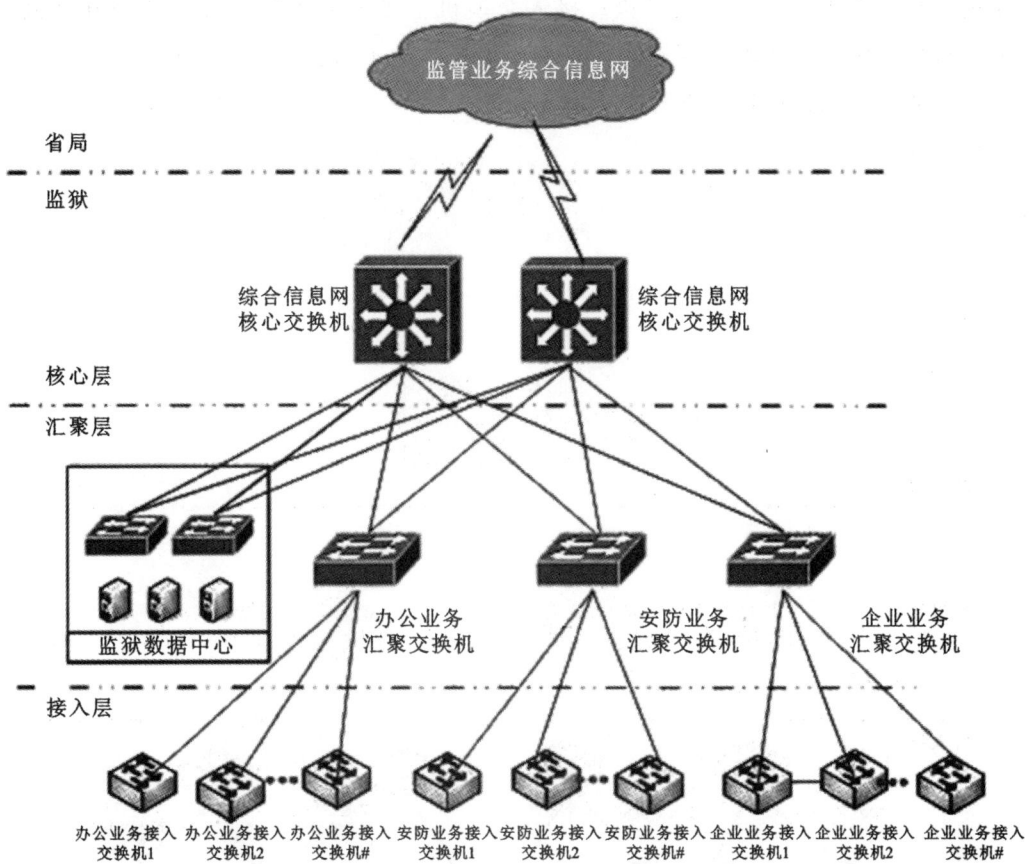

图 10-4　监管业务综合信息网网络拓扑图

三、教育改造网

教育改造网是面向罪犯服务的专用网络，是在原教育改造网的基础上改造而成，实现全省（自治区、直辖市）监管教育改造网的联网，并与监管业务综合信息网进行逻辑隔离。

教育改造网对罪犯开展心理咨询、云课堂、健康指导、网上图书馆等业务应用，为罪犯提供监所新闻、狱务公开、法律法规、规章制度等信息浏览，教育改造、劳动改造、生活卫生等信息查询，以及情况反馈、意见箱、投诉举报的渠道。

监管教育改造网分为核心层、汇聚层和接入层三个层级。其中，核心层配置 1 台核心交换机，接入至出口路由器，上连至省（自治区、直辖市）监狱（戒毒）管理局教育改造网核心路由器。汇聚交换机负责接入交换机及其他硬件设备的汇聚，并上连至核心交换机；接入交换机主要负责罪犯进行狱务公开查询的触摸屏及浏览罪犯教育网站的计算机、电视、电子白板等终端设备的接入。

监管教育改造网网络拓扑图如图 10-5 所示。

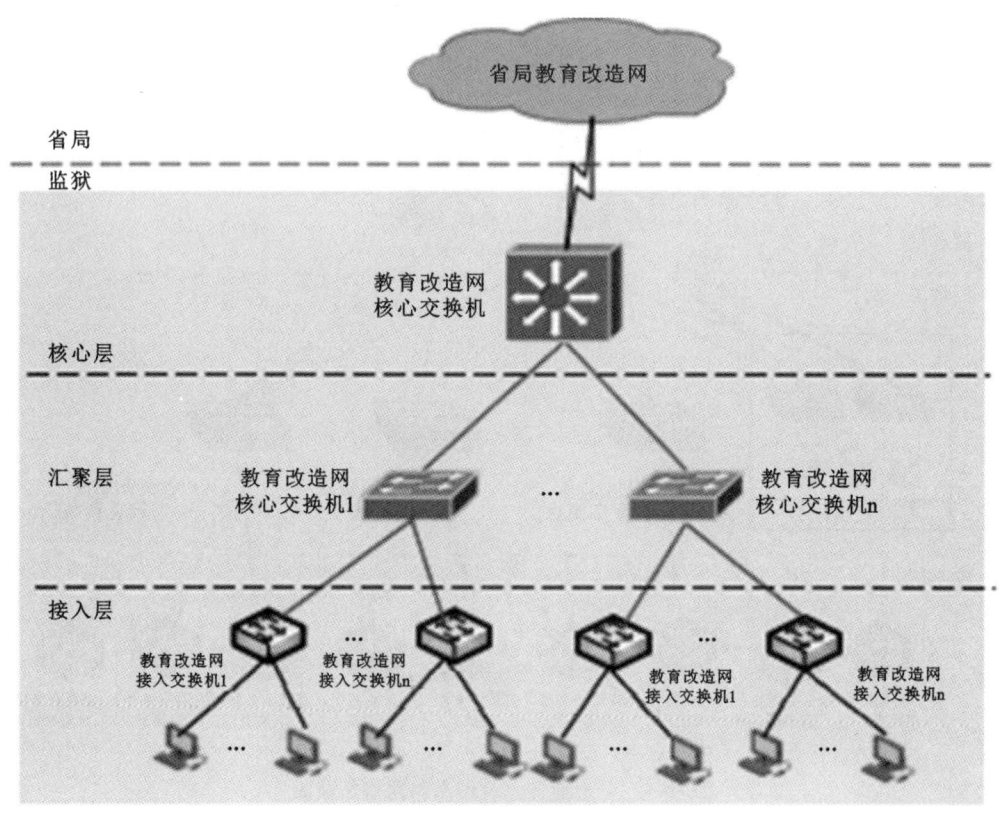

图 10-5　监管教育改造网网络拓扑图

四、互联网

互联网主要用于监管民警职工接入互联网，解决互联网访问、信息查询等需求。互联网分为核心层、汇聚层和接入层三个层级。其中，核心层采用单星型，将互联网汇聚交换机汇聚后，与互联网相联。汇聚交换机负责接入交换机及其他硬件设备的汇聚，并上连至核心交换机。

监所互联网网络拓扑图如图 10-6 所示。

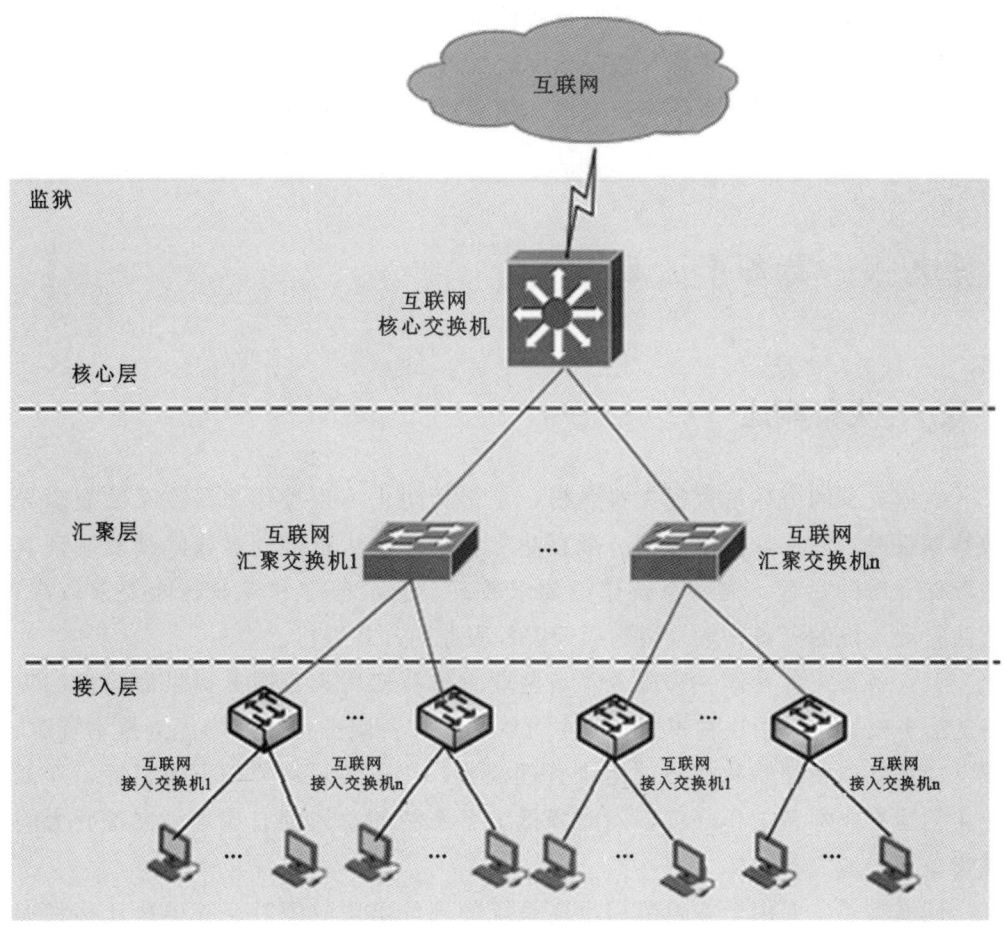

图 10-6　监所互联网网络拓扑图

五、拓展网络

因监狱（戒毒）系统业务需要，为实现网上联动指挥和联合协同办案系统功能，应建设监狱（戒毒）系统与相关单位的网络对接，保障政法系统应急联动指挥和业务流程、电子卷宗的线上流转，需要进行接口对接工作。按照现行的行政管理体系，监狱（戒毒）系统网络与政法其他各单位网络对接有两种对接层级架构。一种是由省（自治区、直辖市）级监狱、戒毒管理局与本省（自治区、直辖市）政法联合办案平台网络中心节点对接；另一种是由监狱、戒毒管理局接入省（自治区、直辖市）级司法厅（局）网络中心，由省（自治区、直辖市）司法厅（局）与本省（自治区、直辖市）政法联合办案平台网络中心节点对接。最终实现监狱（戒毒）系统与相关单位的网络互通。

（1）监狱（戒毒）系统与驻监狱检察室、检察院指挥中心网络对接。

(2) 监狱（戒毒）系统与驻监狱武警指挥中心网络对接。
(3) 监狱（戒毒）系统与法院数字法庭对接。
(4) 监狱（戒毒）系统与公安系统或属地公安局指挥中心对接。

模块三　灾备中心设计

一、灾备概述

数据灾备的全称是数据灾难备份，是指为防止出现操作失误或系统故障导致数据丢失，而将全系统或部分数据集合，从应用主机的硬盘或阵列复制到其他存储介质的过程。灾备系统建设要求较高，人员值守和专业技能要求较高，司法行政系统的灾备一般采用购买云灾备服务的方式进行。

云灾备将灾备看作一种服务，是由业主付费使用灾备服务提供商提供的灾备的服务模式。采用这种模式，业主可以利用灾备服务提供商的优势技术资源、丰富的灾备项目经验和成熟的运维管理流程，快速实现用户的灾备目标，降低业主的运维成本和工作强度，同时降低灾备系统的总体拥有成本。灾备分为同城灾备和异地灾备。

同城灾备主要用于本地数据生产系统的硬件出现故障时能够迅速迁移到灾备主机上继续提供服务，同城灾备可以采用本地高可用一个中心设计或双活架构双中心设计。

异地灾备主要用于本地数据生产系统的设备、场地环境发生人为破坏和自然灾害等重大灾难时防止数据和应用丢失。异地灾备一般要求两地相距100千米以上。

灾备除需要进行设备和数据备份外，还涉及网络链路灾备。网络链路灾备一般选用至少两个不同的链路服务提供商提供链路服务，对核心网络设备采用双机互备方式。

目前云灾备服务主要有数据级灾备和应用级灾备。数据级灾备的关注点在于数据，即灾难发生后，灾备服务平台依靠基于网络的数据复制工具，实现生产中心和灾备中心之间的异步/同步数据传输，可以确保业主原有的业务数据不遭破坏。应用级灾备是在数据级灾备的基础上构建应用级灾备系统，具备应用系统接管能力，即在异地灾备中心再构建一套支撑系统、备用网络系统等部分。当生产环境发生故障时，灾备中心可以接管应用继续运行，减少系统宕机时间，保证业务连续性。

二、总体架构

根据总体架构设计分类以及从网络层、应用层、数据层进行分析，同城灾备系统逻辑架构图如图 10-7 所示。

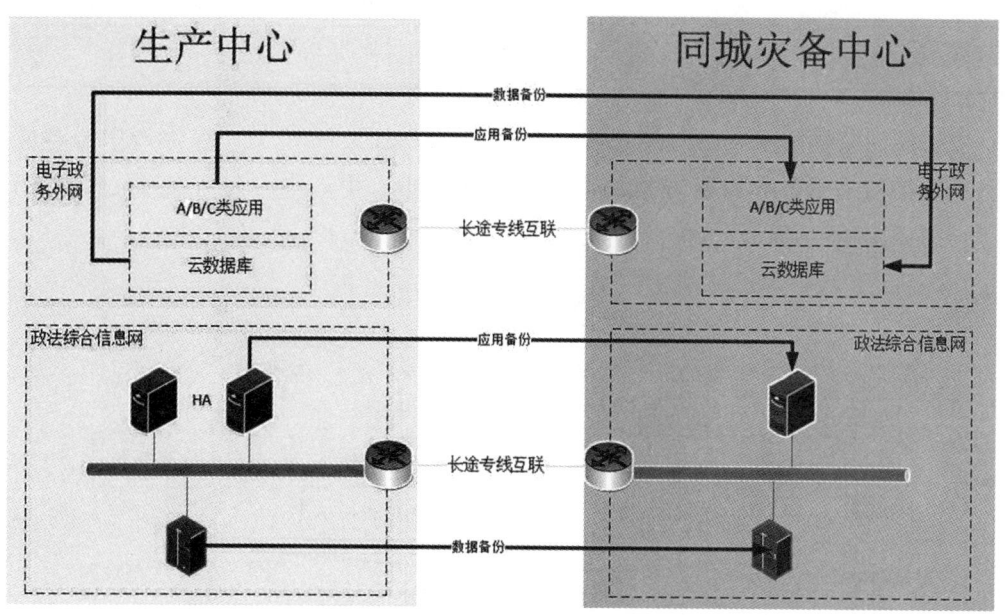

图 10-7　同城灾备系统逻辑架构图

考虑到云计算平台的特性，生产中心云平台本地物理、应用上采用高可用架构。为保证业务连续性、经济性，建设有效的一体化备份容灾平台，设计采用数据级别的灾备。通过异步或 CDP 备份，确保 A/B/C 类应用接近 RPO 的目标。

（一）应用层和数据层设计

依照国家信息安全技术标准《信息系统灾难恢复规范》（GB/T 20988—2007）中的相关表述，信息系统根据其灾难恢复需求等级，最低应达到如表 10-1 所示的灾难恢复能力等级及其对应的备用数据处理系统要求。

表 10-1　灾难恢复能力等级及其对应的备用数据处理系统要求

灾备模式	恢复优先级	灾难恢复能力等级	规范中有关备用数据处理系统的表述
同城灾备模式	A 类	5 级	配备灾难恢复所需的全部数据处理设备，并处于就绪或运行状态

续表

灾备模式	恢复优先级	灾难恢复能力等级	规范中有关备用数据处理系统的表述
同城灾备模式	B类	4级	配备灾难恢复所需的全部数据处理设备,并处于就绪或运行状态
	C类	3级	配备灾难恢复所需的部分数据处理设备。

按照恢复优先级,将应用系统划分为 A 类、B 类和 C 类,在生产中心各应用系统架构采用负载均衡方式的本地高可用保护。生产中心与灾备中心高可用示意图如图 10-8 所示。

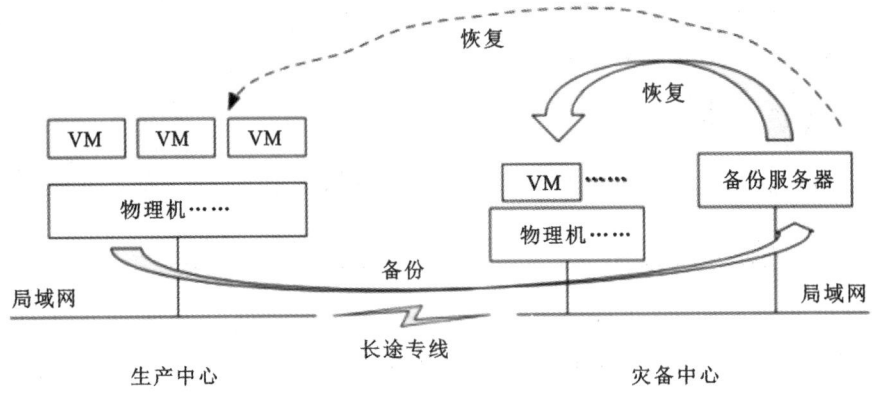

图 10-8　生产中心与灾备中心高可用示意图

对于应用层和数据层,通过云计算的虚拟化备份技术,将数据复制到灾备中心的备份系统。在灾备都部署相同的物理设备上,通过备份系统予以恢复。

当生产中心灾难重建后,恢复到生产中心。

(二) 同城备份中心配置建议

恢复优先级 A 类的应用系统需支持"双中心互备运行"要求,可实现灾备中心部署相同的应用数据,通过数据库层同步技术实现各类应用数据实时同步备份系统恢复 1∶1 的方式进行部署,不考虑性能缩减。

恢复优先级 B 类的应用系统不需支持"双中心互备运行"要求。建议数据处理能力采用与生产中心同构降级的模式,即高可用降级,不降低处理能力。具体建议如下:

(1) 对于双机集群,建议采用单机方式,不降低主机处理能力;

（2）对于多机集群，建议采用单机方式，不降低主机处理能力；

恢复优先级 C 类的应用系统支持实现整体切换，建议数据处理能力采用与生产中心降级的模式，即高可用和处理能力同时降级。

（三）灾备网络设计

2 个中心部署相同的云计算网络架构，生产中心与同城备份中心采用 2 根专线，通过 IP 网络进行数据同步复制。

通过上述部署，可实现生产中心应用级备份和灾备中心全部数据级备份，实现"双中心互备运行"的目标。

鉴于生产中心与同城备份中心之间的"双中心互备运行"的方式，在生产中心与同城备份中心之间的数据备份，不仅需设计日常的数据备份功能，还需设计应用系统切换后的数据备份功能。

生产中心与同城备份中心的数据备份方案示意图如图 10-9 所示。

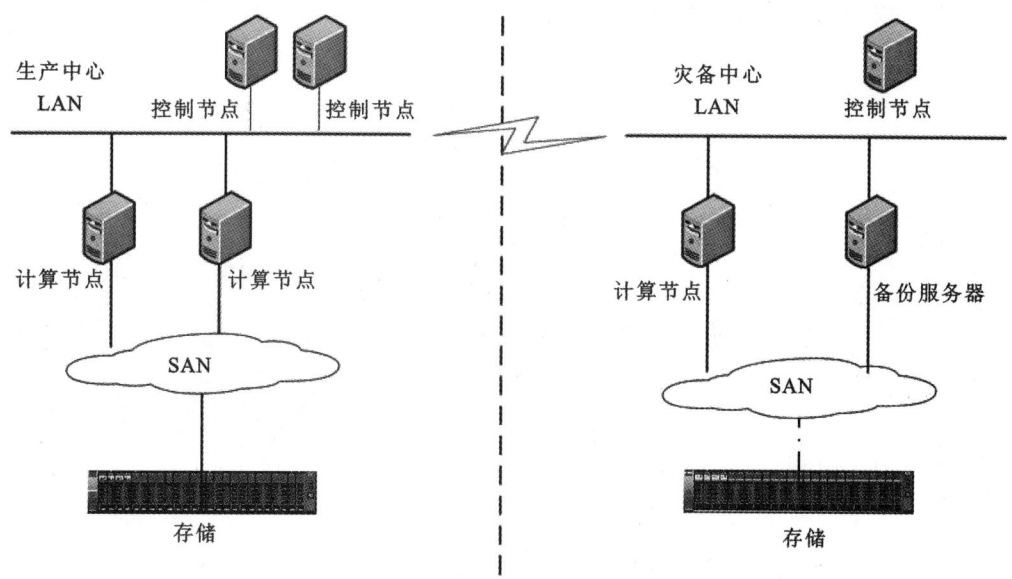

图 10-9　生产中心与同城备份中心的数据备份方案示意图

在生产中心云平台的物理架构上，通过本地高可用可以保障数据可用性，当任意一台设备发生故障时不会影响云平台的虚拟机。

在整个备份架构中，数据备份是通过云平台的虚拟机整机备份，通过 LAN 方式或 LANfree 方式进行数据备份。考虑到大数据量的数据传输，建议在备份软件选择上优先考虑采用重复数据消除技术。

模块四 安全防护体系（安全域划分）

安全防护体系是"智慧法治"得以安全、稳定、合规、高效、持续支撑司法行政智能应用、便捷服务的基础保障。要结合安全技术、运维技术、等保知识与司法行政业务需求来进行整体设计和规划。通过对"智慧法治"信息化体系的安全加固和运维能力提升，可以实现司法行政线上线下服务保障的透明化，有利于司法行政决策者、管理者、执行者和服务对象在业务往来中对保障环节的无感化，从保障环节支撑司法行政服务满意度的提升。

网络安全为数据中心安全最重要的一道防线，为确保服务的安全可靠，"司法云"数据中心设计采用模块式划分区域。

网络安全域示意图如图10-10所示。

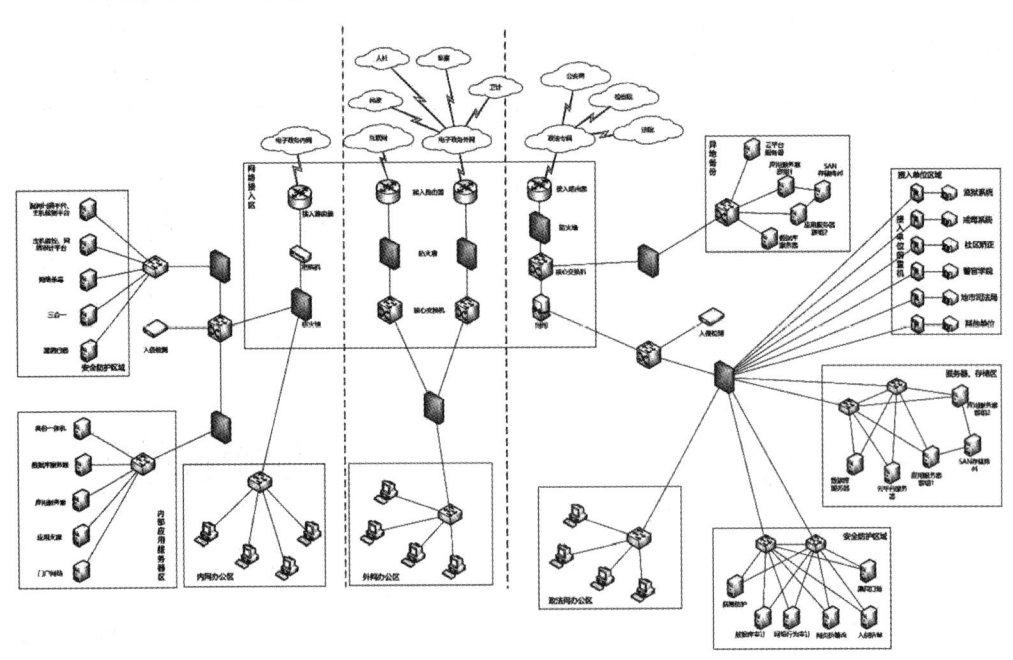

图10-10 网络安全域示意图

（一）司法行政机构政务外网接入区安全设计

在司法行政机构政务外网接入区边界串联部署防火墙、入侵防御、病毒过滤等安全产品，提供专业的抗拒绝服务攻击、访问控制、入侵防范、恶意代码防范等网络安全功能。

（二）互联网接入区安全设计

在互联网接入区边界串联部署抗 DDOS、负载均衡、防火墙、入侵防御、病毒过滤、上网行为管理等安全产品，提供专业的抗拒绝服务攻击、访问控制、入侵防范、恶意代码防范等网络安全功能。

（三）安全管理区安全设计

该区域主要部署特定安全产品的管理服务器及通用的安全服务平台，如堡垒机、防病毒服务器、入侵检测、日志审计、数据库审计等。需要在区域边界部署防火墙产品，提供网络访问控制。

（四）数据中心区安全设计

在司法行政机构数据中心串联部署防火墙，提供专业的抗拒绝服务攻击、访问控制、入侵防范、恶意代码防范等网络安全功能，均采用热备部署方式。部署备份一体机，提供各类数据与应用的备份恢复，并且提供业务灾难接管功能。

（五）政务外网与互联网数据交换安全设计

在司法行政机构互联网区与政务外网区之间的数据交换，采用防火墙、入侵防御、病毒过滤、堡垒机等安全产品，提供专业的抗拒绝服务攻击、访问控制、入侵防范、恶意代码防范等网络安全功能。实现数据交换并检测数据的可靠性、完整性、安全性。

模块五　基础安全能力

一、安全边界抗 DDOS 攻击方案设计

在"司法云"网络边界安全设计上，应严格遵循等级保护的安全规范和标准的要求，需采用一致的边界安全隔离方式。这种边界安全的一致性主要体现在以下五个方面：

（1）各逻辑区域之间采用相同的安全隔离策略；

(2)各逻辑区域之间采用防火墙设备；

(3)各逻辑区域之间的对应防火墙设备采用相同的安全规则配置；

(4)私有云的各二层透传区域，通过 STP 根节点的调整，避免产生环路的隐患；

(5)通过数据中心对应逻辑区域防火墙设备的一致性和安全规则配置的一致性，确保"司法云"数据中心内部各逻辑区域的一致性。

网络边界部署抗 DDOS 攻击设备，从纷杂的网络背景流量中精准地识别出各种已知和未知的拒绝服务攻击流量，并能够实时过滤和清洗，部署于网络边界（互联网）。

司法行政机构信息系统在网络边界部署抗 DDOS 攻击设备，能够检测与防御流量型 DDOS 攻击（如 UDPFlood、TCPSYNFlood 等）、应用型 DDOS 攻击（如 CC、DNSFlood、慢速连接耗尽等）、DOS 攻击（如 Land、Teardrop、Smurf 等）、非法协议攻击（如 IP 流、TCP 无标记、无确认 FIN、圣诞树等）四大类拒绝服务攻击。DDOS 产品还具有流量牵引和回注、数据包过滤、攻击报文取证等功能，支持热备和集群，提供了详尽的攻击事件记录、各种统计报表，并以可视化方式动态展示，实现实时的全网威胁监控。

二、负载均衡方案设计

网络边界部署负载均衡，整合多运营商链路，实现流量智能分配，帮助用户充分利用带宽资源；解决互联网出口链路单点故障，如果链路中断，流量就自动切换至正常链路，保障用户网络访问过程不中断；提供运营商内部快速访问路径，避免跨运营商访问带来的网络延迟，提升用户网络访问速度和访问质量。

内网用户访问互联网资源时，接收到用户的访问流量，通过预先设定的链路负载均衡策略，将用户访问流量分配到不同的互联网链路上，实现链路出站负载均衡，提升互联网链路带宽利用率。

链路出站负载均衡实现在多条链路上分担内网用户访问外网服务器的流量，一旦其中任何一条链路发生问题，其他健康的链路将承载所有网络访问；而当发生问题的链路恢复正常后，网络服务自动恢复。

三、VPN 安全接入

对于外部进入"司法云"的管理访问或安全访问通过安全认证网关设备，

启用虚拟专用网（VPN）技术访问"司法云"上的敏感信息。虚拟专用网（VPN）的要求包括：

（1）提供灵活的 VPN 网络组建方式，支持 IPSecVPN 和 SSLVPN，保证系统的兼容性；

（2）支持多种认证方式：支持用户名＋口令、证书、USB＋证书＋口令三因素等认证方式；

（3）支持隧道传输保障技术，可以穿越网络和防火墙；

（4）支持网络层以上的 B/S 和 C/S 应用；

（5）能够为用户分配专用网络上的地址并确保地址的安全性；

（6）对通过互联网络传递的数据必须经过加密，确保网络其他未授权的用户无法读取该信息；

（7）提供审计功能；

（8）视频会议系统通过 IPSecVPN 设备为远端用户提供 VPN 通道，实现视频业务系统的通信保密，通信完整性和应用系统关系密切，视频会议系统的服务器端和业主间的通信采用 VPN 通信加密和数字证书技术，实现通信保密和抗抵赖能力。

四、 IDS 入侵检测

入侵检测系统是对防火墙有益的补充，入侵检测系统被认为是防火墙之后的第二道安全闸门，对网络进行检测，提供对内部攻击、外部攻击和误操作的实时监控，提供动态保护，大大提高网络的安全性。

入侵检测系统主要有以下特点。

事前警告：入侵检测系统能够在入侵攻击对网络系统造成危害前，及时检测到入侵攻击的发生，并进行报警。

事中防护：入侵攻击发生时，入侵检测系统可以通过与防火墙联动、TCP Killer 等方式进行报警及动态防护。

事后取证：被入侵攻击后，入侵检测系统可以提供详细的攻击信息，便于取证分析。

入侵检测的功能和优点主要体现在以下几个方面：

（1）能够在网络中实现基于内容的检测，能够在对看似合法访问的信息中发现攻击信息（比如隐藏在 URL 中的攻击行为），并做出相应的处理；

（2）能够对网络的入侵行为进行详细完整的记录，为以后的调查取证提供有力保障；

（3）对发现的入侵行为有多种灵活的处理方式，比如中断非法连接、发出电子邮件或传呼警告等；

（4）能够检测来自外部的攻击，还能够检测来自内部的相互攻击。

"司法云"入侵检测系统将同时镜像互联网和电子政务外网的业务交换机接口流量进行分析。

在内网核心交换机旁路部署入侵检测系统监视以下攻击行为：端口扫描、强力攻击、木马后门攻击、拒绝服务攻击、缓冲区溢出攻击、IP 碎片攻击和网络蠕虫攻击等。当检测到攻击行为时，记录攻击源 IP、攻击类型、攻击目的、攻击时间，在发生严重入侵事件时提供报警。

五、IPS 入侵防御

入侵防御系统，主要用于检测对"司法云"应用主机存在的攻击迹象，通过应急响应机制，将攻击影响减少到最低的程度。入侵防御系统通过实时侦听网络数据流，寻找网络违规模式和未授权的网络访问尝试。当发现网络违规行为和未授权的网络访问时，网络监控系统能够根据系统安全策略做出反应，包括实时报警、事件登录或执行用户自定义的安全策略（比如与防火墙建立联动）等。

六、防火墙方案

在网络边界及业务服务区边界部署下一代防火墙系统，实现逻辑隔离安全防护能力，同时提升网络性和安全性。通过防护区基于数据包的源地址、目的地址、通信协议、端口、流量、用户、通信时间等信息，执行严格的访问控制。

通过在网络各个节点执行隔离和访问控制措施，可大大提升计算环境的安全性，有效防范非法访问。采用防火墙实现基于数据包的源地址、目的地址、通信协议、端口、流量、用户、通信时间等信息，执行严格的访问控制。

七、防病毒网关方案设计

在网络边界串联部署病毒过滤网关产品，将病毒阻断于用户内部网络之外，在网关处主动有效拦截病毒、木马、间谍软件等恶意软件，在病毒未进入内部网络造成损失之前进行阻断拦截，有效避免病毒给用户带来的损失和影响。

与主机、服务器防病毒软件不同，防病毒网关运行在区域边界上，分析进入网络的来自互联网和内部网络的数据包，对其中的恶意代码进行查杀，防止病毒在网络中的传播。

有些病毒（比如蠕虫病毒）在网络中传播，在没有感染到主机时，对网络已经造成危害。而病毒过滤模块针对这些病毒产生的扫描数据包，在边界处就过滤了这些无用的数据包，从而为网络创造一个安全的环境。

防病毒网关与部署在网站服务器上的防病毒软件相配合，从而形成覆盖全面、分层防护的多级病毒过滤系统。

八、网闸方案设计

在互联网内部网络与电子政务外网及内网之间部署网闸，对信息流进行协议剥离、落地还原、内容过滤、病毒查杀处理，并结合访问控制、入侵防御、安全审计等安全防护机制，有效阻挡黑客入侵、恶意代码和病毒渗透，防止内部机密信息的泄露，实现网间安全隔离和数据摆渡。

网闸采用热备的方式部署于互联网内部网络与电子政务外网及内网的边界连接处，将整个网络有效地进行安全域隔离，具备所需要的安全控制、防病毒、抗拒绝服务攻击。

九、上网行为及流量控制

在网络边界部署上网行为管理，具有防止非法信息传播、敏感信息泄露、实时监控、日志追溯，网络资源管理，以及强大的用户管理、报表统计分析功能。

通过透明部署，能够实时显示整网的网络应用情况，并能够根据网络应用做多层次应用的带宽管理，其中包括带宽限制、带宽预留、带宽保证等机制，是新一代上网行为管理系统。集成多链路负载均衡、运营商 ISP 选路、智能 DNS、基于应用/用户的路由技术、智能流控、多种身份认证、上网行为管理、内容审计、IPSecVPN、防火墙等功能。

产品具有良好的网络适应性，并满足公安部 82 号令、公共场所无线上网审计等相关要求。

十、主机防病毒方案

防病毒系统分管理端和业主端。管理端部署在服务器上，管理端支持全中文界面，纯 B/S 架构，无须安装业主端软件。管理员只需通过浏览器登录控制中心，即可对服务器端进行管理。

用户主机端采用轻量级业主端安装，同时支持虚拟主机以及终端部署；用户主机端资源占用应小于 50MB，有效节省终端资源使用率。

模块六　机房及配套工程

一、机房建设概述

机房工程是指为确保信息集成系统的计算、交换、存储、控制等核心设备能安全、稳定和可靠运行，而设计配置的基础工程。机房基础设施的建设不仅要为机房中的系统设备运营管理和数据信息安全提供保障环境，还要为机房工作人员创造健康适宜的工作环境，必须满足计算机等各种微机电子设备和工作人员对温湿度、洁净度、电磁强度、噪声干扰、电源质量、防雷接地等的要求。

机房的设计需通过建设位置的实地勘察，依据国家有关标准和规范，结合所建各种系统的运行特点进行总体设计，建设一个布局合理、有现代感、功能完备、安全可靠、设施先进、绿色环保、投资合理的现代化计算机中心机房，切实为主机服务器等设备提供一个安全、可靠、温湿度及洁净度均符合要求的运行环境，同时为相关工作人员提供可进行服务于网络系统的管理、软件开发、硬件维修等方便、快捷、舒适的工作环境。各级司法行政机构指挥中心、网络中心和数据中心机房按照《电子信息系统机房设计规范》（GB 50174—2008）中 B 级机房（冗余型）相关要求进行建设，其余分控中心按 C 级机房（基本型）相关要求进行建设。

主要包括以下几方面：机房装饰装修系统、机房空调和新风系统、机房供配电和照明系统、UPS 不间断电源系统、机房防雷接地系统、机房环境监控系统、机房气体消防系统等。机房设计图如图 10-11 所示。

二、机房功能分区

机房功能分区仿真图如图 10-12 所示。

机房按照功能主要划分为运维操作台及控制区域、机房区域、值班室区域、备件备品区、电池区、备用供电动力区等。

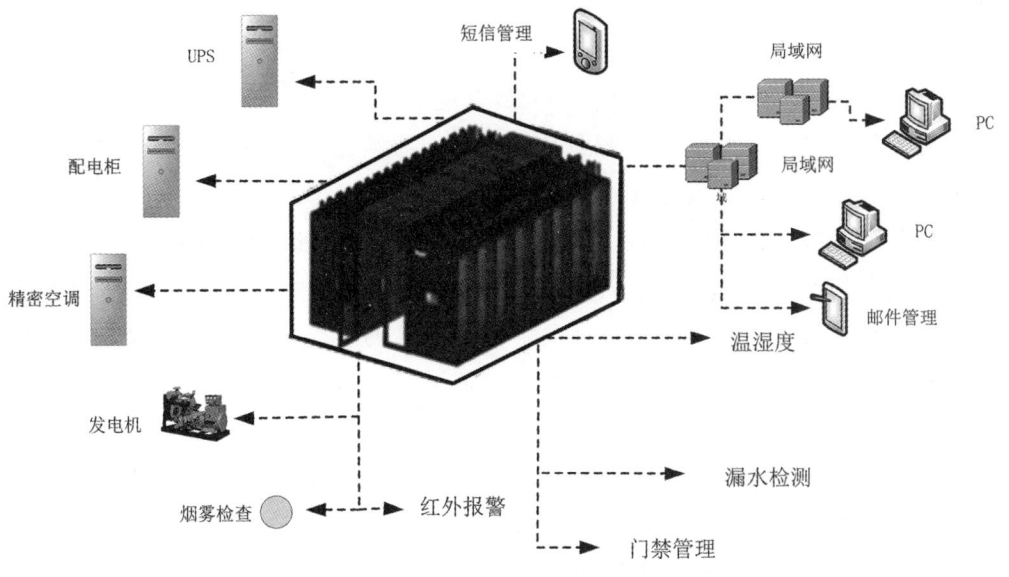

图 10-11　机房设计图

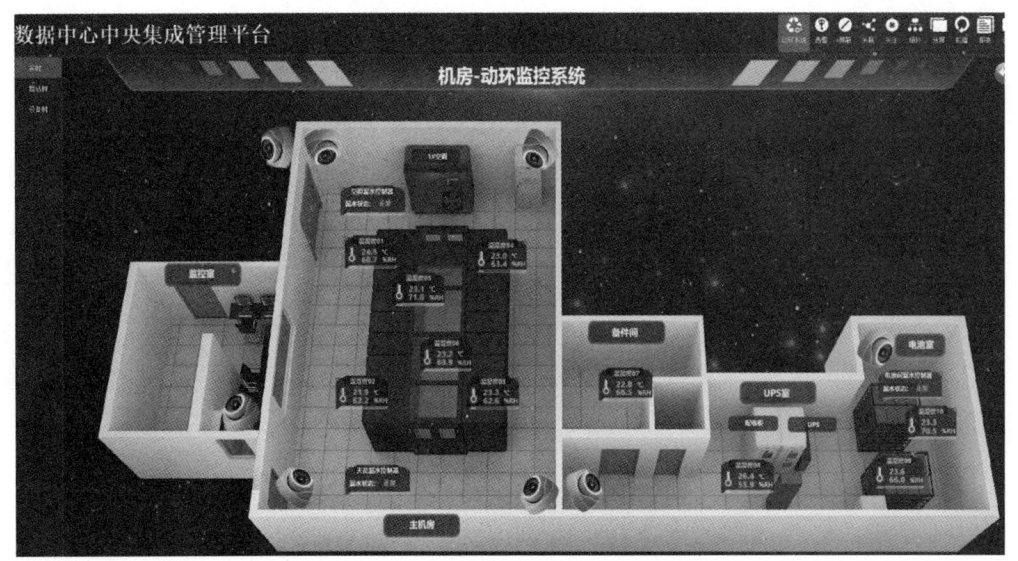

图 10-12　机房功能分区仿真图

运维操作台及控制区域：操作台可设计多个席位，兼具日常操作管理、值守和应急处置功能。在日常值守场景下，操作台部署于机房旁边的独立区域，可以透过玻璃隔断或监控视频观察机房的基本情况。操作台需部署 24 小时监控的显示屏，用于监测机房的物理环境、人员出入、环境和设备参数变化等。可通过音视频与指挥中心联系，也可作为指挥中心的一部分功能融入到指挥中心建设中。

机房区域：机房区域应远离水源、尘土、磁场，主要部署网络设备、计算设备、存储设备、安全设备，确保电子设备满足动环技术需求，以便对硬件设备进行统一安全管理。

值班室区域：为实现数据中心（网络中心）机房的 24 小时值守，在机房旁设计独立值班室。值班室主要配备值班电脑、报警设备、备勤装备，用以实现对机房的夜间值守，对机房及各类设备的管理。

备品备件区：备品备件区主要实现对信息化设备和设施的备品备件存放，可以与机房建设同步实施，也可以单独建设。备品备件区要保证备品备件的存放安全，防止盗窃及水、电、磁、尘对备品备件的影响，同时也要保障自带电源（电池）的备品备件的安全，要建立台账管理制度，纳入进销存管理系统统一管理。

电池区：备用电源动力区主要包括柴油发电机系统，按照发电机组要求进行场地设计和施工。

在柴油发电机组功耗计算方面，根据机房终期配置考虑油机需求，考虑机房内设备机柜供电、空调设备供电、开关电源设备供电及辅助用电。

市电、油机电转换方式采用集中人工转换方式。根据实际需求测算，本期工程在油机室内新增 1 台 160kW 柴油发电机组设备。

任务十一

建设数据资源慧治中心

◆ **学习导读**

任务理解：

数据资源慧治中心是一个集成数据资源、提供数据服务、支持数据治理和数据应用开发的平台。它可以帮助司法行政系统更好地管理和利用数据资源，提高数据的质量、安全性和可用性，促进数据在监管安全、行政立项、执法监督、业务决策、装备创新、服务升级等方面的应用。数据资源慧治中心通常包括数据中心、数据汇集、数据治理、数据共享、数据管理、数据挖掘、数据可视化等功能模块，可以根据司法行政业务的需求进行定制和扩展。

学习目标：

（1）思政目标：通过"司法云"数据中心建设，构建数据慧治模型，坚定中国特色社会主义道路自信、理论自信、制度自信、文化自信，以数据中心科学分析作为法治中国建设的决策依据。

（2）素质目标：文武兼备、追求卓越。

（3）知识目标：掌握数据资源中心的软硬件需求和数据建模方法。

（4）能力目标：会看图、懂架构、知风险、写方案。

模块一　数据资源平台总体架构

司法行政系统信息化以"司法云"为基础,承载司法行政业务所有软件应用和业务数据,在云化环境下提供所有应用软件所需的操作系统、数据库系统等软件环境,计算资源、存储资源等硬件环境,交换机、路由器等网络环境,行为审计、防火墙、访问控制等安全环境,设备监控、软件监测等运维环境。通过统一汇聚、融合、加工、分析云上业务应用的数据,形成数据资源平台,构建大数据中心。

"司法云"是顺应信息技术发展,解决硬件分散投入、管理各自为政、应用相互独立的状况,应用成熟的虚拟化技术和云管理技术实现"智慧法治"体系网络资源统一建设、软件资源统一管理、硬件资源按需要使用的平台。建设"司法云"的主要目标如下。

(1) 全面实现部、省(自治区、直辖市)、市、县、乡五级网络资源互联互通,解决司法行政系统未实现基层网络全覆盖的问题。

(2) 为各类业务应用创新提供各类云资源和云服务支撑。

(3) 提供地理信息、实人认证、全文检索、舆情采集、移动终端、智能语音、数据可视化分析等一系列智能的应用支撑和服务。

(4) 建立数据交换与服务调用接口,实现业务应用协同与数据资源共享。

(5) 构建整体安全防护体系和运行维护体系,保障系统和数据安全、稳定、可靠运行。

"司法云"是大数据中心基础设施层,采用标准的 x86 服务器及网络设备,包括数据中心机房运行环境,以及计算、存储、网络、安全等设备。通过部署分布式云操作系统,将各个产品按照集群进行整合,对外提供统一的服务。云操作系统的底层分布式文件系统聚合普通 PC 服务器的磁盘资源,屏蔽硬件故障。

IaaS 层提供云基础设施服务,其中云操作系统应采用基于有向无环图的分布式任务调度系统;虚拟云主机服务主要提供应用运行的环境;负载均衡服务提供 4 层、7 层协议的负载均衡;云安全提供各种安全防护功能。这些服务整合在一起构建了一个安全且面向海量数据的计算、整合与存储的大数据体系,并高度兼容现有应用的运行环境。

云平台总体架构图如图 11-1 所示。

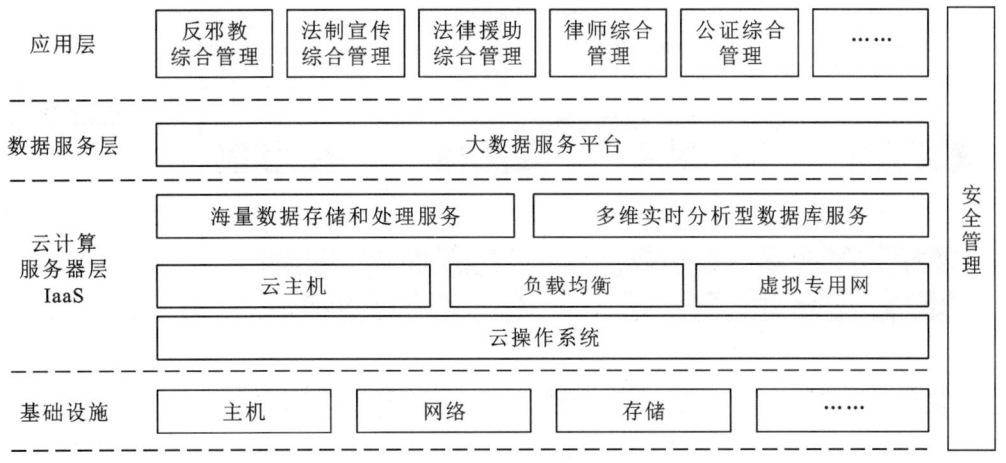

图 11-1 云平台总体架构图

其中，基础设施是指机房、服务器、网络设备、安全设备、存储等硬件设施。

云计算平台对底层物理资源进行虚拟化，向上层应用提供各类弹性计算服务。

一、总体架构概述

在司法行政各类日常工作中，会产生海量的结构化及非结构化数据，基于这些海量数据的融合与存储、大规模计算及大数据计算模型，打破部门壁垒，整合司法行政内部数据、其他政府机构数据、互联网数据等，构建满足大数据信息资源服务体系，面向司法行政业务应用的信息深度共享、业务高效协同的大数据服务支撑平台，融合数据资源价值，为分析、研判、决策等司法行政业务的应用与开展提供统一的数据共享及协同能力。

大数据服务支撑平台由"司法云"大数据中心提供高性能分布式计算资源池，可适应不断增长的大数据环境下的应用要求，为"司法云"大数据中心提供面向海量大数据存储管理服务和大数据综合分析服务。这些服务通过云数据服务引擎封装整合在一起，并向上提供开发接口，为"司法云"体系构建一个安全的、海量计算与存储资源的大数据服务支撑平台，方便前端应用使用。

大数据服务支撑平台总体架构图如图 11-2 所示。

利用大数据和云存储技术，实现各类结构化、非结构化数据的集中存储和管理，具备完备的大数据计算模型，构建信息深度共享、业务高效协同的大数据信息资源服务体系，满足信息共享的需要；同时，满足数据的高可靠性、高

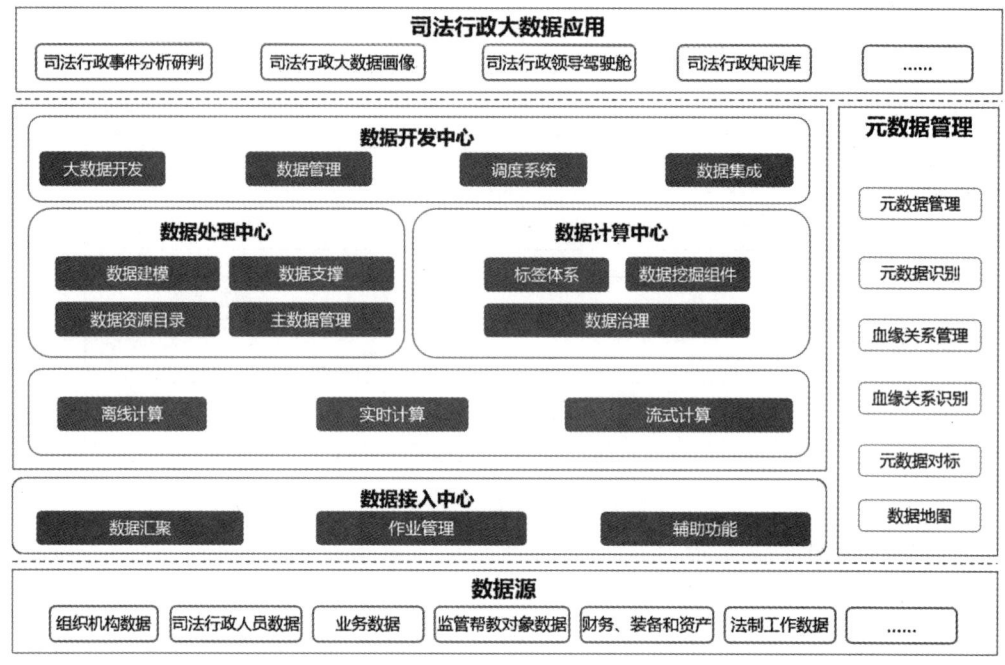

图 11-2 大数据服务支撑平台总体架构图

可用性、高并发性和按需扩展能力的需求，实现信息资源的池化以及统一管理，打造安全可靠的云平台环境，确保数据、应用安全。

在数据处理层面，支持离线计算引擎、实时 OLAP（联机分析处理）计算引擎与流式计算引擎；在数据中心层面，支持多租户数据管理与数据安全交换体系，对外开放完整的 SDK（软件开发工具包）及 API（应用程序编程接口），满足定制化需求；在数据应用层面，支持数据开发工具、基础数据应用及业务数据应用，涵盖从数据采集、数据开发、数据挖掘、数据可视化到业务数据应用的全闭环数据处理流程。

二、数据服务

（一）数据接入服务

1. 总体架构

数据接入中心架构图如图 11-3 所示。

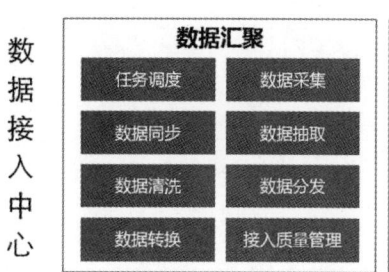 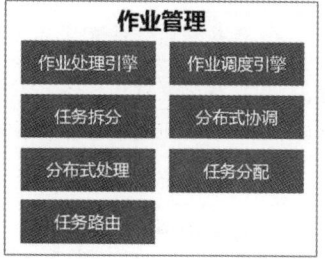 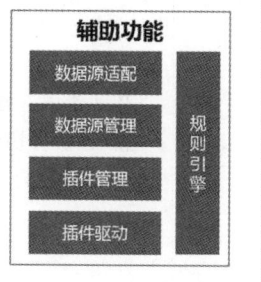

图 11-3 数据接入中心架构图

由于涉及部门及业务系统众多，司法行政数据呈现多源、异构的特点。"司法云"大数据中心需要将司法行政各部门及来自互联网和电子政务外网的结构化和非结构化数据进行统一的汇聚接入，从而为大数据中心提供原始数据支撑。

数据接入中心需要具备数据接入类型多样、数据接入方式灵活、数据接入性能强劲的特点。可针对不同的接入需求提供相应的接入方式；可接入结构化、半结构化、非结构化数据，可提供全量或增量的数据接入方式，并对影响数据质量的异常数据进行集中管理。

数据接入中心本身作为数据同步数据接入工具，将不同数据源同步抽象为从源头读取数据的读插件，以及向目标端写入数据的写插件，读和写分布在不同的服务节点上，将读和写操作进行分离，通过 MQ（消息队列）进行读插件和写插件之间的数据传输，从而保证数据的吞吐量。

2. 司法行政业务系统数据

"司法云"大数据中心需要接入司法行政所有业务系统数据和从互联网采集的相关数据。具体接入内容如下。

对司法行政业务系统的所有数据进行采集、融合，它相当于在关系数据库和"司法云"大数据中心之间实现数据交换和同步。

司法行政业务系统明细（包括但不限于如下系统）如表 11-1 所示。

表 11-1 司法行政业务系统明细（包括但不限于如下系统）

序号	类别	系统
1	依法治国（省、自治区、直辖市）管理平台	立法管理系统
2		备案审查管理系统

续表

序号	类别	系统
3	依法治国(省、自治区、直辖市)管理平台	执法监督系统
4		行政应诉、复议系统
5		法制研究中心管理系统
6		法治督查管理系统
7		法治调研管理系统
8	司法行政业务管理体系	监狱综合管理系统
9		戒毒综合管理系统
10		社区矫正综合管理系统
11		安置帮教综合管理系统
12		法制教育综合管理系统
13		法治宣传综合管理系统
14		律师综合管理系统
15		公证综合管理系统
16		仲裁综合管理系统
17		法律援助综合管理系统
18		基层法律服务综合管理系统
19		人民调解综合管理系统
20		司法所综合管理系统
21		国家统一法律职业资格制度综合管理系统
22		司法鉴定综合管理系统
23		政务服务与行政审批综合管理系统
24		队伍建设综合管理系统
25		人民监督员选任信息综合管理系统
26		人民陪审员信息综合管理系统
27		司法行政信息分析平台
28		远程可视通信系统
29	司法行政管理体系	OA系统
30		协同办公系统
31		系统应用电子监察
32		文件同步私有云

续表

序号	类别	系统
33	司法行政服务为民平台	司法行政机构门户网站
34		司法行政机构政务公开系统
35		司法行政智慧为民系统
36		个人法律助理（智慧型）平台
37		公共法律服务热线系统

（二）互联网采集数据

随着互联网的飞速发展，网络媒体已被公认为继报纸、广播、电视之后的"第四媒体"。由于网络媒体与传统媒体在传播载体和传播方式上的不同，媒体信息的正确性及传播范围都无法得到有效的控制，将导致网络舆论、热点、焦点层出不穷，迅速形成网络舆情，对社会产生较大影响。在网络媒体中，任何人都可以在论坛、留言板、自媒体或者自建站点等各种各样的信息载体上发布言论和观点，而且发布者往往不考虑发布言论的真实性以及带来的社会影响。尤其是我国互联网发展迅速，网民整体不成熟，网络监管缺失和相关法律不健全，因此在网络上更容易出现庸俗、灰色、暴力、虚假言论。网络舆论已经成为社会舆论的一种重要表现形式。

"司法云"大数据中心需要结合司法行政需求，可根据关键字段，在互联网端进行有针对性的采集及分析，从而为"司法云"大数据中心奠定数据基础，作为司法行政业务数据的有效补充。

在互联网数据采集过程中，通过各个数据处理模块相互独立、模块之间自由组合，用户可以根据数据处理的需要，设计个性化的数据处理流程。采集网站包括新闻、论坛、微博、微信等站点，采集模块允许用户任意定义目标收集网站，实现实时信息采集，以及信息的自动分类、去重、标引、入库和发布。

（三）数据同步

支持设置数据同步任务，不同业务特点可设定特定同步策略，将源端数据增量或全量抽取进入云平台。根据源端业务系统数据量大小，支持采取不同的数据同步策略：一次性全量抽取、按时间戳分批并行抽取、按分区分批次并行抽取、增量抽取等。一般在业务流程系统中，不同业务之间需要进行数据同步的，采取业务与业务接口方式进行数据同步，以保障同步的时效性。用于大数据汇聚、整理、分析的数据，一般采取固定时间、周期性增量数据同步方式，以保障同步的稳定性。对于备份数据一般采用固定时间、周期性全量数据同步方式,以保障数据的安全性。

(四)数据抽取

支持设置数据抽取任务,依据业务数据抽取规则编写相应抽取脚本,配置相应的任务调度策略,将源区数据抽取后,存储到目标区数据库中,如按身份证号、电话号抽取12348法网平台、12348热线平台、公共法律服务中心中同一用户咨询内容。

(五)数据清洗

支持设置数据清洗任务,依据业务数据清洗规则编写相应的清洗脚本,配置相应的任务调度策略,将源区数据清洗后,存储到目标区数据库中,如将重复数据剔除或合并。

(六)数据转换

支持将数据从一种表现形式转变为另一种表现形式,支持设置数据转化任务,依据业务数据转换规则编写相应的转换脚本,配置相应的任务调度策略,将源区数据转换后,存储到目标区数据库中,如将日期型数据转换成字符型数据。

根据司法部相关要求,司法行政数据分类及编码需要参考《全国司法行政信息资源交换规范》(SF0011—2017)、《司法数据资源平台和司法共享服务平台技术规范》(SFT0050—2019)。

司法行政信息分为组织机构信息,司法行政人员信息,业务数据信息,服务对象、监管帮教对象信息,财务、装备和资产信息,法制工作信息,资料档案信息,电子证照信息,以及其他信息,如表11-2所示。

表11-2 司法行政各类信息对应数据内容表

序号	名称	数据内容	相关部门
1	组织机构信息	记录司法行政机关和所属各类单位、法律服务机构等各类机构的信息	司法行政机关和所属各类单位、法律服务机构
2	司法行政人员信息	记录司法行政机关工作人员、司法行政干警、律师、公证员、司法鉴定人员、基层法律服务工作者、法律援助工作人员、人民调解员、社区矫正工作人员、安置帮教工作人员、志愿者、社会购买服务工作人员、犯人、戒毒人员、矫正对象等各类人员的信息	司法行政机关和所属各类单位、法律服务机构

续表

序号	名称	数据内容	相关部门
3	业务数据信息	记录监狱、戒毒、社区矫正、立法、执法监督、法治宣传、律师、公证、法律援助、基层法律服务、安置帮教、人民调解、法律职业资格考试、司法鉴定、司法协助与外事等各项业务信息	司法行政机关和所属各类单位、法律服务机构
4	服务对象、监管帮教对象信息	记录公证对象及申请人、调解对象、鉴定申请人、法律咨询人员、法律援助对象、法律考试考生、行政复议申请人、犯人、戒毒人员、社区服刑人员、刑满释放人员、解除强制戒毒人员、家属等各类监管帮教对象的信息	司法行政机关和所属各类单位、法律服务机构
5	财务、装备和资产信息	记录司法行政机关和各类单位的财务、警用车辆、人民警察服装、警用装备、枪支弹药、资产及业务用房等信息	司法行政机关和所属各类单位
6	法制工作信息	记录地方规章规范性文件制定时间、名称、内容等信息，行政复议等三类案件的办理时间、基本情况、审理结果、法律文书等信息，已登记的仲裁机构名称、地址、登记时间、仲裁员情况、变更登记情况等信息，执法监督工作相关数据信息等	司法行政机关
7	资料档案信息	记录司法行政重要档案资料，实现电子卷宗归档，对各类档案进行集中统一管理	司法行政机关和所属各类单位

续表

序号	名称	数据内容	相关部门
8	电子证照信息	记录律师事务所、律师、公证处、公证员、司法鉴定机构、司法鉴定人员、仲裁机构、执法人员执法证等数字化的资格证照信息	司法行政机关和所属各类单位
9	其他信息	在信息化建设过程中，对实际业务有用的其他信息	司法行政机关和所属各类单位、法律服务机构

（七）数据分发

采集到的数据通过 MQ（消息队列）分发到不同的目的源中，支持一对一、一对多操作。

（八）接入质量管理

接入质量管理能够根据预设的规则来检测数据中的质量问题，检测规则可自主配置，系统提供默认的规则模板，用户也可自主编写规则表达式。数据质量监控与调度系统强耦合，发现脏数据可实现事中拦截，避免错误的数据流入下游应用。数据发生变化的时候，则会触发数据质量校验逻辑，对数据进行校验，帮助用户避免脏数据的产生和质量不高的数据对整体数据的污染。同时需要保留所有规则的历史检验结果，以方便用户对数据质量进行分析和定级。数据质量需要提供配置规则，按照各种力度查看历史校验结果，订阅表的数据质量报警等。

数据质量管理流程如图 11-4 所示。

覆盖数据采集清洗监测、数据加工处理监测、数据质量规则优化全过程，形成线上质量监控闭环。

支持标准 SQL 形式的自定义规则，任意复杂度，可任意扩展；智能阈值算法，给用户合理的建议阈值。

支持预置多种模板规则，覆盖波动率、一致性、离散值、业务逻辑、缺失值、约束检查等。

支持零延时的统计数据采集模块（数据落地，校验即完成）、多级容错、缓存，保证系统更加稳健。

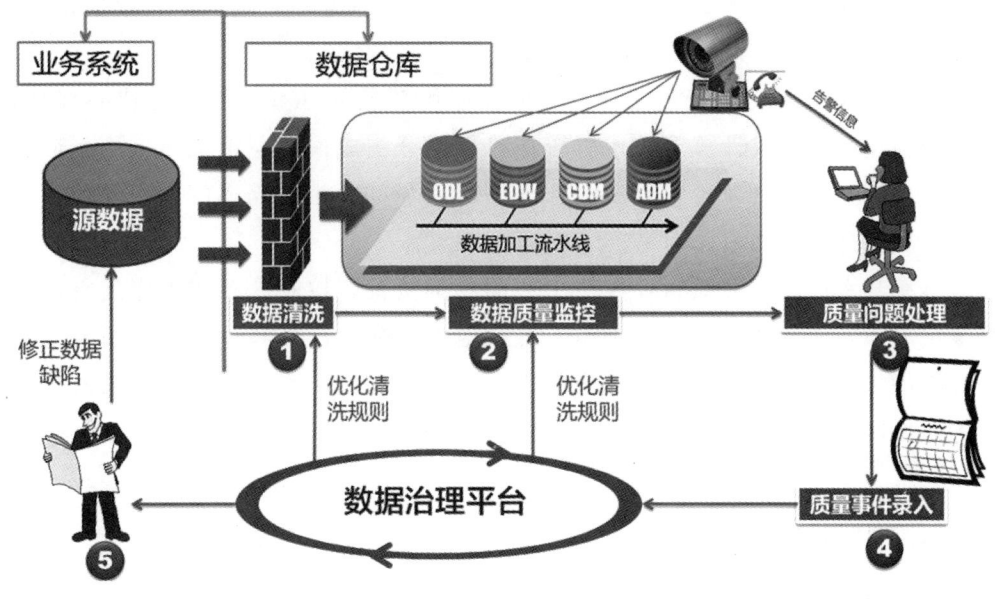

图 11-4　数据质量管理流程

（九）作业管理

支持作业发布、修改、启动、删除、停止等管理功能。设置数据同步任务，根据不同业务特点设定特定同步策略，将源端数据增量或全量抽取进入云平台。根据源端业务系统数据量大小，可以采取不同的数据同步策略：一次性全量抽取、按时间戳分批并行抽取、按分区分批次并行抽取、增量抽取等。包括作业处理引擎、作业调度引擎、任务拆分、任务分配、分布式协调、分布式处理、任务路由等。

（十）辅助功能

包括数据源适配、数据源管理、插件管理、插件驱动、规则引擎等。

模块二　云平台软件

一、云操作系统

云操作系统将分布式的软硬件资源在逻辑上整合成一台计算机，提供统一的、标准的接口，实现云计算单节点和多节点的互联互通，提供远程数据备份、容灾等能力。云操作系统是一种优化的分布式操作系统。

分布式操作系统是实现云计算、形成通用功能的巨型计算机的核心部分，使用虚拟化、分布式计算等技术将资源打散、分割成最小逻辑单元，从而形成网络、计算和存储资源池，为云服务提供可度量的、相对隔离的、安全的、快速可扩展的持续资源池。

分布式系统能集群式管理数据中心的物理资源，控制分布式程序运行，隐藏下层故障恢复和数据冗余等细节，有效地提供弹性计算和负载均衡服务。其核心功能主要包括资源管理、安全管理、远程过程调用等，构建分布式系统常用的底层服务、分布式文件系统、任务调度、集群部署和监控。

二、虚拟化平台

虚拟化是指通过虚拟化技术将一台计算机虚拟为多台逻辑计算机。在一台计算机上同时运行多个逻辑计算机，每个逻辑计算机可运行不同的操作系统，并且应用程序可以在相互独立的空间内运行而互不影响，从而显著提高计算机的工作效率。主要优点包括降低管理成本、提高使用灵活性、提高安全性、更高的可用性、更高的可扩展性、改进资源供应。

三、云平台管理

云平台管理包括计算、存储和网络在内的各种资源，满足以下功能及要求：云主机管理，云主机高可用性，镜像仓库，支持云主机增量快照备份、差量备份、全量备份，支持云主机迁移，支持云主机动态修改密码，存储管理支持多种存储对接功能，多存储池支持将存储划分多个存储池，将云主机磁盘使用的主存储和保存镜像的镜像存储划分到不同的存储池中，支持根据使用特点对不同角色的存储池底层介质和策略进行不同的配置，同时镜像存储池也支持分层增量存储，降低资源的使用率。网络功能虚拟化、无缝升级、提供丰富的 API（应用程序编程接口），用户可以根据 API 获取 IaaS 内的各种资源和信息，或利用 API 定制开发个性化应用插件。运维管理可实现云主机创建、资源超分、租户管理、监控管理并具有监控状态绘图功能，支持数据库自动备份、容灾，支持物理分区域、集群管理。

模块三　区块链技术

一、区块链

区块链是分布式数据存储、点对点传输、共识机制、加密算法等计算机技术的新型应用模式。可以将其理解为一个分布式的共享账本和数据库，其具有去中心化、不可篡改、全程留痕、可以追溯、集体维护、公开透明等特点。这些特点保证了区块链的"诚实"与"透明"，为区块链创造信任奠定基础。而区块链丰富的应用场景，基本上都基于区块链能够解决信息不对称问题，实现多个主体之间的协作信任与一致行动。

二、区块链的优势

1. 终端接入区块链的高安全性

区块链系统通过智能合约来维护终端身份名单，审核该设备是否有权接入节点并将数据加密上传，从而避免恶意终端的接入和数据污染。

2. 异构系统成链的便捷性

区块链将计算存储层做分布式存储改造，在不改变原有存储架构的同时增设区块链分布式节点设备。而网络层将对等网络、专网、公共网络和VPN等网络传输技术相融合，采用轻量级区块链架构对整个终端感知层的设备进行管理和维护，提高司法行政系统各类网络连接成链的便捷性。

3. 区块链与边缘计算的融合性

现在几乎所有的电子设备都可以连接到互联网，这些电子设备会产生海量数据。传统的云计算模型并不能及时有效地处理这些数据，在边缘节点（泛物联网设备）对数据进行收集、处理、分析、结果传输称为边缘计算。边缘节点处理这些数据将会带来极小的响应时间、减轻网络负载、保证用户数据的私密性。如果把物联网产生的数据传输给云计算中心，将会加大网络负载，网络可能造成拥堵，并且会有一定的数据处理延时。边缘计算随物联网发展已应用到司法行政系统各领域，在司法行政系统声纹识别、人脸识别、视频行为分析、身份识别、自助服务终端、智慧司法所等物联网设备中会产生大量的数据，系统要求极快的响应时间、数据的私密性等。

区块链分布式数据存储机制和点对点网络拓扑结构能够与边缘计算较好地融合应用，区块链不可篡改的数据存储特点能够提高边缘节点的数据安全性，身份认证和权限控制能够为暴露在公共区域的设备提供准入机制，数据加密管理能够为边缘设备提供隐私保护功能。将边缘设备作为区块链系统中的轻节点，不参与全网共识，还能够减少外界对区块链系统的攻击。

4. 提升公众对依法治理、执法监督的积极性。

公众对传统的中心化公共监管平台或自媒体平台公信力因技术问题而信心不足，平台也无法自证其说。区块链架构中真实的身份与可信的数据，为公众通过各类终端上传各类法律信息提供保障，区块链将违法违规行为真实地记录在系统中，并对公众的有效监督行为给予一定的激励，从而提高公众对社会管理的参与度和积极性。而一旦被认定为违法违规行为，被监管者的行为将关联到个人征信、银行信贷等重要领域，对公众形成一定的约束力。

5. 区块链可实现全电子化业务流程。

区块链存储的文件形式包括文档、网页、微信、微博、邮件、合同、证书等，涉及各行各业各个领域，可以对包括 Word、PPT、TXT、PDF、JPG、PNG 等任何格式类型的文件进行有效存储。司法行政系统业务中的所有数据都可以从区块链中提取、共享、验证。

6. 数据保全优势。

区块链可以将任何电子文件生成唯一的散列值记录到区块链上，给记录文件打上进入区域链的时间戳，区块一旦生成，记录的文件信息将分散存储到多个节点，永远无法篡改，对于何时、何人、登记的文件内容都具备完全的唯一性和可追溯性。并且因为区块链的广泛分布特性，使得在任何灾难情形下，只要有1个以上节点仍在工作，认证的数据信息即可完整保全。文件的存在性证明和真实性证明可以在分布广泛的众多去中心化节点的反复自认证中得到保障。

模块四　开发社会关系网络分析系统

"司法云"大数据中心包含大量的人员数据和业务数据,这些人员数据隐藏了十分丰富的人员-事件关系,需要从中关联分析出有关联关系的信息,产生数据价值。社会关系网络分析系统主要从海量数据中分析、挖掘出人员相关关系,例如从案件信息中分析出涉案关系、办案关系,从人员信息中分析出亲属关系,从而对人员的关系网络进行立体的展现。

模块五　开发司法行政事件分析研判子系统

为全面建立以"预测、预警、预防"为目标的司法行政信息预警响应处置工作体系,形成信息预警和响应处置工作机制,实现预警事项全流程线上流转,对事件处置情况全程留痕,推动各单位规范处置流程,提升以信息为主导、上下协同的实战化运作水平。

预警信息是指涉及司法行政系统的突发性事件信息,已经或可能影响司法行政系统持续安全稳定或产生负面影响的事件信息,以及需要司法行政系统共同介入处置的公共应急事件信息。

参照国际、国内公共事件分级处置惯例,结合司法行政工作特点,将预警信息分为四级,分别用红、橙、黄、蓝四色进行标识。

(1) 特别重大事件预警信息(红色标识):司法行政业务领域中,在国内外具有较大负面影响的事件信息,大规模的群体性事件信息,需要跨省(自治区、直辖市)协调处置或超出设区市司法局处置能力的事件信息。

(2) 重大事件预警信息(橙色标识):司法行政业务领域中,在本地范围具有较大负面影响的事件信息,群体性事件信息,需要跨设区市协调处置或超出县(市、区)司法局处置能力的事件信息。

(3) 较大事件预警信息(黄色标识):司法行政业务领域中,可能升级为具有一定社会影响性的事件信息或可能演变为群体性事件的信息,需要跨县(市、区)协调处置或超出基层司法所处置能力的事件信息。

（4）一般事件预警信息（蓝色标识）：事件危害性较低，可由县、乡两级司法行政机关自行处置的事件信息。

强化预警信息研判，推动信息研判工作由浅层的汇总统计向深度的智能决策发展，以数据说话、用数据决策、靠数据管理，提升信息预警和响应处置能力。

模块六　开发司法行政知识库子系统

建设司法行政知识库系统，以全面整合司法行政各部门知识、案例等数据为基础，实现对内资源共建共享的目标。通过将司法行政工作成果、经验、方法高效整合，面向司法行政工作者，构建涵盖法治宣传、人民调解、律师公证、法律援助、法律职业资格考试、司法鉴定等各部门的司法行政知识库。

根据实际诉求，建设司法行政法律法规库、司法行政案例库、司法行政学习库。服务于广大司法行政机构内部人员、相关法制单位、各委办局及社会公众，为司法行政干警和法律服务工作者提供办案指引。

智能知识图谱：知识图谱让AI去理解知识的逻辑与关系，根据问题理解后给出或寻找、组合、计算出答案。

智能知识搜索：智能知识搜索引擎采用搜索分词机制，综合打分排序机制，可以进行中英文数字混合搜索，对语义进行理解，支持集成问答机器人，对搜索意图预测，给出智能柜机，支持集成ASR语音识别，以声搜声，相似图片搜索，OCR识别，以图搜视频。

智能知识词云：对文本中出现频率较高的关键词予以视觉上的突出，提示关键词和主题索引，从而过滤掉大量的文本信息，使浏览网页者只要一眼扫过文本就可以领略主体内容的主旨。

智能个性化推荐引擎：通过个性化信息匹配技术，根据每个用户的身份、偏好、岗位、角色、工作场景等要素，通过AI算法进行智能化推荐阅读，还支持基于连续阅读行为的智能轨迹，据此预测用户下一步大概率会需要什么知识。

智能知识挖掘引擎：通过智能算法对知识库中全库内容进行分析和挖掘，从多种维度和视角，帮助用户分析知识库中的热点、关联关系。

智能问答机器人无缝对接：与法律机器人厂家进行无缝对接，实现统一知识库管理与数据同步，一次维护知识库和机器人同步应答。实现双引擎知识搜索，一次搜索获得知识库和机器人的两种结果。

模块七　开发精准普法系统

精准普法通过分析司法行政系统执法监督、人民调解、基层法律服务、公证、鉴定业务数据，结合社会舆情数据分析，从普法体系的对象、事件、时间、类别等不同维度分析普法需求、普法效果、满意度等结果，做出相应普法调整和普法建议推送，实现普法工作的精准化。

与精准普法对接，一种是对体，一种是对面；一种是对线，一种是对点，对当面咨询、上法网、热线、公证、鉴定、法援的个人提供相应法律法规和典型案例的法治宣传，形成精准到点。按时间性、周期性出具普法意见书，给各执法单位出具普法意见书。对自然人和法人全生命周期进行普法推送。增加设置评价体系。

精准普法要从点、线、面三个方面来实践。

点：法人、个人结合特定事件进行精准普法服务。

线：时间轴生命周期关键节点精准普法服务。

面：面向执法单位定期推送特定主题普法信息和普法建议书。

普法评价：通过社交平台或个人收到普法信息后，对普法信息的浏览停留时间进行统计分析，或直接通过点赞、转发、分享等方式计算普法效能。

模块八　开发质量提升系统

参考常规的绩效考评工作机制，建立科学、全面的年度工作绩效指标体系、数据采集标准和评分办法，实现考核任务网上发布、考核数据网上采集、考核结果网上公示。

横向扩展考核覆盖的宽度，纵向规范考核的机制，实现考核工作的整体优化；实现考核工作的全面线上运转，继续完善线上考核流程，包含考核任务发布、考核数据采集、考核结果网上公示等环节。

按照司法部"智慧法治""一切业务数据化，一切数据业务化"指导思想，在信息化条件下，司法行政的所有业务和日常工作都是以数据形式在网上流转，这就使得质量提升用数据进行分析成为可能。

模块九　开发辅助决策系统

随着信息化的不断发展和深入，信息量也快速增加。海量的数据包含了丰富的信息，但是如果不能快速准确地定位信息、提取重要数据，反而会导致工作缓慢效率低下。

针对司法决策分析系统的整体规划，实现高效灵活的司法信息辅助决策支持系统平台，通过对加强司法决策能力建设的理性思考，以完善审判组织和审判运行机制为着力点，宏观上通过丰富的工作态势信息为用户提供数据资源辅助决策支持，细节上对大量信息进行有效提取、整合，集中分析，将司法审判工作的各方面展示出来，总结当前工作，制订将来工作计划。构建人民法院对人、事、案件的三大管理体系，建立和完善司法决策辅助制度，利用信息化手段获取决策依据，进一步完善司法决策机制，提升司法决策能力。

决策分析功能依托"司法云"大数据中心，通过数据采集、整理、转化、存储等功能，搭建司法数据仓库。在数据仓库的基础上深入分析、挖掘，通过数据统计、数据分析、趋势预测等功能，支持面向领导的辅助决策，支持面向重大事件应急响应的辅助决策，支持司法队伍建设的辅助决策，支持面向事件微观分析的辅助决策。目标就是通过搭建健全的决策支持技术体系，收集综合的数据，采用先进的技术手段，展开广泛的业务主题研究，并实现友好的人机交互。

任务十二

建设智慧运维保障中心

◆ 学习导读

任务理解：

智慧运维保障中心是指利用物联网、大数据、人工智能等技术手段，对司法行政信息化设备和系统进行实时监测、分析和预测，以提高设备运行效率和可靠性，降低运营成本，保障设备和系统的安全、稳定运行的中心。智慧运维保障中心可以实现对设备的远程监控和控制，对设备运行状态进行实时分析和诊断，提供故障预警和预测，以及对设备进行维修和保养等服务。

司法行政系统信息化建设工程运维要求实现"五个一"的建设目标：一幅网络联通图，监测所有节点状态；一张服务明细表，明确运维服务范围；一条运维服务热线，统一受理各类运维投诉；一套运维标准，考核所有运维服务，保障运维质量；一个运维管理中心，受理投诉、任务分派、质量监管、硬件运维、软件升级、信息反馈全生态链管理。

智慧运维保障中心广泛应用于司法厅（局）、监狱、戒毒所、社区矫正中心、公共法律服务中心等机构，可以提高设备的完好率和利用率，降低维护成本和停机时间，提高设备的安全性和可靠性，为"智慧法治"建设带来较大的经济和社会效益。

学习目标：

（1）思政目标：通过运维保障中心建设，提升读者对三分建设七分保障的认识，提高运维工作爱岗、敬业、诚信、友善的修养，培养精益求精的职业精神。

（2）素质目标：文武兼备、追求卓越。

（3）知识目标：掌握运维中心建设需求和基本职能。

（4）能力目标：会看图、懂架构、知风险、写方案。

模块一　运维管理总体要求

司法行政机关通过构建统一的安全运维体系，加强信息资源的维护平台建设，提高信息资源的运行管理水平，构建集中式服务热线、运维流程、系统监控和综合展示系统，通过系统联动，及时、准确、全面地反映与掌握信息系统的运行状态，保障各系统的正常运行。可通过购买服务的方式，与第三方运维服务机构建立长效运维管理机制，从而有效解决在当前运维过程中存在的人员、技术、资源不足问题。

通过运维管理体系建设，实现司法行政系统信息化建设工程运维"五个一"的总体目标：一幅网络联通图，监测所有节点状态；一张服务明细表，明确运维服务范围；一条运维服务热线，统一受理各类运维投诉；一套运维标准，考核所有运维服务，保障运维质量；一个运维管理中心，受理投诉、任务分派、质量监管、硬件运维、软件升级、信息反馈全生态链管理。

通过安全运维工作，使各类软硬件系统、网络系统能满足 7×24 小时不宕机、不间断的持续服务能力，总体网络可用率 $>99.5\%$，各业务系统能提供 95% 以上的可用度，软件系统平均故障时间 <1 天/年；实现事件的驻场 0.5 小时响应，远程 2 小时响应；实现一般事件的 2 小时恢复，较大事件的 6 小时恢复，重大事件的 24 小时恢复。从而保障司法行政系统各类应用的持续、安全、稳定运行。

模块二　安全运维中心建设

在司法行政机构建立安全运维服务中心，为驻场运维服务人员提供物理场所和软硬件基础设施环境，以实现对司法行政机构日常安全运维工作的统一监控、统一协调、统一调度、统一管理。

安全运维服务中心设立值班室（见图 12-1）以提供日常运维人员值守场所。建设内容包括运维室的基础环境装修改造、显示系统建设和运维工作座席建设等。

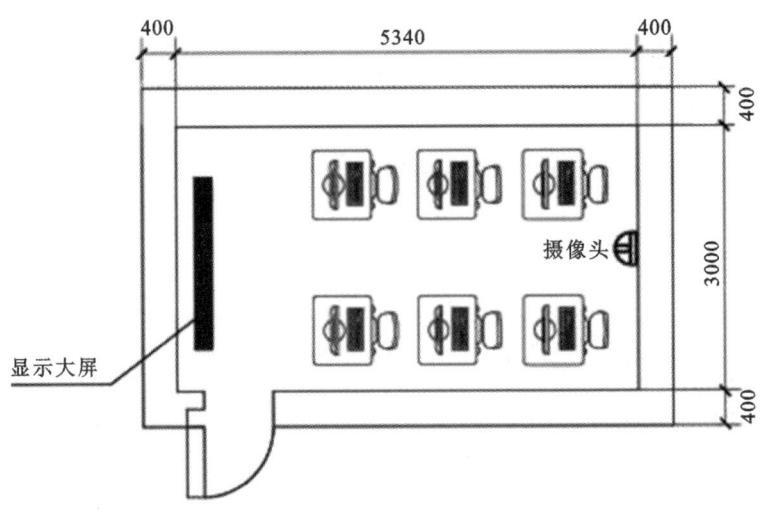

图 12-1 值班室布局图

一、显示单元

在值班室设置一台大屏液晶显示单元,并通过矩阵实现各类音视频切换,用于控制显示安全运维管理平台运维管理可视化界面,便于运维人员日常监控管理,及时发现问题并处理问题。

二、运维工作座席

在安全运维中心设置独立座席,并配备相应电脑终端设备、打印机等操作设备及办公家具。驻场运维人员可根据权限、管理内容进行独立办公和业务处理。

三、安防门禁系统

(一)门禁系统

在安全运维中心配置门禁管理系统,实现对运维中心的准入管理,只有具有权限的相关工作人员及授权人员才允许进入。

门禁系统采用刷卡加人脸识别方式进行控制,并通过配套的门禁管理,具备对出入人员的日志记录,对进入人员进行统计管理。

门禁系统功能如下。

1. 单点控制

以每一个单一的控制点（如进出门通道等）作为控制对象，只有在系统中登记确认是合法且持有效卡的人员，方可利用识别卡或密码开启系统控制单点，从而进或出；否则，系统会拒绝动作且报警。每一单一控制点一般由以下设备组成：读卡器、控制器、电控锁、手动按键、门禁卡。

2. 多点联网

无论是单点或多点，门禁出入控制系统均可用微机联成一个网络系统。门禁出入控制系统与微机的联网采用符合工业通信标准的 RS-485 网络。

RS-485 网络具有极强的抗干扰能力和长距离的通信能力，其最远通信距离可达 1200 米，且可以挂接多达 128 个控制对象（控制器）。

3. 集中管理

利用系统软件，对全系统各控制点或指定控制点有如下要求：门禁卡管理、权限管理、刷卡记录管理、实时监控。

（二）摄像头监控

安全运维中心承载着司法行政业务系统安全运维工作和信息化软硬件运维工作，是信息化建设管理的核心场所。因此，在运维中心出入口的安全运维工作区域设置安防监控系统，以加强对运维中心的安全管理工作。

模块三　运维监测建设

一、动环监控子系统

（一）动力监控

1. UPS 监控

对机房内 2 台 UPS 电源的各部件工作状态、运行参数等进行实时监测，一旦发生故障及报警，则通过监控平台发出对外报警。通过 UPS 设备提供的智能接口及通信协议，采用总线的方式将 UPS 的监控信号直接或经通信转换模块转换成接入监控服务器的信号，由监控平台软件进行 UPS 的实时监测。实时监测 UPS 整流器、逆变器、电池（电池健康检测，含电压电流等数值）、旁路、负载等各部分的运行状态与参数（能监测到的具体内容由厂家的协议决定，不同品牌、型号的 UPS 所监测到的内容不同）。

UPS 监控系统界面图如图 12-2 所示。

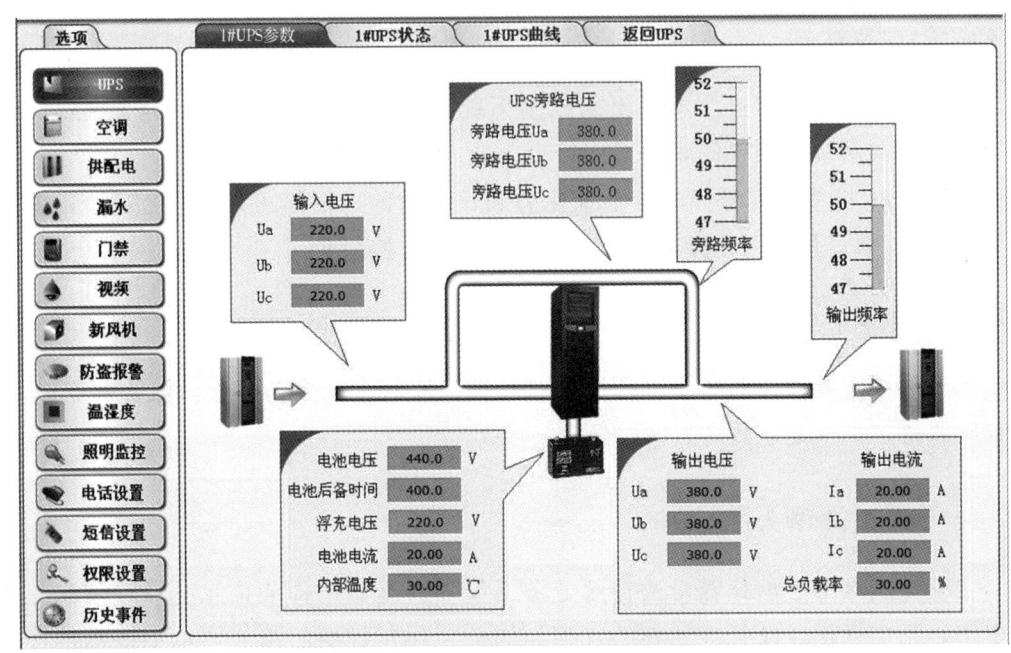

图 12-2　UPS 监控系统界面图

2. 市电监控

机房市电的供应质量好坏直接影响到机房内用电设备的安全，在配电柜安装电量仪对市电进线进行各项供电参数监测。通过在配电柜安装带液晶显示的电量仪对进线实现监测，既可在配电柜表面实时看到电量仪采集到的参数，又可通过电量仪的 RS485 智能接口和通信协议采用总线的方式将信号接入监控服务器的串口，由监控平台软件进行市电的实时监测。实时监测市电进线三相电的相电压、线电压、相电流、频率、功率因数、有功功率、无功功率等参数。

市电监控界面图如图 12-3 所示。

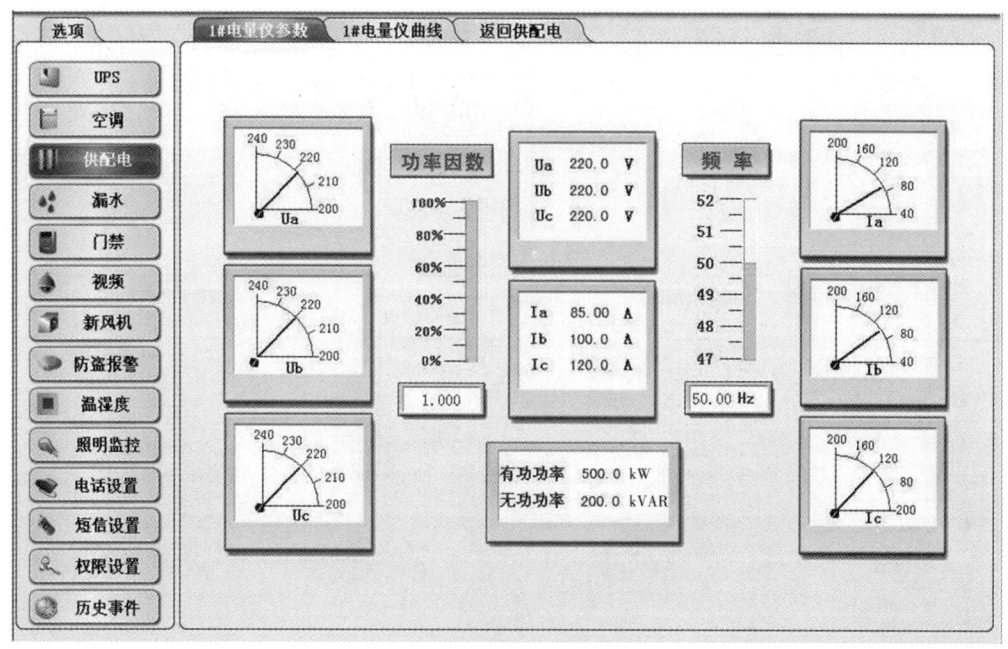

图 12-3　市电监控界面图

（二）环境监控

1. 精密空调监控

机房温度出现异常，会导致机房其他设备运行所需的环境失去保障，因此要对机房内精密空调的运行状态和参数进行实时监测，同时可对精密空调进行远程开关机控制。通过精密空调设备提供的智能接口及通信协议，采用总线的方式将精密空调的监控信号直接接入监控服务器的串口，由监控平台软件进行精密空调的实时监测。实时监测精密空调压缩机、风机、水泵、加热器、加湿器、去湿器、滤网、回风温度和湿度等的运行状态与参数，并可对精密空调实现远程开关机控制（能监测到的具体内容由厂家的协议决定，不同品牌、型号的精密空调所监测到的内容不同）。同时支持与其他子系统的联动控制，如当温度过高时自动联动启动空调进行制冷。

环境监控界面图如图 12-4 所示。

2. 新风机监控

对机房内新风机的运行状态进行实时监测，同时可对新风机实现远程开关机控制。由于新风机不具有智能接口，通过数字量输入输出模块控制继电器装置来实现新风机的开关机电源控制；通过空调状态开关量变送器检测新风机电

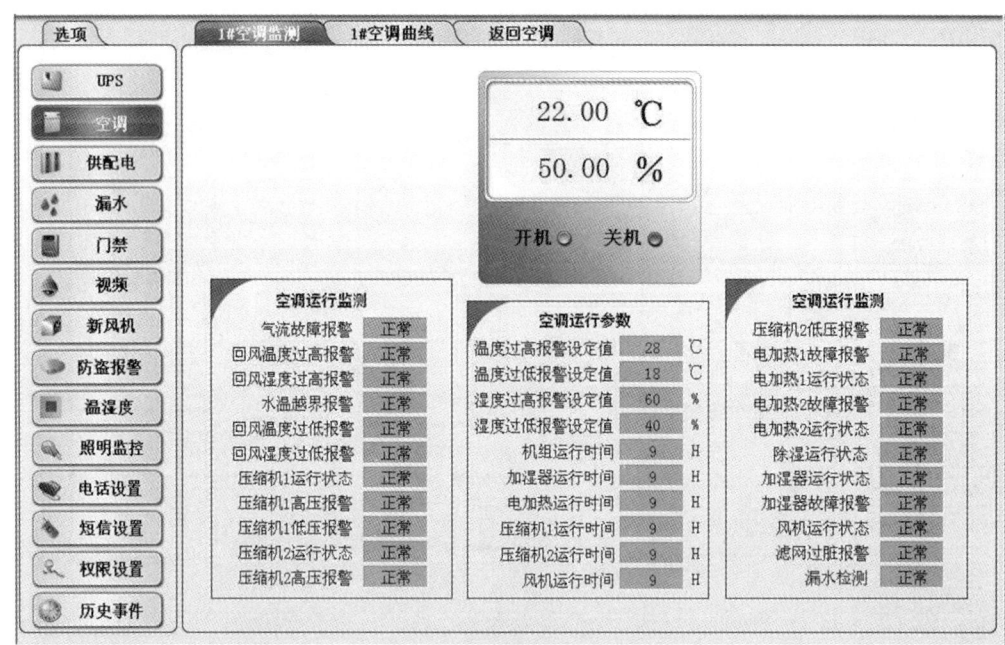

图 12-4 环境监控界面图

源线的电流信号,转换成开关量信号后接入隔离数字量输入模块实时采集新风机运行状态;另外,通过微压差开关检测过滤网两侧的压差信号后再接入 8 路隔离数字量输入模块进行采集,所有的模块通过智能接口及通信协议采用总线的方式将信号接入监控服务器的串口,由监控平台软件进行新风机开关机控制和运行状态的实时监测。

3. 温湿度监控

机房内精密电子设备的正常运行对环境温湿度有较高的要求。因此在机房的各个重要部位安装带液晶显示的温湿度传感器,一旦发现异常,则立即启动报警。通过在机房重要部位安装带液晶显示的温湿度传感器,对环境温湿度实现监测,既可在温湿度传感器表面实时看到当前的温度和湿度数值,又可通过温湿度传感器的 RS485 智能接口和通信协议,采用总线的方式将信号接入监控服务器的串口,由监控平台软件进行温湿度的实时监测。

温湿度监控界面图如图 12-5 所示。

4. 漏水监测

由于机房内有空调及进出水管等设备,液体泄漏的情况时有发生,这就要求及早发现、及时处理,因此要在机房有空调的地方安装带漏水感应绳的进口定位式漏水检测设备,保证机房设备的稳定运行。在有水泄漏处的四周敷设漏

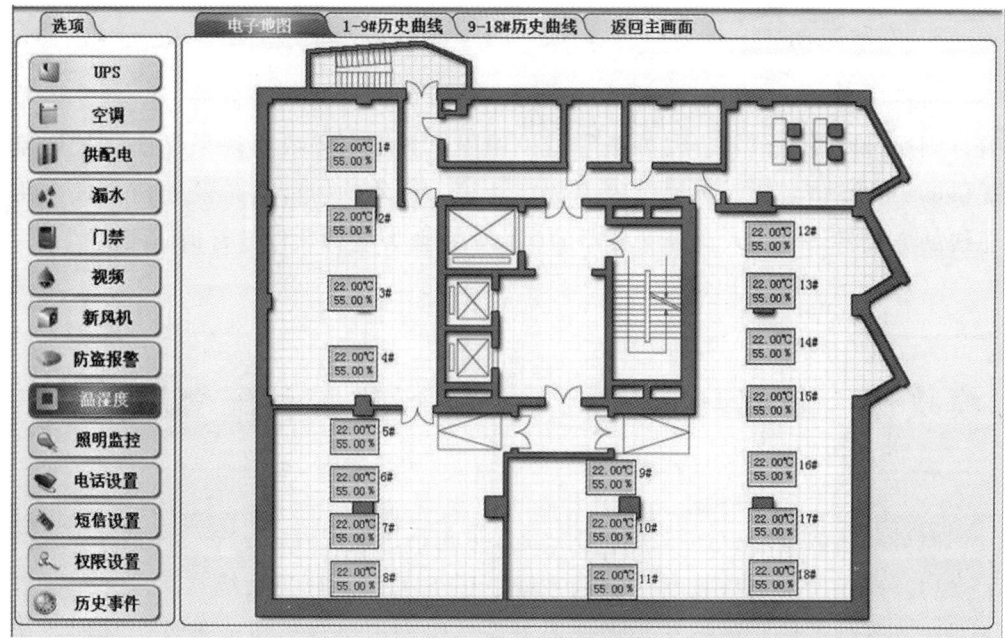

图 12-5　温湿度监控界面图

水感应绳,当发生漏水时,感应绳将报警信号传给定位式测漏控制模块,通过定位式测漏控制模块提供的 RS485 智能接口及通信协议,采用总线的方式将漏水报警信号直接接入监控服务器的串口,由监控平台软件进行漏水实时监测。

二、安保监控子系统

1. 视频监控

在机房出入口、机柜间的通道、走廊等重要区域安装彩色半球摄像机、硬盘录像机,进行全天候视频图像监视。彩色半球摄像机通过视频线直接接入监控服务器的视频输入接口硬盘录像机,同时将硬盘录像机接入与监控服务器相同的内部网络,通过监控平台软件进行图像监控。

2. 门禁监控

出于对机房安全的考虑,对机房进行门禁管理,采用进门刷卡、出门按按钮的进出验证方式,由监控平台软件进行机房出入的门禁管理。使用总线型门禁控制器,通过总线型门禁控制器提供的智能接口及通信协议,采用总线的方式将门禁信号接入监控服务器的串口,由监控平台软件进行门禁的实时监测。

3. 消防监测

对机房内由消防控制箱提供的干接点信号进行实时火警监测,一旦发生报警,则通过监控平台发出对外报警。采用隔离数字量输入模块采集消防控制箱提供的干接点信号后,再通过隔离数字量输入模块的智能接口及通信协议采用总线的方式将信号接入监控服务器的串口,由监控平台软件进行消防实时监测。

模块四　基础环境设施综合运行维护和配套服务

基础环境设施综合运行维护和配套服务包括以下内容。

(1) 提供所有设施设备(空调系统、UPS系统、环控系统、新风系统、灯光系统和其他系统)的维护和保修服务。维保期内出现整机或部件损坏时,应及时提供免费的部件更换服务,更新或更换任何部件或耗材时不再收取任何费用。

(2) 提供所有设施设备详细的维保服务内容和方案,包括定期巡检、停机检修、电池检查、输入滤波器检查、镇流器/充电器检查、逆变器检查等。

(3) 提供所有设施设备的例行保养检查。必须派遣具有相应专业技术的工程人员定期对机房所有基础环境设施设备进行例行检查,并分别提交各类设备的检查报告;安排设备原厂工程师周期性进行例行保养,主要内容包括但不限于UPS不间断供电系统、精密空调系统(水管道、加湿水槽、室外机组等)及新风系统相关设施设备的清理、清洗保养服务。

(4) 提供易损耗部件的更新、更换服务。具体内容包括但不限于:精密空调系统每个季度更换过滤网,每年更换一次加湿罐;新风系统过滤器每年更换一次;消防系统七氟丙烷气体的灌充;灯管照明,墙插地插。

(5) 提供所有设施设备的备品配件和相关耗材。必须提供充足的备品配件,并按照要求存放在指定地点。存放的备品配件可不限于同型号设备,但必须满足相同功能,确保不影响系统的正常使用。备品配件的安装和调试不再收取任何费用。

(6) 提供综合布线的日常维护工作,主要包括弱电线路(网线、光纤)、信息面板、屏蔽模块、配线架、光纤架以及其他综合布线相关设备。当出现线路不通或其他故障时,需根据服务级别要求开展故障处理工作,确保设备和大楼内相关业务的正常运行。同时,对出现故障的线缆或设备免费进行维修或更换。

任务十三

选用人工智能技术

◆ 学习导读

任务理解：

人工智能（AI）是指让机器模拟人类智能的一种技术。它是一种研究如何使计算机能够像人一样思考、学习、判断和解决问题的技术。人工智能的研究领域非常广泛，包括机器学习、自然语言处理、计算机视觉、智能控制等等。目前，人工智能已经被广泛应用于各个领域，如语音识别、图像识别、自动驾驶、智能客服等。

人工智能技术在司法行政领域的应用可以帮助提高司法行政效率和准确性。例如，对案件进行分析和预测，可以利用机器学习算法对历史案件数据进行分析和预测，可以帮助律师和其他法律工作者更好地了解案件的特点和趋势，从而更好地提供法律服务。又如，自然语言处理技术可以帮助理解和处理大量的法律文献和文件，从而提高法律工作者的效率和准确性。智能合同则是利用区块链和智能合约技术，可以实现自动化的合同执行和管理，从而减少人工干预和错误。人脸识别点名、无人驾驶送货、无人机巡逻、会见自动监听等技术的应用可大力提升监狱、戒毒所、社区矫正的监管自动化水平，推动监狱安防集成技术的发展，提升监狱应急处置能力，提高安全性，解放警力，提升效能。人工智能技术可以帮助司法行政领域更好地应对大量的数据和信息，提高工作效率和准确性，同时可以减少人为的错误和偏见。

学习目标：

（1）思政目标：注重学思结合、知行统一，增强学生勇于探索的创新精神、善于解决问题的实践能力，激发学生科技报国的家国情怀和使命担当。

（2）素质目标：文武兼备、追求卓越。

（3）知识目标：掌握人工智能原理和能达到的智能程度。

（4）能力目标：除理解各种人工智能技术原理外，最主要的是能够结合司法行政信息化建设需求，选用合理的人工智能技术并应用到日常业务的各环节，提升日常监管、执法、服务、管理等工作的效能，节省警力，改进和提升履职能力。

模块一　智能应用能力

在日常司法行政业务开展过程中，需要将机器学习、智能语音交互、人脸识别、图像识别、自然语言处理、文字识别等人工智能应用能力提供给各业务系统和用户使用。

一、指纹（掌形）识别

（一）指纹识别

指纹识别技术已经被应用于司法领域、信用交易等大型的公共项目中，尤其在欧美一些国家，指纹识别已承担着基于大规模数据库的自动身份识别。在我国，2012年5月30日，新修订的《居民身份证法》明确规定居民身份证登记项目包括指纹信息。指纹是每个人特有的、几乎终生不变的特征，在安防出入口系统它就像一把钥匙。作为一种方便、可靠的特征载体，与其他生物识别技术比较起来较容易实现。

指纹识别技术具有两个重要特点，即独特性和稳定性。独特性是指几乎没有2枚指纹的特征是完全相同的；稳定性是指从出生起，每个人的指纹形态都终生不变，除非手指受到严重的伤害或疾病影响。指纹识别以其独特的优势成为目前人体生物特征识别技术市场上占有率极高的识别方式之一，这种识别方式也是目前生物识别技术中发展最成熟的。

（二）掌形识别

掌形识别是把人手掌的形状、手指的长度、手掌的宽度及厚度、各手指两个关节的宽度与高度等作为特征的一种识别技术，人体的这个特征在一定的时间范围内是稳定的。如一次业务办理或活动期间，特征读取装置将其采集下来，并生成特征的综合数据（特征值），然后与存储在数据库中的用户模板进行比对，来判定识别对象的身份。目前，掌形识别技术发展很快，主要是采用红外＋摄像的方式，摄取手的完整开头形状，或手指的三维形状。设备识别速度较高、误识率较低。但同指纹识别一样，操作时需人体接触识读设备，需人配合的程度较高。

掌形识别是比较成熟的技术，但友好性差，且掌形特征不具有长期的稳定性，受伤、过度运动后也会发生改变，不适合长期使用，在安防系统中一般结合其他生物识别技术相互佐证。

二、人脸识别

人脸抓拍系统一般布置在重要出入口，比如监所出入口、AB门、社区矫正刷脸签到处等，前端摄像机自动抓拍出入口或卡口人员头像，拍摄到头像通过边缘计算或发送给联网后台进行海量数据检索与比对，对出入口和卡口的人员进行严格的控制或精确识别。

（一）人脸识别原理

当有人脸进入设定检测区域时，前端摄像机会检测人脸并抓拍最佳识别度的人脸，业务需要时可以同时根据每张脸的大小和各个主要面部器官的位置信息生成人脸特性数据，把采集到的人脸与人脸特性数据发送给后端服务器进行智能业务处理。

后端服务器可以根据需要把抓拍到的人脸直接放入人脸图片库，用于后期的业务处理；或者后端服务器直接利用前端摄像机发送的人脸特性数据进行比对操作，以确定当前拍摄到的人员是否为人脸特性数据库内设定的黑名单人员，可以防止危险状态进一步发展。

人脸抓拍原理示意图如图13-1所示。

（二）人脸识别功能应用

跟狱政系统进行对接，在点名处架设人脸抓拍相机，同时部署比对查看的客户端（可实现手持终端查看点名情况），犯人通过相机时，比对成功，摄像机给出提示音。如没有提示音，则需要犯人重新经过，确保不出现漏点名情况。在后台实时进行点名结果统计，形成报表。便于民警对所管辖犯人的出勤情况进行高效的管理，减轻民警的工作强度，提高狱政管理效率。

人脸动态导入当地的安置帮教人员、社区矫正人员和其他需要关注的人员人像照片及信息（包含姓名、性别、身份证号、家庭住址、人脸照片等信息），系统可对前端人脸抓拍设备抓拍的人脸与布控库进行实时比对。当抓拍人脸与布控库的人脸相似度达到设定报警阈值时，系统以短信或微信方式通知人员，并进行实时自动报警。

人脸动态比对预警如图13-2所示。

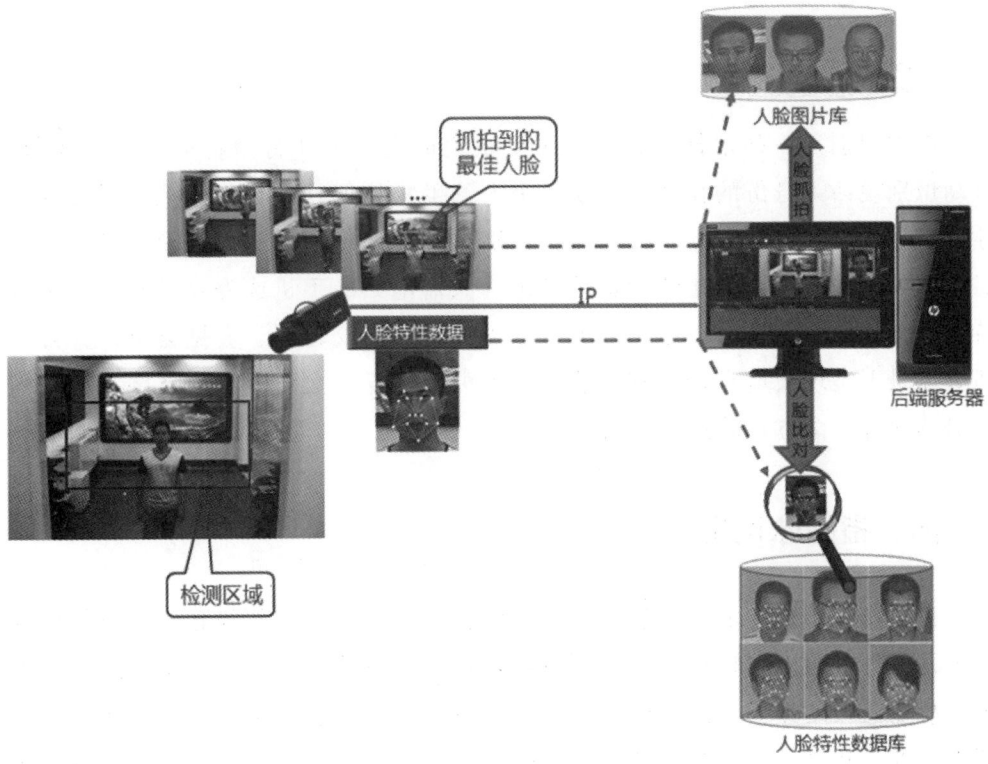

图 13-1 人脸抓拍原理示意图

图 13-2 人脸动态比对预警

三、声纹识别

声纹识别是一种根据语音波形中反映说话人生理和行为特征的语音参数,自动识别说话人身份的技术。由于每个人的生物特征具有与其他人不同的唯一性,不易伪造和假冒,所以利用声纹识别技术进行身份认证,安全、准确、可靠。声纹识别的语音采集装置造价低廉,只需电话、手机或麦克风即可,不需特殊设备。声纹识别用于远程会见、远程调解、会议转写、会见监听、日常谈话等场景下实现人员身份识别和鉴定,也可用于音频文件转写为文字文件时标注对话双方(多方)的角色识别。

四、指静脉识别

目前静脉识别技术主要包括手指静脉、手背静脉及手掌静脉。指静脉识别技术是一种新的生物特征活体识别技术,其原理是基于人手指中流动的血液可吸收特定波长的光线,使用该波长光线对手指进行照射,从而得到手指静脉的清晰图像,并进行分析和处理。由于指静脉隐藏在身体内部,被复制或者盗用的机会很小,受生理和环境因素的影响小,具有较高的识别率,通常指静脉识别技术应用在有高保密与高安全性需求的场合。

指静脉工作原理示意图如图 13-3 所示。

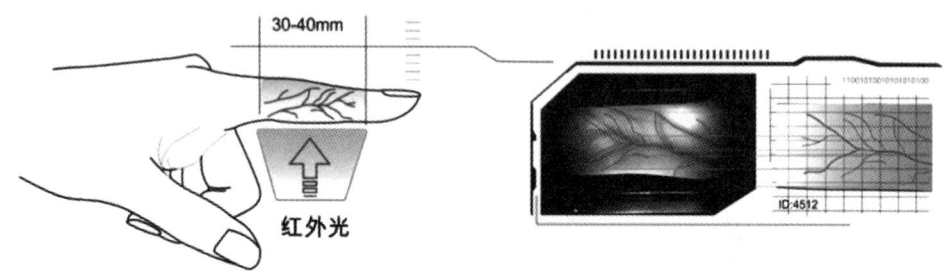

图 13-3　指静脉工作原理示意图

五、视网膜识别

视网膜识别扫描的是眼底的血管图像。在视网膜的图像上可以看到两种类型的血管,其中毛细血管不仅特征不明显,还容易受到外界干扰(可以参考熬夜后布满血丝的眼睛）。而视网膜上主要血管的特征比较明显，不易受到外界干扰，可以作为身份识别的特征。学术界仍普遍认为视网膜的多样性足以支持高精度的身份识别。视网膜识别属于近距离、有感知的生物识别技术，精准度较高，一般用于安全级别较高的场所。

六、虹膜识别

虹膜是位于人眼表面瞳孔和巩膜之间的圆环状区域，其结构不一且具有极高的唯一性，即使是同卵双胞胎也不会有相同的虹膜。同时，虹膜具有高度的稳定性，童年过后，虹膜基本不会变化。但是虹膜的采集装置比较昂贵，在监狱安防系统中有少量应用。在已公布的大规模数据集测试中，虹膜是目前极为可靠的生物特征之一。

七、签名识别

签名识别在应用中具有其他生物识别所没有的优势，人们已经习惯将签名作为一种在交易中确认身份的方法。实践证明，签名识别是相当准确的，因此签名很容易成为一种可以被接受的识别符。手写电子签名模拟了客户实际签名的过程。识别过程是：人员首先用电子签名笔在VTM的操作屏上签名，操作屏是电子压力屏，能采集签名的力度、粗细等笔迹，再综合签名时间、身份证图片等信息，送到第三方认证中心的数字签名服务器进行数字证书的加密，生成符合法律要求的电子协议，该协议具有唯一性、合法性、防篡改性。事后，该电子协议还可以通过解密算法对人员的笔迹进行还原，用于法律上的举证，从而形成一个完整的鉴定体系。

八、步态识别

步态识别使用摄像头采集人体行走过程的图像序列，进行处理后同存储的数据进行比较，来达到身份识别的目的。步态识别作为一种生物识别技术，具有其他生物识别技术所不具有的独特优势，即在远距离或低视频质量情况下的识别潜力，且步态难以隐藏或伪装等。步态识别主要是针对含有人的运动图像序列进行分析处理，通常包括运动检测、特征提取与处理和识别分类三个阶段。

九、热成像技术

红外热成像技术用于制造红外热像仪,通过对标的物的红外辐射探测,并加以信号处理、光电转换等手段,将标的物的温度分布图像转换成可视图像。红外热像仪将实际探测到的热量进行精确的量化,以面的形式实时成像标的物的整体,因此能够准确识别正在发热(有体温)的在暗视区或故意隐蔽的人或者动物,用于监狱、戒毒场所巡逻,也可用于司法行政系统各类公共场所的无感知体温监测。在司法行政大楼、服务大厅、监狱、戒毒所、社区矫正中心对夜视环境进行监测,对生产中心用电用火安全进行监测或对人员体温进行监测,都有较好的应用前景。

十、红外线夜视技术

用一种特殊的透镜,物体在视野中发射的红外线可以聚集在一起,红外探测器元件上的相控阵可以扫描会聚光。探测器元件可以产生非常详细的温度模式,称为温度谱。在大约 1/30 秒的时间内,探测器阵列就可以获取温度信息并制作温度谱。该信息是从检测器阵列的视野中的数千个检测点获得的,探测器元件产生的温度谱被转换成电脉冲,这些脉冲被传输到信号处理单元——一个集成了精密芯片的电路板,它可以将探测器元件发射的信息转换成可以被显示器识别的数据。信号处理单元向显示器发送信息,从而在显示器上显示各种颜色。颜色强度是由红外线的发射强度决定的。图像是通过组合来自探测器元件的脉冲产生的。一般应用在夜视仪上,用于夜间视觉条件较差环境的巡逻。

十一、智能语音能力平台

(一)语音识别

语音识别引擎与说话人无关,为自助语音终端提供连续语音识别功能。针对语音识别应用中面临的方言口音、背景噪声等问题,基于实际业务系统中所收集的涵盖方言和不同类型背景噪声的海量语音数据,通过先进的区分性训练方法进行语音建模,使语音识别在复杂应用环境下均有良好的效果表现。

（二）语音合成

语音合成是将文本信息转化为语音数据的技术，语音合成系统的合成引擎在完成文本到语音数据的转化过程中可以简单分解为两个处理步骤。先经过前端的语法分析，通过词典和规则的处理，得到格式规范，携带语法层次的信息，传送到后端。后端在前端分析的结果基础上，经过韵律方面的分析处理，得到语音的时长、音高等韵律信息，再根据这些信息在音库中挑选最合适的语音单元，语音单元再经过调整和拼接，就能得到最终的语音数据。

（三）语义理解

语义是指语言描述的事物所代表的含义，以及这些含义之间的关系。语义理解是对自然语言进行语义理解给出适合的指令集合，从而实现智能人机交互。语义理解是指将一句自然语言转化为计算机可读的结构化数据。

十二、智能语音调度系统

借助智能语音识别能力，可经口述方式对各种命令以语言的方式说出，智能语音调度系统依据语音命令执行对指挥中心、业务应用系统、数据中心的操作。主要由以下功能组成。

1. 语音转写

将用户的语音指令实时转写成文本，以便用户核对指令内容。

2. 指令解析

将指令文本内容通过语义理解，解析为第三方业务系统能够执行的结构化数据。如可实现通过语音调取监控视频、进行地图定位、查看警力等。

3. 打开业务系统

用户语音输入"打开某某系统"之类的句式，语音调度执行打开业务系统首页的操作，将某某系统打开。

4. 智能问答

通过建立专业问答库，将业务知识转化为问题和答案式的结构化数据，为用户提供快速的语音问答功能。

用户可通过语音输入需要解答的问题，系统需识别用户的问题意图，通过语义相似度分析，将最匹配的答案返回给用户。

示例如下。

用户：当事人在外地通过什么方式缴纳诉讼费？

语音调度：可以通过北京法院审判信息网（www.bjcourt.gov.cn）进行网上银行缴费

若 FAQ 答案配置多条，支持每次随机一条返回。

5. 播报

将异常提示、指令执行结果、业务答案以语音的形式播报出来，给用户提供更友好的交互体验。

6. 地图操作

支持用户根据业务需要口述打开地图，能根据模糊描述和精确描述指令呈现地图的具体位置、图层以及与地图关联的监控设备的语音操控。

十三、印章、印文比对

利用计算机图像计算能力，实现司法行政日常办公和司法鉴定业务中印章、印文的智能识别和比对。通过检验，鉴别可疑印文的真伪，分析确定伪造方法，鉴定不同文件上的两个印文是否为同一印章所盖印等，为某项调查提供线索和证据。检验的方法主要有以下几种。

1. 利用计算机视觉系统目视法

多数不用印章直接伪造的印文有各自的特点，用肉眼或借助显微镜观察可发现其与印章所盖印的印文的差别，从而确定伪造的事实和伪造方法。对伪造印章盖印的印文也可通过观察判断伪造方法。

2. 对图像特征标示法

观察可疑印文和样本印文的各个特征，标示出异同点并进行比较分析。

3. 计算机像素测量比较法

在可疑印文和样本印文相同部位确定若干基点，分别测量并比较两印文上相应基点间的距离和位置。还可直接测量和比较印文直径和文字、线条的长短和大小。

4. 图像分割画线比较法

在两相比较的印文的相同部位各选若干基点，互相连成直线；或以一两个基点为圆心，以相同半径画弧形线。比较同位线条通过的文字、线条部位是否相同。

5. 图像拼接比较法

将可疑印文和样本印文制成同倍大照片，选定相应部位，分别裁剪下一部分，相互交换拼接，观察比较拼接部位的文字，线条是否吻合。检验时需注意印章在保管和使用过程中产生的胀缩、磨损、腐蚀、断裂，以及由于按压力大小、衬垫物软硬、蘸用印泥多少等引起的非本质变化。

十四、OCR 文字识别

OCR 文字识别是指通过电子设备（例如扫描仪或数码相机）检查纸上打印的字符，然后用字符识别方法将形状翻译成计算机文字的过程。系统根据业务需要提供针对身份证等图片的识别能力。

十五、身份证识别

身份证识别是指使用技术对身份证信息自动提取，并对身份证信息按要素格式化输出，供计算机系统管理。目前身份证识别有以下两种方式。

1. 身份证芯片识别

身份证芯片信息读取器采用国际上先进的 TypeB 非接触 IC 卡阅读技术。通过内嵌的专用身份证安全控制模块（SAM），以无线传输方式与第二代居民身份证内的专用芯片进行安全认证后，将芯片内的个人信息资料读出，再通过计算机通信接口，将此信息上传至计算机。安装在计算机中的阅读软件，将这些信息解码成文字和图片进行显示和存储。

2. 身份证表面信息识别

身份证表面信息识别采用成熟的 OCR 文字识别技术，通过手机或者带有摄像头的终端设备对身份证拍照，并对身份证照片做 OCR 文字识别，提取身份证信息。支持对二代居民身份证正反面所有 8 个字段进行结构化识别，包括姓名、性别、民族、出生日期、住址、身份证号、签发机关、有效期限等。

身份证识别技术主要用于监狱、戒毒场所家属和帮教人员身份鉴别，自助法律服务设备的用户身份确认，以及网上自助办理业务的信息上传。

十六、射频识别

射频识别（RFID）是一种无线通信技术，可以通过无线电信号识别特定目标并读写相关数据，而无须在识别系统与特定目标之间建立机械或者光学接触。

无线电信号是通过调成无线电频率的电磁场，把数据从附着在物品上的标签传送出去，以自动辨识与追踪该物品。某些标签在识别时从识别器发出的电磁场中就可以得到能量，并不需要电池；有的标签本身拥有电源，并可以主动发出无线电波（调成无线电频率的电磁场）。标签包含电子存储的信息，数米之内都可以识别。与条形码不同的是，射频标签不需要处在识别器视线之内，也可以嵌入被追踪物体之内。

许多行业都采用射频识别技术。将标签附着在一辆正在生产中的汽车上，厂家便可以追踪此车在生产线上的进度。仓库可以追踪药品的所在。射频标签也可以附于牲畜与宠物上，方便对牲畜与宠物的积极识别（积极识别的意思是防止数只牲畜使用同一个身份）。采用射频识别技术的身份识别卡可以使员工得以进入锁住的建筑，汽车上的射频应答器也可以用来征收收费路段与停车场的费用。

某些射频标签附在衣物、个人财物上，甚至植入人体。这项技术可能会在未经本人许可的情况下读取个人信息，因而会令人产生侵犯个人隐私的担忧。

十七、二维码技术

二维码是近年来移动设备上比较流行的一种编码方式，它比传统的BarCode条形码能存储更多的信息，也能表示更多的数据类型。

二维码用某种特定的几何图形按一定规律在平面（二维方向上）上分布的黑白相间的图形记录数据符号信息；在代码编制上巧妙地利用构成计算机内部逻辑基础的"0""1"比特流的概念，使用若干个与二进制相对应的几何形体来表示文字数值信息，通过图像输入设备或光电扫描设备自动识读以实现信息自动处理。它具有条码技术的一些共性：每种码制有其特定的字符集；每个字符占有一定的宽度；具有一定的校验功能等。同时还具有对不同行的信息的自动识别功能，并能处理图形旋转变化点。

十八、传感器技术

传感器广泛应用于社会发展及人类生活的各个领域,如工业自动化、农业现代化、航天技术、军事工程、机器人技术、资源开发、海洋探测、环境监测、安全保卫、医疗诊断、交通运输、家用电器等。

人们为了从外界获取信息,必须借助传感器。单靠人们自身的感觉器官,在研究自然现象和规律以及生产活动中它们的功能就远远不够了。为适应这种情况,就需要传感器。因此可以说,传感器是人类五官的延长,又称之为电五官。

随着新技术革命的到来,世界开始进入信息时代。在利用信息的过程中,首先要解决的就是获取准确可靠的信息,而传感器是获取自然和生产领域中信息的主要途径与手段。出现了对深化物质认识、开拓新能源、新材料等具有重要作用的各种极端技术研究,如超高温、超低温、超高压、超高真空、超强磁场、超弱磁场等等。显然,要获取大量人类感官无法直接获取的信息,没有相适应的传感器是不可能的。许多基础科学研究的障碍,首先就在于对象信息的获取存在困难,而一些新机理和高灵敏度的检测传感器的出现,往往会导致该领域内的突破。一些传感器的发展,往往能促进一些边缘学科的开发。

传感器早已渗透到诸如工业生产、宇宙开发、海洋探测、环境保护、资源调查、医学诊断、生物工程甚至文物保护等领域。可以毫不夸张地说,从茫茫的太空,到浩瀚的海洋,以至各种复杂的工程系统,几乎每一个现代化项目,都离不开各种各样的传感器。

由此可见,传感器技术在发展经济、推动社会进步方面的重要作用,是十分明显的。世界各国都十分重视这一领域的发展。相信不久的将来,传感器技术将会出现一个飞跃,达到与其重要地位相称的新水平。

十九、Wi-Fi 嗅探识别

Wi-Fi 俗称无线宽带,其实就是 IEEE802.11b 的别称,是由一个名为"无线以太网相容联盟"(WECA)的组织所发布的业界术语,中文译为"无线相容认证"。它是一种短程无线传输技术,能够在数百英尺(1英尺=0.3048米)范围内支持因特网接入的无线电信号,因此是一种十分重要的 WLAN 技术。

Wi-Fi 有很多优点:一是无线电波的覆盖范围广;二是传输速度非常快,可以达到 100Gbps;三是布线简单,成本低廉。因此,用 Wi-Fi 实现定位是 WLAN 中定位技术的重要组成部分。

基于无线网络 Wi-Fi 的实时定位系统（RTLS）是业界最精确、最简便可行、最具成本效益的实时定位系统，它也是一种基于信号强度的定位系统。

二十、全球定位系统

全球定位系统（GPS）由 24 颗工作卫星组成，使得在全球任何地方、任何时间都可观测到 4 颗以上的卫星，测量出已知位置的卫星到用户接收机之间的距离，然后综合多颗卫星的数据即可知道接收机的具体位置。在整个天空范围内寻找卫星是很低效的，因此通过 GPS 进行定位时，第一次启动可能需要数分钟的时间。GPS 使用的伪码一共有两种，分别是民用的 C/A 码和军用的 P（Y）码。民用精度约为 10 米，军用精度约为 1 米。GPS 的优点在于无辐射，但是穿透力很弱，无法穿透钢筋水泥。通常要在室外看得到天空的状态下才行。信号被遮挡或者削减时，GPS 定位会出现漂移，在室内或者较为封闭的空间无法使用。

二十一、北斗卫星导航系统

北斗卫星导航系统是中国正在实施的自主发展、独立运行的全球卫星导航系统。系统建设目标为：建成独立自主、开放兼容、技术先进、稳定可靠的覆盖全球的北斗卫星导航系统，促进卫星导航产业链形成，形成完善的国家卫星导航应用产业支撑、推广和保障体系，推动卫星导航在国民经济社会各行业的广泛应用。

系统由空间端、地面端和用户端三部分组成，空间端包括 5 颗静止轨道卫星和 30 颗非静止轨道卫星，地面端包括主控站、注入站和监测站等若干个地面站，用户端由北斗用户终端以及与美国 GPS、俄罗斯 GLONASS、欧洲 GALI-LEO 等其他卫星导航系统兼容的终端组成。

北斗卫星导航系统主要有以下四大功能。

1. 定位服务

北斗卫星导航系统可以为用户提供高精度的定位服务，实现对地面目标的定位和跟踪，满足各种应用场景的需求。

2. 导航服务

北斗卫星导航系统可以为用户提供高精度的导航服务，包括车辆导航、船舶导航、航空导航等。

3. 时间服务

北斗卫星导航系统可以为用户提供高精度的时间服务，精度达 20 纳秒，包括时间同步、时间校准等。

4. 通信服务

北斗卫星导航系统可以为用户提供双向通信服务，短报文通信一次可传送多达 120 个汉字的信息，包括短信、语音通信、数据传输等多种通信方式。

二十二、超宽带定位技术

超宽带（UWB）通信系统利用持续时间为纳秒或亚纳秒级的窄脉冲作为载体进行数据传输，使得信号可以占有数 GH 的带宽。超宽带具有通信信道容量大、穿透能力强、辐射功率谱密度低、对信道衰落不敏感、抗多径干扰与电磁干扰能力强等特点，特别适用于室内环境下的高速通信、精确定位与跟踪，常采用基于 TOA、TDOA 的定位方法实现定位。

二十三、ZigBee 技术

ZigBee 是一种短距离、低速率无线网络技术，它介于射频识别和蓝牙之间，也可以用于室内定位。它有自己的无线电标准，在数千个微小的传感器之间相互协调通信以实现定位。这些传感器只需要很少的能量，以接力的方式通过无线电波将数据从一个传感器传到另一个传感器，所以其通信效率非常高。ZigBee 最显著的技术特点是低功耗和低成本。

二十四、CSS 定位技术

Chirp 扩频（Chirp Spread Spectrum，CSS）是一种新颖的超宽带技术，具有广阔的应用前景。Chirp 信号又称线性调频信号，是一种特殊的信号波形，其频率是随时间线性变化的。在时间域上，Chirp 信号呈现为一段频率随时间线性变化的连续波形，在频率域上则呈现为一段宽带信号，其频谱覆盖了一定范围内的频率。Chirp 信号在雷达、声呐、通信等领域中广泛应用，因为它具有较好的距离分辨率和速度分辨率，可以用于目标距离和速度的测量。此外，Chirp 信号还具有抗多径干扰的能力，可以有效地提高信号的可靠性和抗干扰性。Chirp

信号最先应用在雷达领域，随着声表面波（SAW）器件发展，其扫频带宽不断增大，具有时间分辨率高、抗多径能力强、传输速率高、功耗低和系统复杂度低等特点，非常适用于室内目标定位。

二十五、无人机防控技术

无人机是利用无线电遥控设备和自备的程序控制装置操纵的不载人飞行器。无人机实际上是无人驾驶飞行器的统称，从技术角度定义可以分为无人固定翼飞机、无人垂直起降飞机、无人飞艇、无人直升机、无人多旋翼飞行器、伞翼无人机、扑翼无人机等。无人机绝大部分采用2.4GHz、5.8GHz无线上行遥控信号进行控制。可使用无人机反制设备，对监狱、戒毒所上空进行防护。无人机反制设备具有以下特征。

（1）侦测和干扰打击的无人机类型一般无线电工作频率为2.4GHz/5.8GHz/130～3000MHz频段范围内的各类"低、慢、小"无人机，这类无人机包括以多旋翼型为主的消费类和工业类无人机，以固定翼为主的工业类和娱乐类无人机。

（2）干扰和反制方式：采用全自动化、智能化、7×24小时无人值守的工作方式。一是全自动模式，侦测和干扰打击不需任何人工参与。二是半自动模式，自动侦测识别，但在干扰打击前询问，由人工确定后实施干扰打击。三是净空模式，对全周或指定角度空域实施不间断的持续扫描式干扰，可有效阻止使用无线电工作的无人机在禁飞区、防御区或警戒区的起飞和飞入。四是人工模式，侦测、识别和干扰打击均由人工操作，该模式主要由技术人员实施。

（3）无线电干扰打击能力：干扰打击半径一般在监狱周围1千米以上。采用全向干扰方式，能对干扰范围内的所有目标进行干扰打击，干扰的信号对象包括工作在2.4GHz、5.8GHz、1.5GHz、433GHz、915GHz频段的无人机上行遥控信号、下行遥测和图传信号。

无人机在监狱、戒毒所上空的监舍区、教学楼、活动区、生活区、行政办公楼和驻监武警营区等场所上空绕飞和悬停，可能存在投放毒品、危险物品、拍摄监管设施等重大隐患，影响监狱、戒毒所管理安全。应对无人机采取干扰、反制等措施，以免对监狱、戒毒所造成不良影响。

二十六、自动巡航机器人

机器人是自动执行工作的机器装置。它既可以接受人类指挥，又可以运行预先编排的程序，也可以根据以人工智能技术制定的原则纲领行动。它的任务是协助或取代人类的工作，例如生产业、建筑业，或者危险的工作。

自动巡航控制是让处于移动状态的机器装置，借助视频摄像头、雷达或红外线探测器等设备，利用人工智能算法形成对周围空间的感知，并自动控制机器快速、准确到达目标地址或按既定路线移动。

自动巡航机器人用于监狱、戒毒系统，可减少简单、重复、危险岗位的警力分布。自动巡航机器人搭载人脸识别系统、语音识别系统、语音合成喊话系统、视频摄像头、红外摄像头、热成像系统和雷达等装置，可实现监管场所的全天候巡逻，生产生活区域的点名、巡查，监管场所空域的无人机防控。

二十七、周界地感线圈

地感线圈是一个振荡电路，用于检测是否有汽车经过以及经过的速度。其作用原理为：在地面上先凿出一个圆形的沟槽，直径大概1米，或是面积相当的矩形沟槽，在沟槽中埋入两到三匝导线，这就构成了一个埋于地表的电感线圈。

这个线圈是振荡电路的一部分，由它和电容组成振荡电路。振荡信号通过变换送到单片机组成的频率测量电路，便可以测量这个振荡器的频率。

当有大的金属物如汽车经过时，由于空间介质发生变化引起振荡频率的变化（有金属物体时振荡频率升高），单片机便可以测出变化的频率值，也即可以感知有汽车经过。同时这个信号的开始和结束之间的时间间隔又可以用来测量汽车的移动速度。

地感线圈用于监狱、戒毒所大门和周界外围的监测并与视频监控联动，用以对监狱、戒毒所周边环境，特别是大型移动装备（比如汽车、装甲车）进行感知和报警。

二十八、振感隔离网

振感隔离网是在传统隔离网的基础上部署振动光纤传感器形成可联动报警的狱内隔离防护网。基于激光干涉原理的分布式光纤传感系统能够实现对振动信号的报警。当有振动作用在传感光缆上时，光缆内传输光信号的相位、偏振态等参量会发生变化；光信号被接收后，进行高速采集与实时处理，根据信号的特征判断出破坏信号与干扰信号。该系统能够监控光缆的运行状态，对破坏光缆安全的行为进行有效预警。

振动信号作用在两干涉光纤上时，由相位差变化导致干涉输出的光强发生变化。

振动光纤系统使用高灵敏度的光纤传感器，实时监控各种周界设施上的振动信号，对入侵防护区域的信号发出报警，并进行防区定位。系统能无遗漏地监测非法破坏、翻越防护区域等行为，通过声光报警联动，能及时提醒安保人员处理警情，并对入侵对象起到警示作用；结合视频联动，有助于监狱戒毒民警对入侵图像进行复核与识别，并有效地排除误报警。

二十九、高压脉冲电网

高压脉冲电网（高压脉冲电子围栏）是智能型脉冲电子周界阻挡防范报警系统的简称，是基于"阻挡威慑为主，报警为辅"的目前国际最新周界安防理念的新一代周界防范报警系统。其基本原理是发出高压脉冲，是由脉冲发生器（主机）和前端围栏组成的智能型周界系统，具有防盗、报警等高安全等级的周界防范功能。

相对于传统周界安防产品，高压脉冲电网具有一定的优越性，高压脉冲电子围栏在起到阻挡作用的同时，对人体无伤害，能够真正实现阻挡、威慑和报警。同时，高压脉冲电子围栏具有极低的误报率，并且安装调试方便，可靠性高，在起到报警作用的同时，更具有威慑力。另外，高压脉冲电子围栏系统以主机设备为核心，系统结构简洁，从安装调试、维护、使用寿命等综合因素来考虑，显然比起现有的周界安防产品来说是一个更好的选择。

三十、生命体征雷达

生命体征雷达利用无线传感器技术，通过无线信号监测人体的呼吸、心跳、姿势等生命体征，从而实现人体监测和健康管理。生命体征雷达技术基于微波信号，通过检测信号的反射和散射，可以获取人体的生命体征信息。可以实时监测人体的呼吸、心跳等生命体征，无须接触人体，避免了传统监测方式的不便和不适。无须对人体造成任何干扰，不需要戴任何传感器或设备，对人体没有任何伤害。通过无线网络实现远程监测，监测人员可以在远程地点对被监测者的生命体征数据进行收集，将数据存储在云端，实现个性化的健康管理。监狱、戒毒所监管中可采用一床一雷达，离床头正中 1 米高安装，可实现非接触式探测、实时心率监测、呼吸频率监测、体征状态监测、异常报警等。

三十一、智慧监舍交互屏

智慧监舍交互屏是一种用于监狱、戒毒所或拘留所的智能屏幕设备，它可以提供多种功能，以提高监狱管理的效率和安全性。可实现犯人信息查询，了解犯人的个人信息，如姓名、照片、犯罪记录等。能够实现视频通话、犯人点餐、医疗服务、教育培训。可通过交互屏幕进行法律知识和技能培训，以帮助在押人员更好地融入社会。实现民警实时监控监管场所内部情况，以及进行安全管理和应急处理。智慧监舍交互屏是一种方便、高效、安全的监所管理工具，可以提高监所管理的水平和质量。

三十二、智能押解

智能押解是利用现代科技手段提高押解效率和安全性的押解方式。传统的押解方式通常需要大量警力和物力，而且容易出现意外和安全隐患。而智能押解则采用现代科技手段，如数字孪生技术、生命体征雷达、人脸识别、GPS定位等，以提高押解效率和安全性。通过数字孪生技术，可以实时监测犯人的身体状况、行为举止等信息，以及监控押解过程中的安全情况。通过生命体征雷达技术，可以实时监测犯人的生命体征，如心率、呼吸等，以及监测犯人是否处于危险状态。人脸识别技术可以快速准确地识别犯人的身份，以及识别是否有其他人冒充犯人。定位技术，可以实时监测押解车辆和人员的位置和行驶路线，以及确保押解车辆不会偏离预定路线。智能押解可减少人力和物力的浪费，是现代司法行政信息化技术的重要组成部分。

三十三、智能床垫

智能床垫是一种装有传感器、控制器和连接设备的床垫，可以通过智能手机、警务通或其他设备以有线或无线方式与网络互联，以监测睡眠状态和提供个性化的监管建议。智能床垫可以监测用户的睡眠状态，如睡眠时间、深度、中断等，以及用户的心率、呼吸等生理指标。也可分析用户的睡眠数据，了解睡眠环境、睡眠姿势、睡眠习惯等。还可以根据用户的个人喜好和需求，进行个性化设置，如调整硬度、高度、温度等。在监狱、戒毒所，可使用智能床垫对在押人员睡眠期间进行监管监测。

三十四、无人驾驶汽车

无人驾驶汽车是一种能够自主行驶、无须人类干预的汽车。它通过搭载各种传感器、导航系统和人工智能等技术，实现自主感知、决策和控制。无人驾驶汽车可以根据预设的目的地和路线，自主地行驶、避开障碍物、遵守交通规则，同时能够通过与其他无人驾驶汽车、交通设施和智能交通系统等进行通信，实现更加高效和安全的出行。无人驾驶汽车在未来的交通出行、物流配送、城市管理等领域有着广泛的应用前景。无人驾驶汽车在监狱、戒毒所等监管场所可用于物资运输，监狱内需要大量的物资，比如食品、日用品等，无人驾驶汽车可以承担这些物资的运输任务，提高运输效率和安全性。在监狱内可以利用无人驾驶汽车执行巡逻任务，监控监狱内的安全情况，及时发现异常情况并报警。无人驾驶汽车在监狱中的应用需要考虑到安全性和隐私保护等方面的问题，同时需要遵守相关法律法规。

三十五、GPT 文本生成模型

GPT 文本生成模型是一种基于深度学习的自然语言处理模型，它基于 Transformer 模型，使用大规模的语料库进行预训练，然后可以通过微调来完成各种 NLP 任务，例如文本分类、机器翻译、问答系统等。GPT 模型的一个重要特点是可以生成连贯的自然语言文本，因此也被称为文本生成模型。GPT 模型具有数十亿个参数，并在各种 NLP 任务上取得了非常出色的表现。可以对司法局、监狱、戒毒所、社区矫正的案例、文书和所有法律法规进行学习，自动生成符合文本规范的文书。目前应用效果较好的是 ChatGPT。

模块二 远程可视通信能力

一、系统理解

远程可视通信能力以互动可视化司法视讯云平台为总承平台，对司法行政所辖视频、音频内容进行统筹管理。

视讯云系统实现对视频会议接入、管理、联动进行各现场、部门的现场微观细节管控，实现司法行政宏观分布与微观细节相结合，与各相关系统进行互动，提供司法行政与所辖部门单位异地多会场视频会议，辅助进行视频远程会见、视频远程调解、视频咨询和视频公证等工作。司法可视通信平台运行架构如图 13-4 所示。

图 13-4　司法可视通信平台运行架构

二、功能概述

在云上建立视讯云平台，平台具有互动视频会商、会议内容存储等功能，并实现互动可视化视讯云平台与大数据平台的相关业务提供视频通信的相关服务接口，实现平台间的有效融合。

在司法行政部门和各级单位配置注册的互动可视化管控客户端，司法行政部门和各级单位可通过管控客户端调用云平台的数据内容，实现召开远程多方互动视频会议及调看历史会议视频。

视讯云平台采用"互联网＋司法云"理念，平台可同时在司法专网和互联网使用，保证平台能实现移动可视，实现视频在司法行政工作中无处不在。

公众可用移动端扫描二维码接入司法行政服务端，实现可视化交谈、咨询、办理业务等。

司法视讯云平台实现司法行政部门和各级单位分会场之间视频、语音和数据的共享。系统配置可靠的互联方式，满足全系统视频会议、电话会议、远程指挥等。

司法视讯云平台按照管理运营模式架构，可实现一对多（省（自治区、直辖市）司法行政部门和各级单位）的管理模式。

模块三　视频 3D 矫正技术

视频 3D 矫正技术一般用于鱼眼全景融合和掀顶式监控视频融合中。

鱼眼摄像头是一种成本低、易于获取和安装的监控摄像头，可以独立实现大范围无死角监控，但其变形较大，不利于观察和发现问题。有的鱼眼摄像头提供三分或四分独立画面，又造成了视觉理解上的障碍。针对室内场景，提供鱼眼摄像头的三维全景融合，可以很方便地扩展到大范围的一体化顶视图，从"天上"看掀顶式的实时场景全貌。

图形 3D 矫正与掀顶式实时场景效果图如图 13-5 所示。

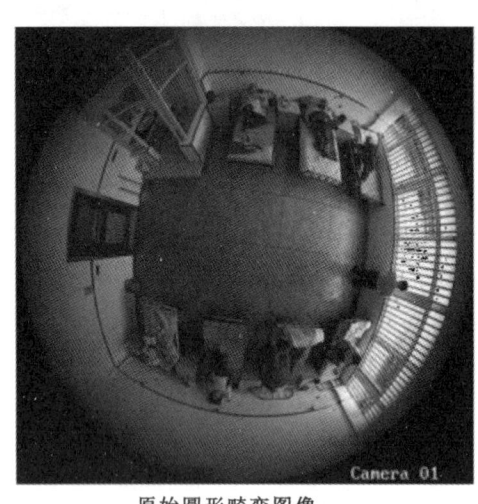 

原始圆形畸变图像　　　　　　　　矫正融合后的三维鱼眼图像

图 13-5　图形 3D 矫正与掀顶式实时场景效果图

续图 13-5

模块四 数据可视化能力

针对数据可视化软件整体规划，为实现高效灵活的网络应用平台，加强协作，提高司法行政系统整体工作效率，保证信息资源高效地收集、传输、存储和共享，实现单点登入、统一认证，建立统一的、基于角色的和个性化的信息访问、集成平台，为未来各类信息系统建设奠定良好的基础。

数据可视化可以将数据转换为图表、图形或其他可视化形式，以便更好地理解和分析数据。它可以帮助人们识别趋势、模式和异常，以及发现数据中隐藏的关系和见解。

数据可视化案例如图 13-6 所示。

数据可视化可以用于可视化数字孪生中。例如，在数字孪生中模拟的系统可能会生成大量数据，这些数据可以使用数据可视化工具进行可视化和分析。此外，数字孪生也可以使用数据可视化来展示模拟过程和结果，以便更好地理解和解释数字孪生的输出。

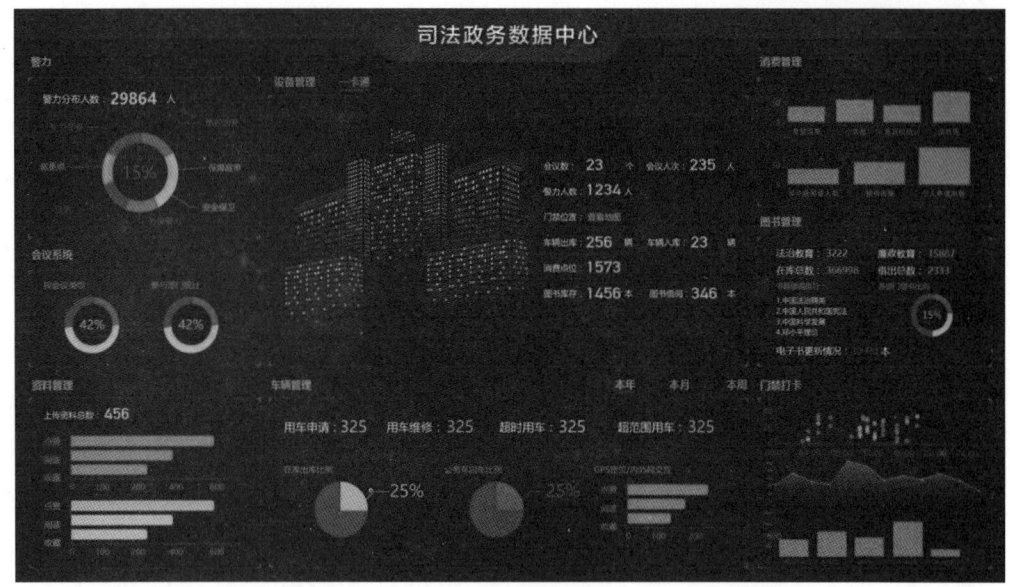

图 13-6 数据可视化案例

任务十四

开展信息化建设管理

◆ 学习导读

任务理解：

司法行政系统信息化建设全生命周期管理是在信息化项目的整个生命周期中，对项目进行全面有效的管理，包括项目的规划、设计、实施、运营和维护等各个阶段。项目规划可以确定项目目标、范围、时间、成本、质量等方面的要求，制定项目管理计划和项目章程，明确项目的组织结构和管理职责。进行项目系统分析和设计，确定系统的功能、性能、安全、稳定性等方面的要求，编制详细的设计文档和技术方案。全生命周期管理，可以有效地规范项目管理流程，提高项目管理效率和质量，降低项目风险和成本，保证信息化项目的顺利实施和运行。

学习目标：

（1）思政目标：开展信息化建设管理，教育引导读者把国家、社会、公民的价值要求融为一体，培养公正司法、司法公信。

（2）素质目标：文武兼备、追求卓越。

（3）知识目标：掌握信息化建设需要的组织、机构、人员、制度。

（4）能力目标：会看图、懂架构、知风险、审合同。

模块一　成立信息化建设管理机构

信息化建设应遵循相应规律，同时遵循专业人做专业事原则。因此，信息化建设首先应成立相应机构，配备信息化专业人才。一般在司法行政机构成立科技信息化建设领导小组，全面负责项目建设的领导工作。科技信息化建设领导小组设置办公室具体负责信息化建设工作，成立科技信息处（科）的单位一般代理行使信息化领导小组办公室日常工作。科技信息处（科）负责项目建设的具体工作，在项目建设的各个阶段各司其职、分工合作，共同推进项目建设。

科技信息处（科）的主要职责为：确定建设规划和目标，审查项目建设方案，按照上级机关和发改委、财政部门批准的建设方案领导组织实施；聘请有关专家组成专家咨询委员会，具体负责对项目建设的技术咨询与指导。

科技信息处（科）负责项目建设资金的预决算编报、用款申请，检查、指导资金的使用管理和决算审计。建设项目必须经党委审批。具体建设项目实施和用款必须经分管领导审批。

司法行政机构各单位负责组织本部门项目建设方案确定的相关应用系统的业务需求、标准规范等方面的拟定。

一、科技信息化建设领导小组办公室

1. 科技信息化建设领导小组办公室主要职责

科技信息化建设领导小组办公室负责项目的统筹管理工作，主要职责包括：
（1）制定《司法行政系统信息化建设项目年度任务书》；
（2）审定项目立项，编制实施计划；
（3）审核项目技术方案；
（4）组织项目的招投标工作；
（5）审核项目招投标文件、评标文件和商务合同；
（6）指导司法行政系统信息化建设项目工作，跟踪、掌握项目建设进度，组织开展项目评估论证、验收和建档等工作；
（7）协调开展项目资金使用情况的审计、监督等工作。

2. 项目实施机构职能

项目实施机构是科技信息处（科），其职能包括：

（1）组织协调、指导管理、监督项目建设；

（2）履行项目的立项和开工建设程序；

（3）具体组织和协调项目实施工作，负责项目资金使用审批；

（4）组织编制信息化建设的应用规范和技术标准；

（5）组织开发与推广应用软件和管理软件；

（6）提供计算机技术服务；

（7）管理、维护网络、网站和信息化设备；

（8）组织计算机培训和考试；

（9）负责项目相关资料的建档工作。

3. 信息化建设日常工作

信息化建设日常工作包括以下内容。

（1）文秘工作。负责拟定信息化建设的各类文件，制发、整理、归档各类会议纪要，制定、出台信息化建设管理办法和规章制度，制发全省（自治区、直辖市）司法行政系统信息化建设通报，负责文字综合、文电流转、文件归档、会议记录、印章管理工作。

（2）会务组织。负责领导小组及信息化建设各类会议的筹备、组织、协调、联络等会务工作，领导出席会议、活动的计划筹备与组织开展工作。

（3）统筹协调。负责协调司法行政系统信息化建设领导小组日常工作，对信息化建设过程中的业务需求等进行统筹协调，掌握司法行政系统信息化建设进度情况并督导落实。

（4）对外联络。负责日常对外联络工作，协调联系宣传部门对司法行政系统信息化建设工作进行宣传，扩大影响力，提高知名度。

（5）机要保密。负责领导小组办公室的机要、安全、保密工作。

4. 信息化建设项目的全流程跟踪落实工作

信息化建设项目的全流程跟踪落实工作包括以下内容。

（1）方案拟审。审定信息化项目建设方案。

（2）进度管理。根据信息化建设方案，对项目建设内容范围和进度进行管理，制定项目建设目标、计划和进度表。

（3）质量监督。根据国家法律法规及省（自治区、直辖市）质量技术监督局的相关规定，对工程项目建设进行严格的质量把关，聘请相关机构及专家对各项目建设质量进行检测检验，确保工程质量过硬、达标。

（4）监理管理。负责协调项目监理公司对信息化建设项目进行全流程监理，出具监理报告。

（5）竣工验收。根据国家相关法律法规及竣工验收标准，对工程建设项目进行验收，出具验收报告。

（6）项目有关文书的保管。承担信息化建设项目合同文书、招标文件、商务票据、项目监理审计等文档的归档管理工作。

5. 信息化建设技术保障工作

信息化建设技术保障工作包括以下内容。

（1）技术问题解决。负责协调解决信息化建设中的各种技术难题。

（2）技术方案审定。负责从技术层面审核信息化建设总体方案和实施计划。

（3）技术标准制定。负责从技术层面制定信息化项目的建设标准和使用规范。

（4）技术档案管理。负责信息化建设过程中技术文件的建档、归类和管理工作。

（5）技术应用推广。负责指导信息化建设与应用，定期组织开展信息化技能应用培训，发现典型，推广成功经验。

（6）技术培训指导。负责组织技术人才、专家能手对已建成项目的技能培训和指导。

（7）科技创新与应用。负责指导科技创新工作，收集各业务系统、服务系统、支撑系统、协同系统的数据资源和用户反馈信息，研究并提出流程重组、业务创新、管理创新、服务创新。负责各大系统的更新、优化与升级和新技术的推广与应用。

6. 运行维护机构职能

科技信息处（科）为项目建成后的运行维护机构，全面负责"智慧法治"建设项目各分系统的运行、维护和组织管理。运行维护的具体职能主要分为以下四类。

（1）用户端管理：如 PC、打印机、病毒防御、网络、软件正版化等。

（2）系统级：如硬件系统的日常维护、数据库管理、系统的备份和恢复、系统补丁的维护、系统性能的监控和调优、系统故障的分析和解决、数据库及应用系统用户和权限管理等。

（3）应用级：涉及系统中各个应用系统的功能支持，如基于业务需求的正常调整，组织结构、流程、规则等的修改。系统功能的增强，如新功能的启用、业务模块的扩展等。

（4）组织级：如培训和宣传、制度的制定和监督执行、系统使用的内审等。

二、司法行政机关纪委

1. 司法行政机关纪委主要职责

司法行政机关纪委主要职责包括以下内容。

（1）对项目立项、项目采购、合同管理、项目实施、项目验收、资金支付、成果管理和运行维护等进行职能监督。

（2）建立和完善预防腐败机制，及时发现、查处项目建设中的违法违纪问题。

2. 信息化建设监督检查工作

信息化建设监督检查工作包括以下内容。

（1）程序规范监督。按照标准化程序和规范对建设项目进行监督检查。按照相关法律法规对项目招投标、合同签订、建设施工、竣工验收、结算审计等文档台账进行检查。

（2）工作效率监督。负责对领导小组办公室各组成人员履职尽责、办事效率、工作作风等进行监督检查。

（3）纪律作风监督。严格按照中央八项规定和相关准则、条例的有关规定，积极配合纪委、巡视组对项目建设中的廉洁、作风、纪律等问题进行监督检查。

（4）投诉信访受理。负责受理信息化建设期间的投诉举报、来信来访，配合相关部门督办落实。

三、司法行政机关保密办

司法行政机关保密办主要职责包括以下内容。

（1）负责监督项目的保密管理工作。

（2）参与保密管理相关的项目招投标工作。

（3）参与保密管理相关的合同起草、项目评估论证和项目验收工作。

四、计划财务装备处

1. 计划财务装备处主要职责

计划财务装备处主要职责包括以下内容。

（1）编制项目经费预算，申请年度建设经费，制订政府采购计划。

（2）参与项目招投标工作，并对项目招投标、资金使用情况、设备和服务采购进行监督。

（3）参与合同起草、项目评估论证和项目验收工作，负责资金支付前的审核工作，并按照有关规定办理资金支付手续。

（4）负责项目的资产管理，与项目造价（财务）审计单位一起开展审计工作。

2. 信息化建设项目经费保障工作

信息化建设项目经费保障工作包括以下内容。

（1）立项报批。根据国家法律法规及省（自治区、直辖市）发改委的相关规定，协调完成各建设项目立项审批的相关资料准备、手续办理、报批登记等工作。

（2）财政拨付管理。根据国家法律法规及财政的相关规定，完成对财政拨付专项资金的账户管理、决算支付等工作。

（3）招投标。根据国家法律法规及省（自治区、直辖市）政府采购中心的相关规定，完成对信息化建设项目的招投标工作。

（4）审计结算。负责协调审计结算机构对各工程项目进行结算审计，出具结算报告。

五、司法行政机关各处（科）室（单位）

司法行政机关各处（科）室（单位）的主要职责包括以下内容。

（1）提出项目建设需求。

（2）参与项目实施，并对项目的开发、测试、运行提出意见。

（3）参与项目评估论证和项目验收工作。

六、法制处

1. 法制处主要职责

法制处主要职责包括以下内容。
（1）参与合同起草，负责合同文本的法律审核工作。
（2）提供法律咨询服务，协助处理法律纠纷。

2. 信息化项目建设法律文件的审核工作以及法律咨询、权益保障工作

信息化项目建设法律文件的审核工作以及法律咨询、权益保障工作包括以下内容。
（1）涉法文件审核。负责对信息化项目建设中涉及招标投标、合同签订、责任履行等文件合法性进行审核。
（2）涉法咨询受理。负责为领导小组做出决策提供法律咨询，受理信息化建设过程中各方利益代表的法律咨询。
（3）涉法纠纷化解。负责为信息化建设过程中各方利益诉求、矛盾焦点提供司法解释服务，及时化解各方矛盾纠纷。
（4）法人权益保障。负责从法律层面维护信息化项目建设过程中各方利益代表的合法权益，为各方提供正规化、专业化、职业化的法律服务保障。

七、后勤服务中心

后勤服务中心主要职责包括以下内容。
（1）负责信息化建设项目的房屋调整工作。
（2）负责信息化建设项目的配电、配水、配暖等工作。
（3）负责信息化建设项目的办公家具配置等工作。
（4）负责信息化建设项目的资产管理工作。
（5）负责信息化建设项目的相关后勤保障服务工作。

模块二　立项报告

一般情况下，由于立项报告、可行性研究报告、初步设计报告内容的综合性、专业性十分强，其知识面、数据资料处理及文字驾驭能力等多方面条件的制约，信息化项目筹建方或法人应聘请专业的信息化项目设计咨询公司来策划编制立项、可研、初设报告。

立项报告（又称项目立项申请书、立项申请报告或项目建议书）是由项目筹建单位或项目法人根据国民经济发展、国家和地方中长期规划、产业政策、行业发展、生产力布局、国内外市场、所在地的内外部条件，就某一具体新建、扩建项目提出的建议文件，是对拟建项目提出的框架性总体设想。它从宏观上论述项目设立的必要性和可能性，把项目投资的设想变为概略的投资建议。

立项报告是由项目投资方向其主管部门上报的文件，目前广泛应用于项目的立项审批工作中。它要从宏观上论述项目设立的必要性和可能性，把项目投资的设想变为概略的投资建议。项目建议书的呈报可以供项目审批机关做出初步决策。它可以减少项目选择的盲目性，为下一步可行性研究打下基础。

信息化项目立项报告是筹建单位或项目法人结合司法行政行业要求、国家发展布局和自身工作提升需要，准备新建或升级原有信息化建设，提出的项目建设意愿，供上级机关考虑是否确有必要纳入未来几年项目投资范围。因此，在立项报告中必须充分说明项目建设的必要性和可能性，并提供项目匡算资金量。

模块三　可行性研究报告

可行性研究是确定建设项目前具有决定意义的工作，是在投资决策之前，对拟建项目进行全面技术经济分析论证的科学方法。在投资管理中，可行性研究是指对拟建项目有关的自然、社会、经济、技术等进行调研、分析、比较，以及预测建成后的社会经济效益。在此基础上，综合论证项目建设的必要性，财务的盈利性，经济的合理性，技术的先进性，以及建设条件的可行性，从而为投资决策提供科学依据。

可行性研究是投资前期工作的重要内容，它一方面充分研究建设条件，提出建设的可能性；另一方面进行经济分析评估，提出建设的合理性。它既是项目工作的起点，也是以后一系列工作的基础，其作用可概括为以下几个方面：

(1) 作为建设项目论证、审查、决策的依据；
(2) 作为编制设计任务书和初步设计的依据；
(3) 作为筹集资金、向银行申请贷款的重要依据；
(4) 作为与项目有关部门签订合作协议或合同的依据；
(5) 作为引进技术、进口设备和对外谈判的依据；
(6) 作为环境部门审查项目对环境影响的依据。

模块四　初步设计报告

一、初步设计

初步设计是拟建项目决策后的具体实施方案，也是进行施工准备的主要依据。初步设计文件的内容由于各类建设项目建设内容、性质不同，其内容也不尽相同。就信息化项目而言，一般应包括现况分析、需求分析、项目建设目标、规模、内容、建设期、功能要求、性能要求、网络设计、硬件设计、软件设计、数据库设计、环保、消防、职业安全卫生和节能措施的设计，人员配置与培训，风险及效益分析，项目建设与运行管理、总概算等，以及设计图纸和设计说明书。

初步设计的深度应能满足设计方案的评选优化，主要设备及材料，投资贷款和资金筹措，施工图设计和施工组织设计的绘制和确定，施工准备和生产准备等要求。因而，初步设计文件要科学、合理、准确地反映拟建工程的建设规模、建设标准、建设条件和功能要求，并保证设计质量。

在设计过程中，通过对工程造价的分析对比，反馈造价信息，积极进行限额设计。既要按照批准的可行性研究报告及投资估算控制初步设计及概算，又要在保证功能要求的前提下，按各专业分配的造价限额进行设计，保证初步设计的概算不突破造价限额。

二、初步设计概算的作用

(1) 初步设计概算一经批准，即成为建设项目从筹建到竣工交付使用所需全部建设费用的最高限额，据以确定建设项目总投资额，作为实行投资包干制或工程建设总承包确定投资包干额或承包总造价的依据。在工程建设过程中，未经批准，不得突破。

(2) 初步设计概算是编制固定资产投资计划的依据。

(3) 初步设计概算是控制施工图设计和预算，实行限额设计的依据。

(4) 初步设计概算的各项技术经济指标是分析、考核建设项目投资构成合理性和效果的依据。

(5) 初步设计概算是筹措建设资金、编制建设项目用款计划、签订投资贷款合同（协议）、办理投资贷款的依据。

(6) 初步设计概算是投标工程编制工程建设招标文件和确定标底的基础。

(7) 初步设计概算是落实建设单位经济责任制、控制拨款和结算、考核建设成本的依据。

模块五　招标

一、招标组织形式

招标组织形式是招标的组织方式，包括自行招标和委托招标。自行招标是指招标人自身具有编制招标文件和组织评标能力，依法可以自行办理招标。委托招标是指招标人委托招标代理机构办理招标事宜。

司法行政机构属于政府机构，因此其招标组织工作一般委托给本级政府采购代理机构实施。

政府采购机构是指政府设立的负责本级财政性资金的集中采购和招标组织工作的专门机构。

政府采购是指各级政府为了开展日常政务活动或为公众提供服务，在财政部门监督下，以法定的方式、方法和程序，通过公开招标、公平竞争，由财政部门以直接向供应商付款的方式，从国内外市场上为政府部门或所属团体购买货物、工程和劳务的行为。其实质是市场竞争机制与财政支出管理的有机结合，其主要特点是对政府采购行为进行法制化管理。政府采购主要以招标采购、有限竞争性采购和竞争性谈判为主。

国内政府采购一般有三种模式：集中采购模式，即由一个专门的政府采购机构负责本级政府的全部采购任务；分散采购模式，即由各支出采购单位自行采购；半集中半分散采购模式，即由专门的政府采购机构负责部分项目的采购，而其他的则由各单位自行采购。中国的政府采购中，集中采购占了很大的比重，列入集中采购目录和达到一定采购金额以上的项目必须进行集中采购。

二、招标方案

招标方案主要包括咨询设计招标、材料及设备（含施工）招标、监理招标、造价审计招标等。

（1）咨询设计招标：主要涉及立项报告咨询设计、可研报告咨询设计、初步设计报告、方案设计、施工图设计等。

（2）材料及设备（含施工）招标：主要通过招标确定施工单位。

（3）监理招标：在项目开展设计之前，通过招标确定监理单位，对从设计到项目施工、验收的整个过程进行监督，保障工程质量。

（4）造价审计招标：在项目开展设计之初开始介入项目，进行造价核算，在项目实施过程中进行跟踪审计，在项目竣工后进行竣工审计并出具审计报告。

模块六 设计、监理、造价咨询管理

为了加强司法行政系统信息化建设项目（以下简称"项目"）设计单位、监理单位和造价咨询单位的监督和管理，实现对项目的设计、工期、质量、安全、投资的有效控制，规范建设流程，明确责任，防范风险，需要对各建设服务单位提出工作要求。

对项目的设计单位、监理单位和造价咨询单位的设计行为、监理行为和造价核算提出要求，适用于司法行政系统信息化建设项目的全过程，业主方和承建公司均应执行。

设计单位、监理单位和造价咨询单位应严格按照招标文件、投标文件和合同，配备必要的人员，组建项目专班，保质保量地完成合同约定的服务内容。

设计单位、监理单位和造价咨询单位应协助建设单位监督合同的执行，减少变更，严格按照相关文件控制投资概算。不得通过变更或者提高工程量谋取不正当利益。

各公司的项目负责人与主要人员应与投标及合同承诺一致，在服务期内，人员应保持相对稳定，以保证服务工作的正常进行。主要人员的更换，必须征得业主方书面同意。严格遵守相关法律法规，严禁转包或非法分包，严禁挂靠、借用资质等违法违规行为。

一、建设单位主要职责

（1）确定项目责任人；
（2）组织相关部门和公司按进度完成建设任务；
（3）对项目推进情况进行督导；
（4）定期召开联席会议，决定项目建设实施过程中的重大事项；
（5）按照合同规定，加强对设计公司、监理公司和造价咨询公司的日常监督和管理，对不符合法律法规、影响项目建设健康发展的行为提出整改要求。

二、设计单位主要职责

设计单位按照合同规定，做好信息化工程项目的方案编制、信息化建设咨询、指导及过程文档的管理等工作。

1. 编制项目初步设计

编制《司法行政系统信息化建设项目初步设计方案和投资概算报告》。主要包括以下内容：项目概述、需求分析、建设方案、项目建设与运行管理。

在项目研究范围及论证内容不变的前提下，随时根据审批部门在项目报批过程中提出的要求进行合理修改和补充。

2. 详细设计

根据《司法行政系统信息化建设项目初步设计方案和投资概算报告》和司法行政机构的要求提交施工图设计，主要包括以下内容：详细设计文档、施工图。施工图设计的规模和预算不能超过初步设计批复的各单项规模和概算，能据以安排材料、设备订货和非标准设备的制作，能据以进行施工和安装，能据以进行工程验收。

3. 招标咨询

根据设计的技术方案编写技术规范书，为工程招标提供技术服务。

4. 项目后评估

根据要求，开展项目评估，在工程项目竣工、运行一段时间后，再对项目的设计施工、运行状态、实际效果等全过程进行系统评价。

5. 标准编制和推广

根据要求，开展司法行政系统信息化相关的标准编制工作。

6. 项目随工服务

为了更好支撑建设、保证工程质量和进度，在工程实施过程中，提供符合项目需求的随工项目团队，成员应主要包含以下专业：网络、软件工程、数据库、机房工程、服务器和存储、应急指挥、数据交换、数据模型、系统架构等。

7. 成立司法行政系统信息化专家团队，定期组织信息化研讨会

建立司法行政系统信息化专家库，组织信息化专家定期进行信息化讨论会，为司法行政系统信息化建设出谋划策，确保司法行政系统信息化建设科学先进。

8. 组织学习、调研司法行政系统信息化相关先进经验

组织相关人员对信息化建设成熟、先进的单位进行学习、调研，更好推动自身信息化建设。

9. 信息化推广工作

提供项目建设期内以及后续的项目推广期内的设计、项目管理、招投标、运行维护、业务改革、数据模型研究、业务流程再造、业务梳理、信息化质效指标制定等咨询服务设计方案。

三、监理单位主要职责

监理单位应做好工程的监督管理和过程文档的管理等工作。

1. 质量控制

（1）审核承建单位制定的技术方案；

（2）审核承建单位制定的采购方案，协助建设单位验收采购货物；

（3）审核承建单位制定的测试方案，协助建设单位组织第三方测试机构进行系统测试。

2. 进度控制

（1）审核承建单位的进度分解计划，确认分解计划可以保证总体计划目标的实现，监督检查项目进度执行情况；

（2）对项目实施进度实行实时跟踪，并要求承建单位对进度计划进行动态调整，以确保项目的阶段和总体进度目标的实现；

（3）当工期严重偏离计划时，应及时指出，并提出对策建议，同时督促承建单位尽快采取措施；

（4）采用先进的项目管理工具，控制项目施工进度。

3. 投资控制

（1）通过对项目实施方案的优化，确保投资控制在合理、性价比高的范围内；

（2）当发现资金使用严重偏离计划时，应及时指出，并提出对策建议，同时加强对承建单位的支付申请审核并协助建设单位对资金支付进行严格把控；

（3）对项目变更内容做详尽调查认证，并提出建议。

4. 安全控制

（1）负责监督项目建设过程中所涉及的政府数据和资料的安全保护，保证不被非授权使用，按照国家规定，协助建设单位对项目建设过程中涉及国家秘密的内容进行严格管理。

（2）负责项目建设施工过程中的安全控制，确保不出现安全事故。

5. 合同管理

（1）协助建设单位签订合同；

（2）跟踪检查合同的执行情况，确保承建单位按时履约；

（3）协助建设单位处理项目实施过程中出现的合同变更、违约、索赔、延期、分包、纠纷调解及仲裁等问题；

（4）根据合同约定，对承建单位提交的付款申请提出付款建议。

6. 项目信息管理

（1）及时向建设单位提交反映项目动态和监理工作情况的项目文档；

（2）建立全面、准确反映项目各阶段工程状况的图表、图片、声像、文档，收集、管理项目各类文档和资料；

（3）督促、检查承建单位及时完成各阶段设备资料、工程技术资料的整理和归档工作；

（4）转发建设单位发出的一切指示、通知和业务联系单。

7. 文档管理

监理人应负责以下文档的编写：

（1）项目建设监理日记、周报、月报及项目大事记；

（2）项目协调会、技术研讨会等各类会议的纪要；

（3）阶段性项目总结、阶段性项目监理总结、各类监理通知。

监理人应参与以下文档的管理：

（1）项目实施期间各类技术文件；

（2）合同执行过程中各类往来文件及存档；

（3）整理、审核项目的竣工验收资料。

8. 组织协调

（1）监督各方履行职责，协调各方的工作关系；

（2）建立畅通的沟通平台和沟通渠道，采取有效措施使项目信息在有关各方之间保持顺畅流通，积极协调项目各方之间的关系，推动项目实施过程中问题的解决。

四、造价咨询公司主要职责

造价咨询公司应做好项目的概算审核和过程文档的管理等工作。

1. 项目设计概算审核

对采购人提供的设计概算文件，按设计概算编审规程的要求进行审核，并就投资控制向采购人提供咨询，出具相应的咨询成果文件。

2. 预算审核

审查工程预算的工程量计算是否准确，预算单价套用是否恰当，各项取费标准是否符合现行规定，最终出具审核报告。

3. 现场跟踪造价咨询工作

项目施工过程中，参与隐蔽工程验收、工程量计量及工程进度款支付的复核工作。参与工程变更及现场签证的计量、计价复核工作。按需及时与业主一同到施工现场解决有关造价事宜。

完成项目全过程成本控制，主动、及时地发现并向招标业主汇报任何可能影响成本的事项，提出相关改善建议。

4. 施工阶段全过程造价控制

确定工程造价控制目标，制定工程造价控制办法，编制资金使用计划，审核工程计量支付并提供付款建议，审核工程变更费用，审核索赔与现场签证费用，进行成本分析与造价控制目标的动态调整，提供人工、材料设备、机械方面的价格信息咨询，审核已完工程的结算，提供工程造价的控制与管理方面的其他技术咨询服务等。针对上述服务内容出具相应的咨询成果文件。

5. 竣工决算编制

根据采购人提供的项目建设技术、经济资料编制建设项目竣工决算，出具相应的咨询成果文件。

6. 结算阶段造价咨询工作

建设项目正式竣工验收后，对工程项目竣工结算的真实性、合规性进行造价咨询，主要完成以下工作。

（1）审核工程竣工结算；

（2）协助完成结算造价咨询工作。

结算完成之后，协助业主方进行经济技术指标分析。包含以下内容：按合同规定的各阶段计量结算支付审核；工程施工过程中的设计变更和索赔等重大事项，以及隐蔽工程的审核；工程结算最终计量支付的审核；工程合同奖罚和材料价格的核定；工程管理中存在的问题及其他咨询意见和建议。

司法行政系统科技与信息化领导小组办公室要加强对设计、监理、造价审计的管理监督。监理公司在项目实施期间应实行日考勤、周例会、月小结制度；造价审计公司应及时参与隐蔽工程的验收、工程量计量等工作。建设单位要定期审查监理记录和造价审计记录，发现记录不完整、弄虚作假的，及时提出整改意见。

模块七 审查项目文档（立项、可研、初设）

虽然司法行政系统信息化建设项目通常以购买咨询服务方式，采购信息化项目设计公司或咨询公司进行立项报告、可行性研究报告、初步设计报告的编制，但司法行政机构作为业主方，也应该对这些编制的报告进行审查，以核实报告的内容是否与业主的立意和实际需求一致。以下内容可作为报告评审专家或司法行政机构领导和科信办人员审查报告文档的核心看点。

（1）文档总体架构：各章节要与业主单位的应用和需求关联，不能只是技术说明。

（2）目标：对要实现的目标，是否表述清晰，是否有具体数据指标。

（3）项目范围：可以明确并约束项目设计的内容和规模，如用户范围、类型、数量，网络和基础设施范围，业务软件种类，安全、运维、服务范围等，以及地点、场地环境、条件等。

（4）明确项目建设方式，如租赁、建设、购买服务等。

（5）各子系统要有对应硬件配置表、软件配置表，写明采购方式，如设备购置、软件开发、租赁、服务等。

（6）要求有系统整体架构图。除示意图外，最好要有结构图、逻辑图、网络拓扑图、数据库 E-R 图等。

（7）技术路线是否可行，是否成熟，是否先进，是否适合本项目。

（8）各子系统之间的关系图，如逻辑图、拓扑图、数据库 E-R 图等。

（9）数据共享方面，要求有数据来源、数据类型或格式、交换类型和交换量以及数据交换方式。

（10）系统硬件需求来自业务需求，业务量决定硬件和网络，决定硬件容量、性能、参数。系统各硬件之间的匹配要优化。服务器及总线、内存、硬盘的配置要求与业务种类、业务量有明确的逻辑关系和计算公式（或计算方法）。

（11）系统软件需求来自业务需求，软件功能是否齐备，软件是开发还是购买要分清楚。基础软件如数据库、操作系统，支撑软件如 GIS、智能识别等要齐备。软件与硬件要匹配。

（12）如果涉及云平台建设，要注意云的计算能力、存储能力、交换能力、服务能力、安全能力是否满足业务需求。

（13）要注意系统网络是否能达到业务应用需求，各类网络之间是什么关系，数据交换和数据传输方式在网络的逻辑关系下是否可以顺利实现。

（14）要注意系统安全是否按整体架构进行防护，安全区域划分是否合理。

（15）要求有安全运维系统整体架构图，要有标准规范、应急流程、演练方案、灾难恢复方案等。

（16）系统集成应单独描述并单独列出工作量，系统集成应把各系统联动起来，形成统一操作体系和管理体系。

（17）要注意价格描述是否合理。价格要落实到每一款软件、每一个硬件、每一条网络、每一项服务中。前后分散价格与最后价格清单表要保持数量、单价、小计、总价一致。

（18）要有清晰的项目建设边界。明确新建和利旧的网络线路、硬件设备、软件接口开发、数据交换服务、项目硬件、项目辅助设备、项目综合布线、信息点接口及设备、质保边界、运维边界的任务由哪一方完成。

（19）无文字错误，标点符号、页码、图表编号正确。

模块八　合同

在信息化项目建设中，对合同的审核应满足如表14-1中的要求。

表14-1　合同审核要求

检核项	内容
封面	项目名称，甲方、乙方全称，签订时间、地点等是否完整
合同构成部分	招投标及中标通知书、合同书、补充通知、会议纪要等合同构成是否完整，合同解释顺序是否与招标文件一致
质量验收标准依据	合同中是否有明确的质量验收标准
质量验收标准的一致性	合同中的质量验收标准与招标书、投标书的表述是否一致
合同工期	有无明确的计划开工日期、竣工日期及合同建设总工期
验收时间	有无明确的项目验收时间
合同价格和支付方式	合同价格形式是否明确，审计形式和支付方式约定是否与招投标文件一致
免费技术支持服务	项目完工后免费技术支持方式、时间、内容
收费技术支持服务	项目完工后收费技术支持方式、时间、内容

续表

检核项	内容
损害赔偿	对工期、质量违约有相应的赔偿条款
保密约定	双方都不得向第三方泄露对方的业务和技术上的秘密。建议建设单位和承建单位单独签订一份保密协议,同时明确保密期限
软件合法性	软件的著作权和所属权是不同的,一般来说建设单位支付了所有的开发费用之后,软件所属权将转给建设单位,但软件的著作权仍然属于承建单位,如果要将软件著作权也移交给建设单位,在合同中应当写明这一条款
技术标准及工程依据	对合同中质量条款应具体注明规格、型号、适用标准等,避免合同订立后因为适用标准是采用国家、地方、行业还是其他标准等问题产生纠纷
合同附件	合同附件应保持与合同一致,不要相互之间产生矛盾,同时招投标文件也属于合同范畴,在签订合同条款时应详细审核承包单位投标文件中的承诺条款
签约资格	承建单位签约人的主体资格是否与投标文件一致
配合监理工作的条款	合同中有无监理配合条款
合同生效条件	有无合同生效条件
合同清单	合同中要明确列出所有设备、软件、材料、配件等产品的品牌、配置、指标、数量、单价以及工程费用。应将设备费用和工程费用分别计算,并在清单中单独描述
质保金	在合同中明确质量保证金的金额、期限
安全文明施工	如未列出安全文明施工措施费,应在合同中说明已包含在合同价格中
合同附件优先顺序	明确合同附件的优先顺序
违约金	应明确定义违约的有效条件、违约金计算基数、计算比例以及免除条件
明确收款账户	明确收款方的账号名、开户银行等

参考文献

［1］陈雪松．司法行政信息化建设与管理［M］．武汉：华中科技大学出版社，2023．

［2］陈雪松．司法行政信息化设计与实践［M］．武汉：华中科技大学出版社，2021．

［3］林宝晶，钱钱，翟少君．网络安全能力成熟度模型原理与实践［M］．北京：机械工业出版社，2021．

［4］余莉琪，李永华，陈雪松．智慧监狱安防应用［M］．北京：中国法制出版社，2017．

［5］中建三局第二建设工程有限责任公司．现代医院工程总承包施工技术［M］．北京：中国建筑工业出版社，2016．

［6］孙培梁．智慧监狱［M］．武汉：华中科技大学出版社，2014．

［7］王电．公安信息化概论［M］．北京：清华大学出版社，2011．

［8］叶佩生．电子信息机房技术［M］．北京：科学出版社，2011．

［9］陈雪松．以信息化引擎助力警官学院发展新动能［J］．科技风，2022（3）．

［10］杨东霞．运用法治手段推动乡村振兴［J］．农村工作通讯，2020（2）．

［11］段忠贤，刘强强，黄月叉．政策信息学：大数据驱动的政策科学发展趋势［J］．电子政务，2019（8）．

［12］谢贞发．基本公共服务均等化建设中的财政体制改革研究：综述与展望［J］．南京社会科学，2019（5）．

［13］周俊．公共服务购买中政府与社会组织合作的可持续性审视［J］．理论探索，2019（6）．

［14］陈一帆，胡象明．大数据驱动型的公共决策过程创新及效果评估——基于SSCI和SCI的文献研究［J］．电子政务，2019（8）．

［15］李文钊．公共政策研究的范式变迁及其超越［J］．中国人民大学学报，2019（4）．

[16] 王帮元. 新型智库数据共享平台构建研究——以安徽省公共政策研究评估中心为例 [J]. 安徽行政学院学报, 2019 (3).

[17] 陈秉华. 浅谈信息化技术在司法行政工作的应用 [J]. 法制博览, 2019 (9).

[18] 刘益良, 袁勇, 孙志中. 新时代智慧公共法律服务体系建设的实践与思考 [J]. 中国司法, 2019 (3).

[19] 孙威蔚, 马韵洁, 张金良. 基于大数据的司法行政管理服务平台研究 [J]. 数字通信世界, 2019 (3).

[20] 袁艳霞. 瞄准短板精准发力 推进城乡融合发展 [J]. 山东干部函授大学学报（理论学习）, 2019 (7).

[21] 秦祥然, 秦祖智. 依法治国背景下公共法律服务均等化路径浅析 [J]. 法制与社会, 2019 (34).

[22] 司法部. "数字法治、智慧司法"信息化体系建设指导意见 [J]. 中国司法, 2018 (11).

[23] 孙钰. 提高乡村公共产品供给效能 [N]. 光明日报, 2019-06-18.

[24] 郑代良. 关注中国社会智库发展中存在的问题 [N]. 中国社会科学报, 2019-07-19.

[25] 陈柏峰. 法治社会的辨识性指标 [N]. 北京日报, 2019-06-17.

[26] 刘志阳. 技术革命交汇期怎样实现创新赶超 [N]. 解放日报, 2019-08-13.

[27] 邢伟. 以标准化促公共服务均等化 [N]. 经济日报, 2019-02-20.

[28] 杨金洲. 以人民为中心发展思想的理论逻辑与价值意蕴 [N]. 光明日报, 2018-11-27.

[29] 刘权. 区块链：在构筑智慧城市中挑起大梁 [N]. 中国电子报, 2019-11-12.

[30] 刘子阳. 司法部有关负责人就《"十三五"全国司法行政科技创新规划》答记者问 [N]. 法制日报, 2017-08-05.

[31] 贾东明, 姜祖桢, 郭崧. 试论"人工智能＋大数据"在司法行政戒毒人员康复训练工作中的应用 [C]. 第十一届全国体育科学大会论文摘要汇编, 2019.

参 考 标 准

[1] GB/T20271—2006 信息安全技术信息系统通用安全技术要求

[2] GB/T22239—2008 信息安全技术信息系统安全等级保护基本要求

[3] GB/T30278—2013 信息安全技术政务计算机终端核心配置规范

[4] GB/T30850.1—2014 电子政务标准化指南第1部分：总则

[5] GB/T30882.1—2014 信息技术应用软件系统技术要求第1部分：基于B/S体系结构的应用软件系统基本要求

[6] GB/T34980.2—2017 智能终端软件平台技术要求第2部分：应用与服务

[7] GB/T34990—2017 信息安全技术信息系统安全管理平台技术要求和测试评价方法

[8] GB/T35278—2017 信息安全技术移动终端安全保护技术要求

[9] GA/T1364—2017 警用数字集群（PDT）通信系统互联技术规范

[10] SF/T0009—2017 全国司法行政系统指挥中心建设技术规范

[11] SF/T0012—2017 全国司法行政系统网络平台技术规范

[12] YDB107—2012 增值电信业务系统安全防护定级和评测实施规范即时通信系统

[13] YDB135—2013 移动应用软件商店客户端技术要求

[14] YDB136—2013 移动应用软件商店信息安全技术要求

[15] YD/T2587—2013 移动互联网应用商店安全防护要求

[16] YD/T2588—2013 移动互联网应用商店安全防护检测要求

致　谢

感谢以下司法行政机构提供了相关材料供本书参考：

司法部信息中心

北京市司法局

上海市司法局

天津市司法局

重庆市司法局

山东省司法厅

广东省司法厅（含广州市司法局、深圳市司法局）

江西省司法厅（含南昌市司法局、赣州市司法局、赣州监狱）

江苏省司法厅（含南京市司法局、苏州市司法局、苏州监狱）

湖南省司法厅（含长沙市司法局）

贵州省司法厅（含贵阳市司法局）

云南省司法厅（含昆明市司法局、云南省第一监狱、五华监狱、云南省第一戒毒所）

河北省司法厅（含河北省监狱管理局、戒毒局、石家庄市司法局）

内蒙古自治区司法厅（含自治区监狱局、自治区戒毒局、呼和浩特第二监狱）

西藏自治区司法厅（含监狱管理局、戒毒局、拉萨监狱、自治区监狱、曲水监狱、自治区未管所、堆龙戒毒所、昌都司法局、山南司法局、林芝司法局、当雄县司法局）

湖北省司法厅（含武汉市司法局、武昌区司法局、宜昌市司法局、襄阳市司法局、咸宁市司法局、潜江市司法局、仙桃市司法局、恩施土家族苗族自治州司法局、省监狱管理局、省戒毒管理局、省社区矫正局、襄阳监狱、襄北监狱、襄南监狱、汉江监狱、广华监狱、荆州监狱、孝感监狱、省未管所、省女子监狱、省狮子山戒毒所、省女子戒毒所、省未戒所、黄冈戒毒所）

感谢以下公司(按汉语拼音排序)参与司法行政系统信息化建设,并提供了相关建设方案供本书参考:

阿里巴巴网络技术有限公司
北京百度网讯科技有限公司
北京大视景科技有限公司
北京飞利信科技股份有限公司
北京航天世纪投资咨询有限公司
北京华宇信息技术有限公司
北京旷视科技有限公司
北京数字冰雹信息技术有限公司
北京天融信科技有限公司
北京小鱼易连科技有限公司
广州聚星源科技有限公司
杭州叙简科技股份有限公司
湖北省楚天云有限公司
湖北邮电规划设计有限公司
华为技术有限公司
华信咨询设计研究院有限公司
科大讯飞股份有限公司
浪潮集团有限公司
律品汇科技(北京)有限公司
南京擎天科技有限公司
上海百事通信息技术股份有限公司
深圳市腾讯计算机系统有限公司
武汉达梦数据库有限公司
武汉实为咨询监理有限公司
无锡中铠信息咨询服务有限公司
新华三技术有限公司
中国长城科技集团股份有限公司
中国船舶集团有限公司第七二二研究所

与本书配套的二维码资源使用说明

本书部分课程及与纸质教材配套数字资源以二维码链接的形式呈现。利用手机微信扫码成功后提示微信登录，授权后进入注册页面，填写注册信息。按照提示输入手机号码，点击获取手机验证码，稍等片刻收到4位数的验证码短信，在提示位置输入验证码成功，再设置密码，选择相应专业，点击"立即注册"，注册成功。（若手机已经注册，则在"注册"页面底部选择"已有账号？立即注册"，进入"账号绑定"页面，直接输入手机号和密码登录。）接着提示输入学习码，需刮开教材封面防伪涂层，输入13位学习码（正版图书拥有的一次性使用学习码），输入正确后提示绑定成功，即可查看二维码数字资源。手机第一次登录查看资源成功以后，再次使用二维码资源时，只需在微信端扫码即可登录进入查看。

学习笔记

学习笔记

学习笔记

学习笔记

学习笔记

学习笔记